Das Buch

Neurowissenschaftliche Erkenntnisse bestätigen: Was wir erfahren, denken und fühlen, hat Einfluss auf die Struktur unseres Gehirns. Und dabei sind die guten Dinge, die uns alltäglich
wiederfahren ausschlaggebend. Wie wir genau diese Erfahrungen wirklich aufnehmen können, damit sie dauerhaft stärkend
auf uns wirken, zeigt der bekannte Neuropsychologe Dr. Rick
Hanson.
Ein praktischer Leitfaden, um die schönen Momente des
Lebens aufzunehmen und so Wohlbefinden, innere Ruhe und
Zufriedenheit zu erlangen.

Der Autor

Der Amerikaner Dr. Rick Hanson (geb. 1952) ist Neuropsychologe und international bekannt für seine wirksamen Techni-
ken, die er aus dem Zusammenspiel von Achtsamkeit, Hirnfor-
schung und Psychologie entwickelt hat. Als gefragter Dozent
hält er Vorträge an den Universitäten Oxford, Stanford und
Harvard und lehrt weltweit an verschiedenen Meditationszen-
tren.

Rick Hanson

Denken wie ein Buddha

*Wie wir unser Gehirn
positiv verändern*

*Gelassenheit und innere Stärke
durch Achtsamkeit*

Aus dem Amerikanischen
von Knut Krüger

WILHELM HEYNE VERLAG
MÜNCHEN

Penguin Random House Verlagsgruppe FSC® N001967

5. Auflage
Taschenbucherstausgabe 10/2018

Copyright © 2013 by Rick Hanson
This translation published by arrengment with Harmony Books,
an imprint of the Crown Publishing Group, a division of Random House,
Inc., New York
www.crownpublishing.com

Copyright © 2013 by Irisiana Verlag, München,
in der Penguin Random House Verlagsgruppe GmbH,
Neumarkter Straße 28, 81673 München
Copyright © 2018 dieser Ausgabe by Wilhelm Heyne Verlag, München,
in der Penguin Random House Verlagsgruppe GmbH,
Neumarkter Straße 28, 81673 München
Alle Rechte sind vorbehalten. Printed in Germany.
Einbandgestaltung: Geviert, Grafik & Typografie, München,
unter Verwendung eines Motivs von © shutterstock / Tungphoto
Satz: Uhl + Massopust, Aalen
Druck und Bindung: GGP Media GmbH, Pößneck
ISBN 978-3-453-70350-6

www.heyne.de

Unterschätze nicht dein gutes Handeln,
Und denke nicht: »Das hat ja keine Folgen für mich!«
Tropfen für Tropfen füllt sich der Krug,
Und ebenso füllt sich randvoll mit Gutem der Weise.

Dhammapada 9.122

Inhalt

Für Laurel und Forrest

Einführung

Wenn Sie so sind wie ich und viele andere, dann verbringen Sie Ihren Alltag damit, von einer Tätigkeit zur nächsten zu hetzen. Doch wann haben Sie das letzte Mal für nur zehn Sekunden innegehalten, um einen der positiven Momente in sich aufzunehmen, die auch der hektischste Alltag bereithält? Wenn Sie sich nicht die Zeit nehmen, für wenige Sekunden bei dieser Erfahrung zu verweilen und sie zu genießen, rauscht sie durch Sie hindurch wie der Wind durch die Bäume – ein ebenso flüchtiges wie angenehmes Gefühl ohne bleibenden Wert.

In diesem Buch geht es um eine einfache Sache: die verborgene Kraft positiver Alltagserfahrungen, die das Gehirn verändern und das Leben verbessern können. Ich werde Ihnen zeigen, wie diese schönen Momente Ihrem Gehirn nützen und Sie mit Selbstvertrauen, Zufriedenheit, Wohlbefinden und dem Gefühl, für andere von Wert zu sein, erfüllen. Es sind keine bahnbrechenden Momente rauschhaften Glücks, sondern kurze Augenblicke der Zufriedenheit: das behagliche Gefühl, in seinen Lieblingspullover zu schlüpfen, der Genuss einer Tasse Kaffee, die wärmende Fürsorge eines Freundes, die Befriedigung, eine Aufgabe bewältigt zu haben, oder die Liebe des Partners.

Mehrmals am Tag, jedes Mal für etwa zehn Sekunden, werden Sie lernen, *das Gute in sich aufzunehmen*, was Ihnen auf natürlichem Wege zu mehr Glück, innerer Ruhe und Stärke verhilft. Doch haben diese Übung und ihre wissenschaftliche Grundlage nichts mit positivem Denken oder einer anderen Methode zu tun, sich angenehme Erfahrungen zu verschaffen. Diese Methoden haben für das Gehirn in der Regel keinen Nutzen. Hier geht es darum, flüchtige Alltagserfahrungen in eine dauerhafte Erhöhung unserer neuronalen Kapazitäten umzuwandeln.

Die innere Stärke, die wir benötigen, um ausgeglichen und erfolgreich zu sein, hängt unmittelbar von unseren Gehirnstrukturen ab – aber damit unsere Vorfahren überleben konnten, hat unser Gehirn etwas entwickelt, das von Wissenschaftlern als *negative Verzerrung* bezeichnet wird. Für negative Erfahrungen gilt das Klett-Prinzip: sie bleiben haften, während für positive Erfahrungen das Teflon-Prinzip gilt. Um dieses Problem zu lösen und unser Gehirn »fit zu machen«, müssen wir lernen, welche positiven Erfahrungen unseren drei Grundbedürfnissen nach *Sicherheit*, *Zufriedenheit* und *Zugehörigkeit* zugutekommen. Je mehr Wohlbefinden und inneren Frieden wir aufbauen, desto weniger sind wir versucht, unterhaltsamen Erlebnissen nachzujagen oder mit unangenehmen zu kämpfen. Wir erlangen vielmehr eine Form des Wohlergehens, die aus sich selbst heraus existiert und nicht von äußeren Bedingungen abhängt.

Das Gehirn ist das bei Weitem wichtigste Organ unseres Körpers. Was in ihm geschieht, bestimmt unser Denken und Fühlen, unsere Worte und Taten. Viele Studien belegen, dass unsere Erfahrungen kontinuierlich unser Gehirn beeinflussen. Dieses Buch handelt davon, wie man Gutes erlangt, indem man sein Gehirn zum Besseren hin verändert.

Das Gehirn ist faszinierend, und Sie werden eine Menge darüber lernen. In den ersten drei Kapiteln gebe ich einen Überblick über die Funktionsweise des Gehirns, warum wir es hegen und pflegen müssen und wie wir uns die ganze wundervolle Tiefe unserer Natur erschließen können. Im weiteren Verlauf werde ich Ihnen die effektivsten Methoden vorstellen, wie Sie das Gute in sich aufnehmen und darin praktische Routine erlangen können. Sie brauchen weder neurowissenschaftliches noch psychologisches Vorwissen, um diese Ideen zu verstehen. Ich habe sie zu vier einfachen Schritten zusammengefasst:

1. Mache eine positive Erfahrung.

2. Reichere sie an.

3. Nimm sie in dich auf.

4. Verbinde sie dergestalt mit positivem und negativem Material, dass das Positive gestärkt wird und das Negative sogar ersetzen kann. (Der vierte Schritt ist optional.)

Jeder Schritt wird sorgfältig erklärt. Sie erlernen viele nützliche, für unseren hektischen Alltag taugliche Methoden, wie Sie sich positive Erfahrungen verschaffen beziehungsweise sich diese bewusst machen und sie anschließend Ihrem Bewusstsein und Ihrem Gehirn, also Ihrem Leben, einschreiben können. Am Ende eines jeden Kapitels gibt es eine Zusammenfassung der wesentlichen Punkte. Wenn Sie mehr über mein Fachgebiet erfahren wollen, dann werfen Sie einen Blick auf die Quellenangaben und Literaturhinweise am Ende dieses Buchs.

Zum ersten Mal bin ich mit dem Thema, wie man Gutes in sich aufnimmt, während meines Studiums in Berührung gekommen, und es hat mein Leben verändert. Jetzt, 40 Jahre später, habe ich diese Methode in meiner Eigenschaft als Neuropsychologe vertieft und perfektioniert. Ich habe sie Tausenden von Menschen vermittelt und von vielen erfahren, dass auch ihr Leben sich fundamental verändert hat. Manche dieser Geschichten können Sie in diesem Buch nachlesen. Es ist mir eine große Freude, diese machtvollen Ideen und Gedanken mit Ihnen zu teilen. Falls Sie mehr darüber erfahren möchten, besuchen Sie meine Homepage www.RickHanson.net.

Als Vater, Ehemann, Psychologe, Meditationslehrer und Wirtschaftsberater habe ich die Erfahrung gemacht, dass sowohl unsere inneren Vorgänge als auch unser äußeres Handeln von enormer Bedeutung sind. Darum werden Sie mit verschiedenen empirischen Methoden Bekanntschaft machen, um vorübergehende Befindlichkeiten in dauerhafte neuronale Strukturen umwandeln zu können, die sich an Ihren individuellen Bedürfnissen orientieren. Ich hoffe, Sie genießen die Lektüre dieses Buchs. Es soll Ihnen helfen, das Gelesene in Ihrem Gehirn zu verankern und in Ihr Leben zu integrieren. Haben Sie Vertrauen in sich. Das Gute in sich aufzunehmen bedeutet, sich dem Guten in der Welt, in anderen wie in sich selbst zu öffnen.

Teil I
Warum?

Kapitel 1
Gutes anbauen

Während meiner Schulzeit war ich ein, zwei Jahre jünger als die übrigen Schüler in meiner Jahrgangsstufe: ein schüchterner, schmächtiger Eigenbrötler mit Brille. Wirklich schlimme Erfahrungen habe ich nicht gemacht, doch hatte ich stets das Gefühl, von den anderen durch eine gläserne Wand getrennt zu sein. Ein Außenseiter, der von den meisten ignoriert und abgelehnt wurde. Verglichen mit anderen hielt sich mein Kummer in Grenzen, aber wir haben alle das Bedürfnis, gesehen und anerkannt zu werden, vor allem als Kinder. Wird dieses Bedürfnis nicht befriedigt, ernährt man sich quasi von Wasser und Brot. Man überlebt, aber die Kost ist karg. Ich verspürte eine innere Leere, als wäre ein Loch in meinem Herzen.

Auf dem College habe ich dann zufällig mit etwas Bekanntschaft gemacht, das mich heute so fasziniert wie damals. Es war die Macht der kleinen Dinge. Zum Beispiel die Aufforderung von einigen der anderen Jungs: »Komm, lass uns Pizza essen gehen!« Oder das Lächeln einer jungen Frau. An sich keine große Sachen. Doch wenn ich dieses schöne Erlebnis ein wenig auf mich einwirken ließ – so meine damalige Erfahrung –, statt es beiseitezuwischen und sofort zu irgendetwas anderem überzugehen, dann spürte ich, dass etwas Gutes von mir Besitz ergriff und ein Teil von mir wurde. Tatsächlich *nahm ich das Gute in mich* auf – jedes Mal für etwa zehn Sekunden. Es war ein kurzer und einfacher Genuss. Und ich begann, mich besser zu fühlen.

Anfangs fühlte sich das Loch in meinem Herzen so groß wie ein leeres Schwimmbecken an. Doch nachdem ich jeden Tag auf Dinge aufmerksam wurde, die mir das Gefühl gaben, integriert, gemocht und geschätzt zu werden, füllte sich das

Becken allmählich mit Wasser und schloss sich das Loch in meinem Herzen. Diese Methode hob meine Laune und sorgte dafür, dass ich mich zusehends unbeschwerter, fröhlicher und selbstbewusster fühlte.

Viele Jahre später, nunmehr als Psychologe, begriff ich, warum diese kleinen Dinge eine so große Wirkung auf mich haben konnten. Die neue innere Stärke war gewissermaßen in die Textur meines Gehirns, meines Bewusstseins, meines Ich eingewoben worden. Deshalb bezeichne ich es auch als »dauerhaft gespeichertes Glück«.

Innere Stärke

Ich war oft wandern und dabei stets auf die Dinge angewiesen, die sich in meinem Rucksack befanden. *Innere Stärke* ist der wichtigste Vorrat, von dem wir auf unserem verschlungenen und oft steinigen Lebensweg zehren können. Sie besteht aus einer positiven Gemütsverfassung, gesundem Menschenverstand, Integrität, innerer Ruhe, Entschlossenheit und einem vollen Herzen. Forscher haben noch andere Stärken identifiziert wie Selbstgefühl, soziale Zugehörigkeit, emotionale Intelligenz, erlernter Optimismus, Entspannungsreaktion, Selbstwertgefühl, Stresstoleranz, Selbstregulierung, Belastbarkeit und exekutive Funktionen. Ich benutze das Wort »Stärke« in einem umfassenden Sinn, um positive Gefühle wie Gelassenheit, Zufriedenheit und Fürsorge ebenfalls zu berücksichtigen wie Talente und Fähigkeiten, persönliche Vorlieben und Perspektiven, außerdem physische Qualitäten wie Vitalität und Entspannung. Im Gegensatz zu vorübergehenden *Befindlichkeiten* handelt es sich bei der inneren Stärke um einen stabilen *Zustand*, eine bleibende Quelle des Wohlbefindens, der Vernunft, effektiver Handlungen und Zuwendung zu anderen Menschen.

Die Existenz von innerer Stärke scheint zunächst eine eher abstrakte Vorstellung zu sein. Lassen Sie mich daher ein paar konkrete Beispiele anführen. Der Wecker klingelt, und Sie würden am liebsten weiterschlafen – doch Sie finden die innere Stärke, um aufzustehen. Ihre Kinder streiten sich lautstark, was Ihnen mächtig auf die Nerven geht – doch anstatt sie anzuschreien, sind Sie in der Lage, darauf mit ruhiger Entschiedenheit zu reagieren. Ein beruflicher Fehler ist Ihnen furchtbar unangenehm – doch Sie sind in der Lage, dem das Wissen um all das entgegenzusetzen, was Sie in Ihrem Beruf bereits geleistet haben. Sie fühlen sich gestresst und gehetzt – nachdem Sie mehrere Male tief durchgeatmet haben, fühlen Sie sich besser. Sie sind traurig, weil Sie keinen Partner haben – doch der Gedanke an Ihre Freunde tröstet Sie. So kommt Ihnen die innere Stärke im Verlauf des Tages immer wieder zugute. Sie bildet gewissermaßen den Hintergrund Ihres Bewusstseins, vermittelt Ihnen den steten Glauben an Ihre Möglichkeiten, schenkt Ihnen Zuversicht und Selbstvertrauen.

In der Medizin und Psychologie herrscht die verbreitete Annahme, dass unser Fühlen und Handeln – sowohl was den gesamten Lebensverlauf als auch bestimmte Beziehungen und Situationen betrifft – durch drei Faktoren bedingt werden: durch die *Herausforderungen*, mit denen wir konfrontiert werden, durch unsere *Verwundbarkeit* gegenüber diesen Herausforderungen und durch unsere Stärke, den Herausforderungen zu begegnen und unsere Verwundbarkeit zu schützen. Die Herausforderung, einen kritischen Chef zu haben, könnte durch die ängstliche Veranlagung einer Person verstärkt werden. Wenn sich diese Person jedoch von anderen respektiert fühlt und zudem in der Lage ist, sich selbst zu beruhigen, dann wird sie diese individuelle Herausforderung meistern.

Wir alle haben unsere Schwächen und Empfindlichkeiten. Ich persönlich würde mir wünschen, nicht so schnell besorgt und weniger selbstkritisch zu sein. Die Herausforderungen in unserem Leben sind unbegrenzt, angefangen von kleinen Ärgernissen wie unterbrochenen Handyverbindungen bis hin zu unausweichlichen Tatsachen wie Alter, Krankheit und Tod. Man braucht viel innere Stärke, um den äußeren Herausforderungen sowie den eigenen Unzulänglichkeiten zu begegnen. Wenn Sie sich weniger gestresst, ängstlich, frustriert, reizbar, niedergeschlagen, enttäuscht, einsam, schuldig, verletzt oder unzulänglich fühlen wollen, dann wird es Ihnen helfen, mehr innere Stärke zu haben.

Innere Stärke ist die Basis für ein glückliches, produktives und erfülltes Leben. Die Erforschung positiver Gefühle hat gezeigt, dass sie Passivität und Stress entgegenwirken, seelische Belastungen reduzieren, Belastbarkeit, Wohlbefinden und Lebenszufriedenheit erhöhen. Positive Gefühle fördern das Streben nach Möglichkeiten, begründen positive Kreisläufe und fördern den Erfolg. Sie stärken auch unser Immunsystem, schützen unser Herz und ermöglichen ein gesünderes und längeres Leben.

Ungefähr ein Drittel aller Eigenschaften, die unsere innere Stärke ausmachen, sind angeboren und Teil unseres genetisch bedingten Temperaments, unserer Begabung, psychischen Grundverfassung und Persönlichkeit. Die anderen zwei Drittel kommen im Laufe der Zeit dazu. *Man erhält sie, indem man ihnen die Möglichkeit gibt, sich zu entwickeln.* Das ist eine wunderbare Nachricht, weil sie bedeutet, dass wir all die Eigenschaften, die uns Erfüllung, Leistungsfähigkeit, Klugheit und inneren Frieden bescheren, selbst hervorbringen können. Herauszufinden, wie man seine innere Stärke zum Wachsen bringt, ist eine der wichtigsten Lehren unseres Lebens. Von ihr handelt dieses Buch.

Im Garten

Stellen Sie sich Ihre Psyche als einen Garten vor. Sie können sowohl das Unkraut als auch die Blumen betrachten, ohne etwas zu bewerten oder zu verändern. Sie können das Unkraut aber auch beseitigen, indem Sie das Negative in Ihrer Psyche zurückdrängen. Als Nächstes bringen Sie die Blumen zu voller Blüte, indem Sie das Positive in Ihrer Psyche fördern. (Zu den Begriffen »negativ« und »positiv« betrachten Sie den folgenden Kasten.)

Im Wesentlichen können Sie Ihre Psyche auf drei Arten beeinflussen: sein lassen (*let be*), loslassen (*let go*), einlassen (*let in*). Dieses Buch handelt von der dritten Möglichkeit: der Kultivierung der inneren Stärke, um die Blumen im Garten Ihrer Psyche zu voller Blüte zu bringen. Um dies möglichst effektiv zu tun, würde ich dies gern mit den anderen beiden Möglichkeiten, ihr Bewusstsein zu erreichen, verbinden.

Das Bewusstsein gewähren lassen

Das Bewusstsein gewähren lassen – die eigenen Erfahrungen nur beobachten –, entspannt und ermöglicht eine neue Perspektive. Als würde man plötzlich die Kinoleinwand seines eigenen Films verlassen und sich stattdessen in die 20. Reihe setzen, um alles in Ruhe zu betrachten. Den Strom des eigenen Bewusstseins gewähren zu lassen, bewahrt einen davor, Annehmlichkeiten nachzujagen und alles Unangenehme bekämpfen zu wollen. Negative Gedanken und Gefühle lösen sich manchmal in Luft auf, wenn man ihnen mit gelassener Akzeptanz begegnet.

Das Bewusstsein bearbeiten

Das Bewusstsein gewähren lassen reicht jedoch nicht aus. Man muss es auch *bearbeiten*, sich bemühen, kluge Entscheidungen

WAS IST »POSITIV«?

Mit »positiv« und »gut« meine ich all das, was anderen sowie einem selbst Freude und Nutzen beschert. »Negativ« und »schlecht« ist alles, was Unglück und Leid hervorruft. In diesem Punkt bin ich sehr pragmatisch und weder moralisch noch religiös.

Positive Erfahrungen vermitteln in der Regel ein gutes Gefühl. Doch auch Erfahrungen, die ein negatives Gefühl hervorrufen, können Positives bewirken, also betrachte ich sie ebenfalls als positiv. Zum Beispiel der Schmerz einer Hand auf der heißen Herdplatte, die Angst, sein Kind im Park nicht wiederzufinden, oder das schlechte Gewissen, das uns veranlasst, den richtigen Weg einzuschlagen – all diese negativen Erfahrungen führen dazu, dass wir uns später besser fühlen.

Desgleichen vermitteln uns negative Erfahrungen in der Regel ein schlechtes Gefühl. Doch gibt es auch Erfahrungen, die sich gut anfühlen, jedoch Schlechtes bewirken. Diese ordne ich den negativen Erfahrungen zu. Der leichte Schwindel nach drei Gläsern Bier oder die Rache an jemandem, der uns Unrecht getan hat, mag unmittelbar ein angenehmes Gefühl hervorrufen, doch langfristig übertrifft der Schaden den Nutzen. Solche Erfahrungen fühlen sich zunächst gut, später jedoch ziemlich schlecht an.

zu treffen, das Unkraut jäten und die Blumen düngen. Den eigenen Stress, die eigenen Sorgen und Unempfindlichkeiten lediglich zur Kenntnis zu nehmen oder sich seiner Schwermut zu überlassen, wird nichts von alldem beseitigen. Wie das nächste Kapitel zeigen wird, lernt unser Gehirn allzu gut aus negativen Erfahrungen und speichert sie in Gestalt von dauerhaften neuronalen Strukturen. Auch fördert das passive Akzeptieren des Bewusstseins weder Dankbarkeit noch Güte, weder Enthusiasmus noch Ehrlichkeit, Kreativität oder andere Bestandteile der inneren Stärke. Diese mentalen Qualitäten beruhen auf grundlegenden neuronalen Strukturen, die ihre Wirksamkeit nicht von allein entfalten. Außerdem beinhaltet die Akzeptanz des Bewusstseins, dass man all seine Gefühle wahrnimmt und sich auch seinen dunklen Seiten stellt. Erst wenn man dies tut, kann sich die innere Stärke in Form von Selbstgewissheit, Entschiedenheit und Geborgenheit entwickeln. Andernfalls öffnen Sie gewissermaßen das Tor zur Hölle, wenn Sie sich ihren Erfahrungen stellen.

Achtsam bleiben

Wie auch immer Sie Ihre Psyche beeinflussen – bleiben Sie stets achtsam. Das bedeutet nichts anderes, als jedem einzelnen Moment die gleiche Aufmerksamkeit zu schenken. Achtsamkeit selbst registriert nur, doch kann dieses Registrieren durchaus etwas Aktives und Zielgerichtetes haben, um das Bewusstsein in die eine oder andere Richtung zu lenken. Mit seinem Bewusstsein zu arbeiten steht nicht im Widerspruch zur Achtsamkeit. Tatsächlich müssen Sie Ihr Bewusstsein sogar bearbeiten, um die innere Stärke der Achtsamkeit entwickeln zu können.

Seien Sie also achtsam, was Ihre äußere und innere Welt betrifft. Schenken Sie den guten Dingen um sich herum ebenso viel Aufmerksamkeit wie Ihren Gefühlen diesen Dingen gegenüber. Achtsamkeit ist mehr als Selbsterfahrung. Während einer Klettertour in den Bergen achte ich sehr darauf, wie mich mein Partner absichert, der sich weit über mir befindet!

Eine natürliche Reihenfolge

Wenn etwas Schwieriges oder Unangenehmes passiert – wenn Ihr Haus von einem Unwetter heimgesucht wird –, dann geben Ihnen die drei Arten, Ihre Psyche zu beeinflussen, eine sehr nützliche Reihenfolge vor. Nehmen Sie Ihre Eindrücke zunächst zur Kenntnis. Akzeptieren Sie ihre Existenz, auch wenn dies schmerzhaft sein mag. Als Zweites, sobald sich dies »richtig« anfühlt – was bei einem Streit innerhalb der Familie Sekunden, anlässlich des Todes eines geliebten Menschen auch Monate oder Jahre dauern kann –, beginnen Sie alles loszulassen, was negativ ist. Entspannen Sie beispielsweise Ihren Körper, um Spannung abzubauen. Drittens, wiederum wenn sich dies »richtig« anfühlt, ersetzen Sie alles Negative, von dem Sie sich befreit haben, durch etwas Positives. Sie können sich beispielsweise daran erinnern, wie es war, mit jemandem zusammen zu sein, der Sie wirklich geschätzt hat, und bei dieser Erinnerung für 10 bis 20 Sekunden verweilen. Abgesehen von dem schönen Gefühl, das sich unmittelbar einstellt, wird Ihnen dieser dritte Schritt langfristig zugutekommen. Denn wenn Sie positive Erfahrungen in sich aufnehmen, bringen Sie nicht nur die Blumen im Garten Ihres Bewusstseins zum Blühen. Sie begründen damit auch neue neuronale Schaltkreise in Ihrem *Gehirn*. Sie programmieren Ihre Hardware auf Glück.

Erfahrungsabhängige Neuroplastizität

Das Gehirn ist ein *lernendes* Organ und als solches dafür geschaffen, durch persönliche Erfahrungen verändert zu werden. Es ist eine Tatsache, die mich immer noch fasziniert: Alles, was wir wiederholt in uns aufnehmen, was wir spüren, fühlen, wollen und denken, verändert langsam, aber sicher die neuronalen Strukturen unseres Gehirns. Während Sie dies lesen, nisten inmitten der fünf Tassen tofuartiger Substanz in Ihrem Kopf 1 Billion Bindegewebszellen. 80 bis 100 Milliarden Neuronen bilden ein Netzwerk und sind durch 1 Billiarde Synapsen miteinander verbunden. Ein unglaublich schnelles und komplexes System, dessen dynamische neuronale Aktivität unser Gehirn ständig umgestaltet. Aktive Synapsen werden sensibler, neue Synapsen bilden sich binnen Minuten. In besonders aktiven Regionen wird die Blutversorgung erhöht, weil sie für ihre Arbeit mehr Sauerstoff und Glukose brauchen. Die Gene in den Neuronen werden ein- und ausgeschaltet. Weniger aktive Verbindungen verkümmern derweil in einem Prozess, der mitunter als *neuronaler Darwinismus* bezeichnet wird: das Überleben der Eifrigsten.

Jede mentale Aktivität – Anblicke und Geräusche, Gedanken und Gefühle, bewusste und unbewusste Prozesse – beruht auf neuronaler Aktivität. Ein erheblicher Teil dieser mentalen und daher neuronalen Aktivität streicht durch das Gehirn wie der Wind durch die Bäume und hinterlässt keinen bleibenden Eindruck. Intensive, anhaltende oder wiederholte neuronale Aktivität – vor allem wenn sie bewusst stattfindet – hat auf die neuronalen Strukturen hingegen einen prägenden Einfluss. Neurowissenschaftler sagen dazu: »Neurons that fire together, wire together«, womit zum Ausdruck kommt, dass Neuronen, die gleichzeitig aktiv sind, sich durch Synapsen miteinander verbinden. Momentane Befindlichkeiten werden zu dauerhaften neuronalen Eigenschaften. Tag für Tag beeinflusst unsere Psyche die Beschaffenheit unseres Gehirns.

Das ist es, was Wissenschaftler *erfahrungsabhängige Neuroplastizität* nennen – ein Fachgebiet, auf dem inzwischen intensiv geforscht wird. Londoner Taxifahrer beispielsweise, die sich in dem labyrinthischen Gewirr der Straßen auskennen, haben in ihrem *Hippocampus*, also in der Hirnregion, die für das räumliche Gedächtnis zuständig ist, verdickte neuronale Strukturen. Als würden sie einen Muskel trainieren, so haben diese Fahrer einen Teil ihres Gehirns trainiert und dort für mehr Substanz gesorgt. Achtsamkeitslehrer hingegen verfügen über eine erhöhte Menge an grauer Substanz, also einen dickeren Kortex, und zwar in drei Schlüsselregionen: den *präfrontalen* Regionen hinter der Stirn, die eine situationsangemessene Handlungssteuerung ermöglichen; der *Insula*, die unter anderem an unseren empathischen Fähigkeiten beteiligt ist, sowie im *Hippocampus*.

Unsere Erfahrungen lassen dabei nicht nur neue Synapsen entstehen, was an sich schon bemerkenswert ist, sondern erreichen auch unsere Gene – kleine Abschnitte auf der Doppelhelix unserer DNA innerhalb der Kerne unserer Nervenzellen – und verändern ihre Wirkungsweise. Regelmäßige Entspannungsübungen erhöhen beispielsweise die Aktivität von Genen, die Stressreaktionen eindämmen, optimieren also unsere Stressresistenz.

Das Gehirn zum Guten verändern

Wenn wir einmal die Details dieser Studien außen vor lassen, dann bleibt eine simple Wahrheit bestehen: Es sind unsere Erfahrungen, die zählen. Nicht nur wegen der momentanen Gefühle, die sie erzeugen, sondern wegen der Spuren, die sie in unserem Gehirn zurücklassen. All das, was wir als Glück, Freude, Trauer und Angst empfinden, kann die Struktur unserer neuronalen Netzwerke verändern. Die strukturbildenden Prozesse unseres Nervensystems unterliegen bewussten Erfahrungen, vor allem jenen, die sich im Vordergrund unserer Wahrnehmung abspielen. Unsere Aufmerksamkeit ist wie eine Mischung aus Scheinwerfer und Staubsauger: Sie rückt Dinge in den Fokus und saugt sie anschließend ins Gehirn – mit allen Vor- und Nachteilen.

Einer alten Redewendung zufolge wird unser Geist von unserem Verhalten bestimmt. Nach dem, was wir über die erfahrungsabhängige Neuroplastizität gelernt haben, könnte die Redewendung auch folgendermaßen lauten: Unser *Gehirn* wird von unserem Verhalten bestimmt. Wessen Geist sich permanent mit überzogener Selbstkritik und Kritik an anderen, Sorgen, Kränkungen und Stress beschäftigt, dessen Gehirn wird sich dem anpassen und zu größerer Reaktivität, einer Anfälligkeit für Ängste und Niedergeschlagenheit, einem verengten Fokus auf Bedrohungen und Verluste sowie einem Hang zu Zorn, Trauer und Schuldgefühlen neigen. Wer sich hingegen auf das Gute des alltäglichen Lebens besinnt (der Freude an anderen Menschen und darüber, ein Dach über dem Kopf zu haben), auf angenehme Gefühle, den Stolz auf geleistete Arbeit, körperliche Vergnügen, auf die eigenen guten Absichten und Fähigkeiten, dessen Gehirn wird allmählich eine dementsprechende Beschaffenheit annehmen. Stärke und Widerstandskraft werden darin ebenso nachhaltig verankert sein wie eine pragmatisch-optimistische Sichtweise, eine positive Grundeinstellung sowie ein ausgeprägtes Selbstwertgefühl. Wenn Sie die letzten Wochen Revue passieren lassen – in welche Richtung hat Ihr eigener Geist tendiert?

Worauf wir unsere Aufmerksamkeit richten – womit sich unser Geist beschäftigt –, ist tatsächlich der wichtigste Faktor bei der steten Umgestaltung unseres Gehirns. Obwohl vieles unsere Aufmerksamkeit nahezu automatisch auf sich zieht – Probleme bei der Arbeit, physischer Schmerz oder ernste Sorgen –, haben wir doch erheblichen Einfluss darauf, womit sich unser Geist beschäftigt. Was bedeutet, dass wir die Erfahrungen, die unser Gehirn positiv beeinflussen, bewusst ausdehnen und sogar selbst erschaffen können.

Beginnend mit Kapitel 4 werde ich Ihnen detailliert zeigen, wie so etwas möglich ist. Doch zögern Sie nicht, schon jetzt das

Gute in sich aufzunehmen. Diese Übung, die sich an positiven Erfahrungen orientiert, lässt sich im Kern auf vier Wörter reduzieren: *Erfahrung machen, Spaß haben.* Und beobachten Sie an sich selbst, welche Wirkung das hat.

Die Erfahrungen, die uns am meisten zugutekommen

Wenn Sie den Garten Ihres Bewusstseins betrachten, welche Blumen würden Sie gern darin sehen? Manche Erfahrungen nützen Ihnen mehr als andere.

Auch negative Erfahrungen können nützlich sein. Zum Beispiel hat es mich abgehärtet, im Sommer die Nachtschicht in einem Abfüllbetrieb zu übernehmen, während ich noch aufs College ging. Doch negative Erfahrungen haben auch ungute Nebenwirkungen wie psychische Probleme oder gesundheitliche Folgen von Stress. Darüber hinaus können sie zu zwischenmenschlichen Konflikten führen oder diese verstärken. Als unsere beiden Kinder noch klein waren, gerieten meine Frau und ich oft in Streit miteinander, weil wir von den Erfordernissen des Alltags so erschöpft waren. Die Nachteile negativer Erfahrungen überwiegen deren Vorteile, sofern diese überhaupt vorhanden sind – nur Fleiß, kein Preis. Da sich Neuronen, die gleichzeitig aktiv sind, durch Synapsen miteinander verbinden, sollte man bei negativen Erfahrungen nicht länger verharren als unbedingt nötig. Sonst graben sie sich nur immer tiefer in das Bewusstsein und die Hirnstrukturen ein.

Andererseits haben positive Erfahrungen kaum unerwünschte Nebenwirkungen. Der direkteste Weg zu innerer Stärke sind Erfahrungen, die geeignet sind, positive Gefühle, Entschlusskraft und Mitgefühl zu fördern. Wenn Sie mehr Dankbarkeit entwickeln wollen, dann widmen Sie sich bewusst diesem Gefühl. Wenn Sie mehr Liebe empfinden wollen, dann suchen oder vergegenwärtigen Sie sich Erlebnisse, in denen Sie sich integriert und beteiligt, gesehen und geschätzt fühlten. Die Antwort auf die Frage, *wie* man die guten Dinge in sich zum Blühen bringt, lautet: *Indem man sie durchlebt.* Dies wird dazu führen, diese Erlebnisse in die Gehirnstruktur einzuweben und neue neuronale Schaltkreise zu etablieren, was Sie in die Lage versetzt, jederzeit darüber verfügen zu können.

Abgesehen vom Aufbau innerer Stärke hat die Aufnahme des Guten weitere Vorteile. Man ist eher aktiv als passiv, gut zu sich selbst und schärft seine Aufmerksamkeit. Außerdem lässt sich, wie wir in Kapitel 3 sehen werden, das Gehirn nach und nach für positive Eindrücke sensibilisieren, wodurch die Entwicklung neuer Qualitäten leichter und schneller vonstattengeht.

Selbst gesteuerte Neuroplastizität

Ein befreundeter Neurologe hat das Gehirn einst als »drei Pfund Tapioka-Pudding« bezeichnet. Sein Äußeres gleicht einer zähen, unscheinbaren Masse. Doch es ist das Königsorgan des menschlichen Körpers und seine primäre Quelle für Wohlbefinden, Heilung, psychisches und spirituelles Wachstum, Kreativität und Erfolg. Ob wir gereizt oder unbeschwert sind, frustriert oder fröhlich, uns einsam oder geliebt fühlen, hängt von unserem neuronalen Netzwerk ab. Des Weiteren ist die Funktionsweise des Gehirns die Grundlage für erfüllte zwischenmenschliche Beziehungen, erfolgreiche Organisationen sowie prosperierende Staaten und entscheidet letztlich darüber, ob wir in einer friedlichen und gedeihlichen Welt leben. Die Wissenschaft der erfahrungsabhängigen Neuroplastizität zeigt, dass jeder von uns die Möglichkeit besitzt, sein Gehirn zum Besseren zu verändern – was Jeffrey Schwartz als *selbst gesteuerte Neuroplastizität* bezeichnet hat. Wer diese Möglichkeit nicht nutzt, der überlässt dies anderen Kräften, inklusive des Drucks zu Hause oder am Arbeitsplatz, Technologie und Medien, aufdringlicher Menschen, der Nachwirkungen unangenehmer Erfahrungen und, wie das nächste Kapitel zeigen wird, Mutter Natur selbst.

Es bedarf nur weniger einfacher, schneller und genussvoller »Eingriffe« im Laufe unseres Alltags, um die Möglichkeiten der selbst gesteuerten Neuroplastizität so zu nutzen, dass wir ein *nachhaltiges* Gefühl der Leichtigkeit, des Selbstvertrauens und der Selbstakzeptanz empfinden. Um unsere empathischen Fähigkeiten zu stärken, uns glücklich und geliebt zu fühlen. Im Wesentlichen geht es dabei um einen simplen Vorgang: positive Alltagserfahrungen in gute neuronale Strukturen umzusetzen. Etwas wissenschaftlicher ausgedrückt: Bestimmte Befindlichkeiten werden *aktiviert* und als neuronale Merkmale *installiert*. Danach können Sie diese neuronalen Merkmale, die Ihre gewachsene innere Stärke ausmachen, jederzeit in Anspruch nehmen. Sie nutzen also Ihren Verstand, um Ihr Gehirn zu verändern und Ihre Psyche zu stärken. Stück für Stück, Synapse für Synapse, können Sie Ihrem Gehirn mehr Glück und Zufriedenheit einpflanzen.

Und indem Sie das tun, überwinden Sie auch die negative Verzerrung: Aus negativen Erfahrungen lernt das Gehirn viel leichter als aus positiven. Wie wir im nächsten Kapitel sehen werden, ist der »Humus« Ihres inneren Gartens also eher für Unkraut als für Blumen geeignet. Es ist daher äußerst wichtig, den Samen für die innere Stärke immer wieder aufs Neue auszusähen, indem man Gutes in sich aufnimmt.

Die Aufnahme des Guten

Die innere Stärke einer Person beinhaltet ebenso Friedfertigkeit, Zufriedenheit und Liebe wie Widerstandskraft, Selbstvertrauen, Entschlossenheit und Einsicht. Diese Qualitäten helfen uns, mit den Problemen des Alltags fertigzuwerden, uns von Stress zu erholen, alten Schmerz zu heilen, unser Wohlbefinden aufrechtzuerhalten, häusliche und berufliche Arbeiten zu erledigen sowie anderen mit Geduld und Fürsorge zu begegnen.

Die meisten Eigenschaften, die unsere innere Stärke ausmachen, entwickeln sich nach und nach. Dieses Buch handelt davon, durch positive Erfahrungen innere Stärke zu gewinnen und diese dauerhaft in unserem Gehirn zu verankern.

Die reine Beobachtung unserer Psyche ist sehr nützlich, doch müssen wir darüber hinaus alles Negative zurückdrängen und alles Positive fördern. Mein Fokus liegt auf dem Fördern des Positiven: Blumen im Garten unseres Bewusstseins zum Blühen bringen. Also die Struktur des Gehirns zu verändern.

Jede mentale Aktivität – Anblicke und Geräusche, Freude und Leid – beruht auf neuronaler Aktivität. Wiederholte mentale/neuronale Aktivität führt zu dauerhaften Veränderungen neuronaler Strukturen, was auch als *erfahrungsabhängige Neuroplastizität* bezeichnet wird. Was bedeutet, dass wir mittels unseres Bewusstseins unser Gehirn optimieren können, was wiederum unserer Psyche zugutekommt.

Der beste Weg zu mehr Glück und innerer Stärke ist das bewusste Durchleben positiver Erfahrungen. Auf diese Weise können die angenehmen Befindlichkeiten zu fest verankerten neuronalen Strukturen werden. Genau das meine ich, wenn ich davon spreche, *das Gute in sich aufzunehmen*: positive Erfahrungen zu aktivieren und diese fest im Gehirn zu verankern.

Kapitel 2
Klett für das Schlechte

Vor über 20 Jahren trug sich in einem neurowissenschaftlichen Seminar Folgendes zu: Der Professor betrat den Raum mit einem großen Gefäß in der Hand, zog ein Paar gelbe Gummihandschuhe an und präsentierte uns mit großer Geste ein präpariertes menschliches Gehirn. Es sah aus wie ein kleiner poröser, gelblicher Blumenkohl. Während der Professor sich über das Gehirn ausließ, wurde ich von einer eigentümlichen Vorstellung erfasst. Dieses Ding, das der Professor »da vorn« in der Hand hielt, befand sich auch »hier« in meinem Kopf und machte sich gerade Gedanken über das Ding in seiner Hand. Mich traf die Erkenntnis, dass dieses wenig beeindruckend aussehende Ding meinen Anblick des Gefäßes bestimmte, mich die Stimme des Professors hören ließ und meine Empfindungen lenkte. Alle angenehmen und unangenehmen Gefühle, die ich empfand, Liebe und Schmerz, waren die Folge irgendeiner Aktivität innerhalb dieses glänzenden Fleischklumpens. Mein Gehirn war sozusagen die letzte Passage aller Regungen, die mich in jedem Moment meines Bewusstseins durchströmten.

Man hat sich lange gefragt, warum wir glücklich oder traurig sind, warum wir einander helfen oder verletzen. Kluge Menschen und Wissenschaftler haben die *mentalen* Voraussetzungen für Freude und Leid erklärt. Jetzt, zum ersten Mal in der Geschichte, können wir uns selbst fragen: Was sind die *neuronalen* Gründe für diese Voraussetzungen? Und die Antwort findet sich in den Strukturen und Prozessen, die das menschliche Gehirn im Zuge der *Evolution* durchlaufen hat.

Das Gehirn erwachte nicht über Nacht zum Leben. Es entwickelte seine Veranlagung und Möglichkeiten über Hunderte

Millionen Jahre hinweg, und die Faktoren, die dabei eine Rolle spielten, zeigen sich bei jedem von uns in sehr persönlicher Weise. Angenommen, Sie haben heute 20 Dinge erledigt und dabei einen einzigen Fehler gemacht. Und genau dieser Fehler, mag er an sich auch unbedeutend gewesen sein, geht Ihnen jetzt nicht mehr aus dem Kopf. Warum ist das so? Die Antwort darauf liegt in der Evolution des Gehirns. Wenn wir lernen, wie sich das menschliche Gehirn entwickelt hat, verstehen wir auch uns selbst und andere Menschen besser. Hinzu kommt, dass wir effektiver darin werden, dieses außergewöhnliche blumenkohlartige Gebilde in unserem Kopf zu nutzen und umzuformen.

Die Entwicklung des Gehirns

Wenn wir an die Zeit der ersten Mikroorganismen denken, die vor über 3,5 Milliarden Jahren existierten, dann hat der Mensch gemeinsame Vorfahren mit Fledermäusen, Begonien und Bakterien. Die ersten Vielzeller tauchten in den Meeren der Vorzeit vor 650 Millionen Jahren auf, und 50 Millionen Jahre später waren sie komplex genug, um allmählich ein Nervensystem zu entwickeln. Säugetiere erschienen vor etwa 200 Millionen Jahren, die ersten Primaten vor ungefähr 60 Millionen Jahren. 2,5 Millionen Jahre ist es her, seit unser menschlicher Stammvater, der *Homo habilis*, intelligent genug war, um Werkzeuge aus Stein herzustellen, und unsere eigene Spezies – der *Homo sapiens* – erschien vor etwa 200 000 Jahren auf der Bildfläche. Im Laufe der letzten 600 Millionen Jahre mussten verschiedenste Wesen – angefangen bei Quallen und Muscheln bis hin zu Eidechsen, Mäusen, Affen sowie den Vorläufern des heutigen Menschen – Überlebensstrategien entwickeln, die die Entwicklung des Nervensystems maßgeblich beeinflusst haben. Die Größe unseres Gehirns hat sich in den letzten paar Millionen Jahren ungefähr verdreifacht, während es unter dem enormen Druck der natürlichen Selektion stand. Unsere hominiden und menschlichen Vorfahren lebten in kleinen Gruppen von Jägern und Sammlern, ehe sie vor ungefähr 10 000 Jahren begannen, organisierten Ackerbau zu betreiben. Sie lebten in einer wunderschönen unberührten Welt, ihr Leben verlief in gemächlicher Ruhe, wonach sich viele Menschen heute sehnen. Dessen ungeachtet waren die Erfordernisse des Überlebens ganz andere als heute. Man musste jederzeit damit rechnen, von einem Raubtier angegriffen und gefressen zu werden. Das Leben in kleinen Gruppen bedeutete auch, dass man selten jemandem begegnete, den man nicht kannte, und war dies einmal der Fall, konnte auch das Gefahr bedeuten. Obwohl manche Gruppen in friedlicher Koexistenz lebten, kam durchschnittlich jeder achte Mann bei gewalttätigen Konflikten mit Mitgliedern anderer Gruppen ums Leben. Zum Vergleich: Im 20. Jahrhundert ließ durchschnittlich jeder 100. Mann sein Leben im Krieg. Man starb an Hunger und Krankheit, durch Parasiten oder Verletzungen oder bei der Geburt eines Kindes, während es weder schmerzstillende Medikamente noch Polizeiwachen gab. Aus dieser Welt erwuchs das menschliche Gehirn, das sich sorgfältig diesen Bedingungen anpasste. Das Ergebnis lebt fort zwischen unseren Ohren, leitet nach wie vor unser Handeln und verleiht unseren Erfahrungen eine bestimmte Form.

Schlecht ist stärker als gut

Um ihre Gene weiterzugeben, mussten unsere Vorfahren – ob es sich nun um Reptilien, Säugetiere, Primaten, Hominiden oder Menschen handelte – Dinge tun, die das Leben annehmlicher machten: Schutz suchen, essen, Sex haben. Auf der anderen Seite mussten sie sich von schmerzhaften Dingen fernhalten, um nicht dem Angriff eines Raubtiers oder eines Mitglieds einer anderen Gruppe zum Opfer zu fallen oder zu verhungern. Jedoch besteht zwischen diesen beiden Erfordernissen ein großer Unterschied. Wer überleben will, muss sich vor allem vor lauernden Gefahren schützen. Wer heute keine Karotte isst, der bekommt vielleicht morgen eine, doch wer einem Angriff zum Opfer fällt, der wird nie wieder Karotten essen.

Regel Nummer eins in der Wildnis: Lieber selber essen als gegessen werden. Über Hunderte Millionen von Jahren war es eine Frage von Leben und Tod, sich vor plötzlichen Angriffen in Acht zu nehmen, richtig auf sie zu reagieren, sich an sie zu erinnern und auf diese Weise seine Aufmerksamkeit zu schulen. Konsequenterweise hat das Gehirn eine eingebaute *negative Verzerrung* entwickelt. Diese Verzerrung trat zunächst in existenziellen Situationen auf, die uns heute weitgehend fremd sind. Heute macht sie sich bemerkbar, wenn wir im dichten Verkehr Auto fahren, an einer wichtigen Sitzung teilnehmen, mit unseren Geschwistern streiten, eine Diät machen, die Fernsehnachrichten anschauen, uns mit der Hausarbeit abmühen, Rechnungen bezahlen oder ein Rendezvous haben. Unser Gehirn ist stets bereit, das Negative anzunehmen, um unser Überleben zu sichern.

Auf alles gefasst sein

Zunächst einmal hält das Gehirn ständig Ausschau nach potenziellen Gefahren oder Verlusten. Im Zuge der Evolution hatten die Tiere, die reizbar, nervös und misstrauisch waren, größere Chancen, ihre Gene weiterzugeben, als eher träge Artgenossen, was inzwischen in die feste Struktur unserer DNA eingewoben ist. Selbst wenn wir uns fröhlich und entspannt fühlen, sucht unser Gehirn stets nach möglichen Gefahren, Enttäuschungen und zwischenmenschlichen Problemen. Im Hintergrund unseres Bewusstseins sind wir in der Regel stets für alles Unbehagliche und Störende empfänglich, um diese Wachsamkeit zu motivieren.

Wenn dann tatsächlich etwas schiefläuft oder massiven Anlass zur Sorge gibt, zoomt sich das Gehirn mit einer Art Tunnelblick heran, der alle anderen Eindrücke ausblendet. Wenn Ihnen Ihr Chef ein glänzendes Feedback auf Ihren Vortrag gibt und nur eine Kleinigkeit zu bemängeln hat, dann wird Sie diese Kleinigkeit vermutlich für den Rest des Tages beschäftigen. Negative Signale nehmen wir schneller und leichter wahr als positive. Zornige Gesichter prägen sich uns mehr ein als fröhliche; auf ein grimmiges Gesicht reagiert unser Gehirn sogar, wenn wir es bewusst gar nicht wahrnehmen.

Die Kraft des Schmerzes

Schlechte (schmerzhafte, erschütternde) Erfahrungen stellen gute (angenehme, tröstliche) zumeist in den Schatten. Der Psychologe Daniel Kahneman erhielt einst den »Wirtschafts-Nobelpreis«, weil er zeigen konnte, dass die meisten von uns mehr dafür tun würden, einen Verlust zu vermeiden, als einen äquivalenten Gewinn zu erzielen. In lang anhaltenden engen Beziehungen bedarf es mindestens fünf positiver Interaktionen, um jede negative auszugleichen. Menschen fühlen sich dann wohl, wenn die positiven Momente die negativen mindestens im Verhältnis drei zu eins – möglichst noch höher – überwiegen. Negative Momente entwerten die positiven in stärkerem Maße, als die positiven die negativen veredeln können. Eine Untat beschädigt das Renommee eines Helden stärker, als ein Bösewicht seinen Ruf durch eine gute Tat aufwerten könnte.

Der besondere Einfluss des Schlechten auf unsere Psyche basiert auf der Besonderheit unseres Gehirns, auf unangenehme Dinge stärker zu reagieren als auf angenehme. Inmitten unseres Kopfes gliedert sich der zentrale Schaltkreis für Überreaktionen in drei Bereiche: die *Amygdala*, den *Hypothalamus* und den *Hippocampus*. Die mandelgroße Amygdala reagiert auf positive Ereignisse und Gefühle, bei den meisten Menschen wird sie jedoch vorwiegend bei negativen Erlebnissen aktiviert. Stellen Sie sich vor, jemand – Ihre Eltern, Ihr Partner oder ein Arbeitskollege – ist zornig auf Sie. Das macht Ihnen Angst. Dieser Zorn hat Ihre Amygdala aktiviert, wie dies vor Millionen von Jahren ein angreifender Löwe getan hätte. Um eine Kampf- oder Fluchtreaktion in die Wege zu leiten, sendet Ihre Amygdala Alarmsignale an Ihren Hypothalamus und an die Kontrollstellen Ihres *sympathischen Nervensystems*, die sich im Hirnstamm befinden. Ihr Hypothalamus fordert *Adrenalin, Cortisol, Noradrenalin* und andere Stresshormone an. Ihr Herz schlägt jetzt schneller, auch Ihre Gedanken beschleunigen sich; Sie spüren, wie Ihre Erregung zunimmt. Ihr Hippocampus legt eine neuronale Spur dieser Erfahrung an – was passiert ist, wer was gesagt hat und wie Sie sich fühlen – und leitet die verarbeiteten Informationen an den Kortex zurück, damit Sie später aus ihnen lernen können. Ihre aktivierte Amygdala steht mit dem Äquivalent einer vierspurigen Superautobahn in Verbindung und befiehlt Ihrem Hippocampus, diese anstrengende Erfahrung zu speichern, sogar neue Babyneuronen zu kennzeichnen, um diese Angst zu bewahren.

Der Teufelskreis

Im Laufe der Zeit wird die Amygdala immer empfänglicher für negative Botschaften. Dieser Schneeballeffekt tritt deshalb ein, weil das Cortisol, das der Hypothalamus auf das Signal der Amygdala hin angefordert hat, in den Blutkreislauf eintritt und über diesen das Gehirn erreicht, wo es die Amygdala stimuliert und stärkt. Die Alarmglocken des Gehirns können nun noch leichter und lauter schrillen. Und sollte die Gefahr vorüber sein oder sich gar als falscher Alarm erwiesen haben, dauert es zu allem Übel einige Minuten, bis der Körper das Cortisol wieder abgebaut hat. Wir alle kennen das Gefühl, mit dem Auto knapp einem Unfall entronnen zu sein. Eine Erfahrung, die uns noch 20 Minuten später »in den Gliedern steckt«. Unterdessen führt das Cortisol im Gehirn dazu, dass Zellen im Hippocampus überstimuliert, geschwächt und schließlich getötet werden, wodurch dieser allmählich schrumpft. Dies ist ein Problem, weil der Hippocampus dabei hilft, Dinge ins rechte Licht zu rücken, während er die Amygdala beruhigt und dem Hypothalamus signalisiert, dass keine weiteren Stresshormone benötigt werden. Somit fällt es noch schwerer, die eine Sache, die schiefgelaufen ist, mit all denen, die gut gingen, in die richtige Beziehung zu setzen, sowie die Amygdala und den Hypothalamus, die quasi auf Hochtouren laufen, zu beruhigen.

Wer sich also heute gestresst, angespannt, einsam oder verletzt fühlt, der ist morgen umso empfänglicher dafür, sich gestresst, angespannt etc. zu fühlen, vom übernächsten Tag ganz zu schweigen. Das Negative potenziert sich und setzt einen wahren Teufelskreis in Gang.

Papiertiger-Paranoia

Ein Aspekt der negativen Verzerrung ist so bedeutsam, dass wir ihm spezielle Aufmerksamkeit schulden: die besondere Kraft der Angst. Unsere Vorfahren konnten zwei Arten von Fehlern machen. Sie konnten irrtümlich glauben, dass ein Tiger im Busch war, oder sie konnten irrtümlich glauben, dass kein Tiger im Busch war. Der Preis für den ersten Irrtum bestand in grundloser Angst, den zweiten Irrtum bezahlten sie mit ihrem Leben. Folglich haben wir uns so entwickelt, dass wir lieber 1000 Mal den ersten Fehler in Kauf nehmen, um nur einen einzigen Fehler der zweiten Sorte zu vermeiden. Dennoch kommt es immer noch zu diesen zweiten Fehlern. Eine Variante des zweiten Fehlers ist ein übertriebener Optimismus, was Vor- und Nachteile einer bestimmten Sache angeht. Viele Spieler schätzen die Chancen eines Gewinns allzu hoch ein. Im Allgemeinen neigt unser Gehirn jedoch dazu, Bedrohungen zu hoch, Chancen und Möglichkeiten zu gering einzuschätzen. Darüber hinaus unterschätzen wir oft unsere Fähigkeiten, Bedrohungen abzuwenden und Chancen zu nutzen. Dann versorgen wir diesen Glauben mit Informationen, die ihn bestätigen, während wir alle Hinweise ignorieren oder zurückweisen, die das nicht tun. Es gibt sogar bestimmte Regionen in der Amygdala, die verhindern, dass wir unsere Ängste loswerden, was vor allem in Bezug auf Kindheitserlebnisse gilt – mit dem Ergebnis, dass wir uns zwanghaft mit Bedrohungen auseinandersetzen, die ungefährlicher und beherrschbarer sind, als wir uns einreden, während wir auf der anderen Seite Möglichkeiten übersehen, die in Wahrheit größer sind, als wir glauben. Unser Gehirn leidet also an chronischer »Papiertiger-Paranoia«.

Diese biologisch begründeten Anlagen werden durch verschiedene Faktoren noch verstärkt. Denken wir nur an unser Naturell. Manche Leute (wie ich) sind ängstlicher veranlagt als andere. Oder denken wir an unsere persönliche Geschichte. Leidvolle und schmerzhafte Lebenserfahrungen, zumal wenn sie traumatischen Charakter tragen, verstärken die Angst eines Individuums. Wer mit launischen und reizbaren Eltern aufwuchs oder in der Schule gehänselt wurde, der wird auch später stets wachsam sein, selbst wenn er inzwischen ein Leben im Kreis freundlicher Menschen führt. Und natürlich spielen auch unsere gegenwärtigen Lebensumstände eine Rolle. Vielleicht leben wir mit jemandem zusammen, der aus dem geringsten Anlass aus der Haut fährt. Oder wir werden an unserem Arbeitsplatz schikaniert. Oder machen uns Sorgen wegen eines anderen Menschen, zum Beispiel eines kranken Kindes. Auch die wirtschaftlichen Verhältnisse sind von Bedeutung. Wer knapp bei Kasse ist und Mühe hat, seinen Lebensunterhalt zu bestreiten, fühlt sich davon verständlicherweise unter Druck gesetzt. Und politische Gruppen haben im Laufe der Geschichte stets versucht, aus der Not anderer Menschen Kapital zu schlagen und deren Ängste für eigene Zwecke zu nutzen. Wie gehen Sie selbst mit der Angst um? Die üblichen Reaktionen erstrecken sich von Wachsamkeit und Vorsicht über Furcht und Besorgnis bis hin zu massiven Angstzuständen wie Kopflosigkeit und Panik. Welche Rolle spielt die Angst in Ihrem Leben? Je ängstlicher wir sind, desto »kleinere« Träume träumen wir. Wir klammern uns gewissermaßen an uns selbst, weil wir die Welt »da draußen« fürchten. Und da andere ebenso anfällig für die Kraft der Angst sind wie wir, fühlen sie sich von unseren Angstreaktionen bedroht und überreagieren ihrerseits, was dazu führt, dass wir uns mehr ängstigen als je zuvor.

Klett und Teflon

Die negative Verzerrung beeinflusst sogar die strukturbildenden Prozesse in unserem Gehirn. Das funktioniert folgendermaßen: Wie wir gesehen haben, wird unser Gehirn von dem verändert, was unser Bewusstsein durchströmt. Daraus ergeben sich zwei Arten des Lernens, zwei Arten der Erinnerung: *explizit* und *implizit*. Das explizite Gedächtnis enthält alle persönlichen Erinnerungen, von frühester Kindheit bis zu dem, was vor zehn Minuten stattfand. Diese Erinnerungen scheinen umso positiver verzerrt zu sein, je länger sie zurückliegen. Ich weiß zum Beispiel, dass mich meine engen Bergschuhe auf einer langen Tour durch den Yosemite-Nationalpark sehr gequält haben müssen, doch erinnere ich mich nur noch an das großartige Gefühl, als ich gemeinsam mit meinem Freund auf dem Gipfel stand. Die explizite Erinnerung umfasst auch das, was als *deklaratives Wissen* bezeichnet wird, einer Art Sammelbecken von Informationen über Dinge, beispielsweise darüber, was ein Fahrrad ist, wie die Form der Erde aussieht und wie die eigene Sozialversicherungsnummer lautet. Die implizite Erinnerung hingegen enthält das »prozedurale Wissen«, welches davon handelt, *wie* man Dinge tut, zum Beispiel wie man Fahrrad fährt oder wie man ein kompliziertes Gespräch mit einem Freund führt. Sie enthält auch unsere Annahmen und Erwartungen, emotionale Überbleibsel gelebter Erfahrungen, Beziehungsmuster, Werte und Neigungen sowie die emotionale Gestimmtheit im Allgemeinen. Als handele es sich um eine riesige Lagerhalle, die sowohl unsere innere Stärke birgt als auch Gefühle der Unzulänglichkeit, unerfüllte Sehnsüchte und alten Schmerz. Was in diesem Lager untergebracht ist, bildet die Grundlage unserer Gefühle und »Funktionsweise« und hat in der Regel mehr Einfluss auf unser Leben als das, was zum expliziten Gedächtnis gehört.

Leider ist das Gefüge der impliziten Erinnerung *negativ* verzerrt. Unangenehme Erfahrungen werden sofort »eingelagert«: Ein gebranntes Kind scheut das Feuer. In der Regel lernen wir schneller aus schmerzhaften als aus angenehmen Erfahrungen. Starke Abneigungen entwickeln sich rascher als ausgeprägte Vorlieben. In zwischenmenschlichen Beziehungen ist Vertrauen schnell verspielt, aber schwer wiederherzustellen. An die schlechten Eigenschaften einer Person erinnern wir uns leichter als an seine guten. Deshalb sind politische Kampagnen dann am wirkungsvollsten, wenn sie bestimmte Personen mit negativen Eigenschaften versehen. Altbekannte Missstände schüren sowohl in Familien als auch unter Nationen dauerhafte Konflikte. Wenige Erfahrungen vergeblichen Bemühens reichen aus, um ein Gefühl der Hilflosigkeit zu erzeugen – eine der wichtigsten Ursachen für Depression –, und es erfordert eine Vielzahl gegenläufiger Erfahrungen, um das Bewusstsein der eigenen Leistungsfähigkeit und Zulänglichkeit wiederherzustellen. Auf die eine oder andere Weise werden negative Befindlichkeiten rasch zu negativen neuronalen Merkmalen. Auf der anderen Seite haben aktuelle gute Nachrichten – es sei denn, sie sind vollkommen neu oder außergewöhnlich – nur geringe oder gar keine Auswirkungen auf das implizite Erinnerungssystem des Gehirns. Das hat drei Gründe: Erstens nehmen wir gute Nachrichten nur flüchtig zur Kenntnis, weil wir fortwährend damit beschäftigt sind, aktuelle Probleme zu lösen und potenzielle neue Konfliktherde zu erkennen. Von unspektakulären schönen Dingen sind wir ständig umgeben – zwitschernden Vögeln, lächelnden Menschen, der Tatsache, dass wir immer noch am Leben sind –, doch schenken wir ihnen nur wenig Beachtung. Zweitens registrieren wir diese angenehmen Dinge sehr wohl, verbuchen sie jedoch nicht automatisch als *gute Erfahrung*. Wir erledigen eine größere Aufgabe, was an sich eine schöne Sache ist, gehen danach jedoch sofort zur nächsten Aufgabe über, ohne dem Gefühl, etwas geleistet zu haben, auf das wir stolz sein können, sonderlich viel Raum zu geben. Selbst über Anerkennung von außen gehen wir oft rasch hinweg. Wir hören Kinder lachen, doch berührt dies nicht unser Herz.

Der dritte Grund besteht darin, dass es viele schöne Dinge gibt, die wir als gute Erfahrungen verbuchen, die es aber dennoch nicht schaffen, unsere neuronalen Strukturen positiv zu beeinflussen und in das implizite Gedächtnis aufgenommen zu werden. Sofern es sich nicht um ganz außerordentlich wertvolle Erfahrungen handelt, landen diese quasi in unserem Kurzzeitgedächtnis, in dem sie nur so lange verweilen, bis sie dauerhaft »eingelagert« werden. In der Regel dauert dies nur wenige

Sekunden – je länger, desto besser. Wir müssen eine Zeit lang bewusst bei diesen guten Erfahrungen verweilen, damit unser Gehirn von ihnen profitieren kann.

Doch wie oft verweilen wir für 5, 10 oder gar 20 Sekunden bei einer positiven Erfahrung? Ich selbst habe dies kaum einmal getan, bis ich erkannte, wie wichtig es ist, das Gute bewusst in mich aufzunehmen. Bis sich das Loch in meinem Herzen allmählich schließen konnte. Stellen Sie sich irgendein Erlebnis vor, das Ihnen das Gefühl vermittelt, geschätzt und geliebt zu werden. Würden Sie versuchen, dieses Gefühl für zehn Sekunden oder länger am Leben zu erhalten und in Ihr Bewusstsein eindringen zu lassen? Die meisten Leute tun dies nicht. Und weil sie es nicht tun, geben sie dieser Erfahrung keine Chance, wirklich wertvoll zu werden. Für negative Erfahrungen gilt das Klett-Prinzip – sie bleiben in unserem Gehirn haften, während für positive Erfahrungen das Teflon-Prinzip gilt – sie perlen ab.

Vergebliche Bemühungen

Sofern wir gute Erfahrungen nicht bewusst in uns aufnehmen, fließen sie für gewöhnlich durch unser Gehirn wie Wasser durch ein Sieb und hinterlassen kaum positive Effekte. (Wohingegen schlechte Erfahrungen im Sieb der impliziten Erinnerung hängen bleiben.) Die Erfahrung an sich bereitet uns ein angenehmes Gefühl, hat auf unsere neuronalen Strukturen jedoch keinen Einfluss. Und genau darin liegt auch die entscheidende Schwäche vieler Methoden zur Stressbekämpfung, von Seminaren, die sich eine bessere Mitarbeiterführung oder ein Achtsamkeitstraining auf die Fahnen geschrieben haben, von psychotherapeutischen Sitzungen oder der Behandlung von Drogen- und Alkoholproblemen. Manager, Lehrer und Eltern stehen also demselben Problem gegenüber. Durch viel Mühe und die Anwendung bestimmter Kniffe mag es gelingen, die momentane Befindlichkeit anderer zu verbessern, was diesen ein angenehmes Gefühl bereitet. Doch nehmen wir uns in der Regel nicht die Zeit, dieses Gefühl bewusst zu pflegen und zu erhalten, damit es sich im Gehirn *verankern* kann. Ich spreche hier auch von mir selbst. Als Therapeut ist es eine enttäuschende Erfahrung, dass von all den positiven Gedanken und Gefühlen, die ich mich bemühe, bei anderen wachzurufen, nur sehr wenig von bleibendem Wert ist.

Die Auswirkungen der negativen Verzerrung sind für den »Lernenden«, der auch ich bin, ebenfalls frustrierend und entmutigend. Dabei spielt es keine Rolle, ob man sich nur in einem Fortbildungsseminar für Führungskräfte oder in einer Sitzung der Anonymen Alkoholiker befindet. Man bemüht sich stets darum, einen positiven Prozess – etwas, das einem den Rücken stärkt, das einen klüger macht etc. – in Gang zu setzen, und muss doch oft schon wenige Stunden später feststellen, dass jeder positive Effekt wie verflogen scheint. Sisyphos lässt grüßen. Als würde der Felsbrocken, den wir so mühevoll den Abhang hinaufgeschoben haben, stets von selbst wieder hinunterrollen.

Die negative Verzerrung ist nicht unsere Schuld. Aber wir können etwas dagegen tun.

Für Chancengleichheit sorgen

Negative Verzerrung bedeutet nicht, dass wir nicht glücklich sein können. Doch wenn wir es sind, sind wir es ihr zum Trotz. Sie ist eine Verzerrung, die sich von Fall zu Fall bemerkbar macht. Wenn es uns gut geht, lauert sie im Hintergrund und wartet auf eine Möglichkeit, uns ein schlechtes Gefühl zu bereiten. Geht es uns schlecht, sorgt sie dafür, dass es uns noch schlechter geht.

Diese Verzerrung beschert uns zwei Arten von Problemen. Zum einen *verstärkt sie das Negative*. Sie lenkt unsere Aufmerksamkeit auf alles, was schlecht ist oder schlecht sein *könnte*, und provoziert damit eine Überreaktion von uns. Die negative Erfahrung wird dann im impliziten Gedächtnis gespeichert. Dies führt unter anderem zu einem Teufelskreis beziehungsweise einer negativen Wechselbeziehung zwischen den Vorgängen in unserem Gehirn und unserer Beziehung zu anderen Menschen. Diese Verzerrung fördert also Stress, Lustlosigkeit, Angst, Frustration, Reizbarkeit, Traurigkeit, das Gefühl der Unzulänglichkeit und Neid.

Zum anderen *schwächt sie das Positive*, indem sie unsere Aufmerksamkeit von den positiven Aspekten unserer gegenwärtigen Erfahrung ablenkt. Dadurch reagieren wir nicht angemessen auf das Gute oder nehmen es nur flüchtig wahr. Außerdem rauschen die guten Erfahrungen durch unser Gehirn hindurch, ohne dort nennenswerte Spuren zu hinterlassen. Die Verzerrung fungiert gewissermaßen als Nadelöhr, das es allem Schönen erschwert, den Weg ins Gehirn zu finden.

Der Zinssatz eines Sparkontos bemisst sich an der Summe des eingezahlten Geldes. Was hätten Sie lieber? Einen hohen oder einen niedrigen Zinssatz? Dem Zinssatz entspricht der Prozentsatz der positiven Erfahrungen, die in neuronale Strukturen umgewandelt werden. Je mehr Sie »einzahlen«, desto höher ist der Ertrag. In dieser Hinsicht stellt sich dieselbe Frage: Wollen Sie lieber einen höheren oder einen niedrigeren Ertrag? Leider wird der Prozentsatz durch die negative Verzerrung automatisch gesenkt, was Ihre »positiven Erträge« im Alltag beeinträchtigt – Ihre Freude, Ihre sozialen Kontakte, Ihren Erfolg.

Die negative Verzerrung sichert im Notfall Ihr Überleben, beeinträchtigt jedoch Ihre Lebensfreude, die Qualität Ihrer Beziehungen, Ihre psychische und physische Gesundheit. Sie ist die Standardeinstellung des Steinzeitgehirns. Wenn wir nicht lernen, sie zu beherrschen, wird sie uns weiterhin beherrschen. Indem wir lernen, das Gute bewusst in uns aufzunehmen, sorgen wir für Chancengleichheit und wirken den Tendenzen der negativen Verzerrung entgegen: Wir schwächen negative Gedanken, Gefühle und Handlungen ab und stärken das Positive. Diese Übung kommt Ihren drei Grundbedürfnissen nach Sicherheit, Zufriedenheit und Zugehörigkeit entgegen. Im nächsten Kapitel werde ich zeigen, wie so eine Übung konkret aussieht.

Die Aufnahme des Guten

Wir haben uns von jeher gefragt, wie Empfindungen der Trauer und des Glücks Eingang in unser Bewusstsein finden. Inzwischen begreifen wir allmählich, inwieweit unsere Erfahrungen durch die Strukturen und Prozesse unseres *Gehirns* präformiert werden.

Das Nervensystem hat sich über einen Zeitraum von 600 Millionen Jahren entwickelt. Lösungen für Probleme des Überlebens, die von Reptilien, Säugetieren, Primaten oder anderen Menschen verursacht wurden, sind in unserem Gehirn nach wie vor aktiv.

Um zu überleben und die eigenen Gene weitergeben zu können, mussten unsere Vorfahren vor vielfältigen Gefahren und zwischenmenschlichen Konflikten auf der Hut sein. Folglich hat unser Gehirn eine negative Verzerrung entwickelt, die nach schlechten Nachrichten Ausschau hält, intensiv auf sie reagiert und diese Erfahrung rasch in der neuronalen Struktur verankert. Zwar sind wir immer noch in der Lage, Glück und Zufriedenheit zu empfinden, doch macht uns diese Verzerrung anfällig für Stress, Ängste und Enttäuschungen.

Ein Schlüsselaspekt der negativen Verzerrung ist die besondere Kraft der Angst. Folglich messen wir potenziellen Bedrohungen zu viel Bedeutung bei, wohingegen wir Möglichkeiten und Chancen unterbewerten. Gleichzeitig sensibilisiert die negative Verzerrung das Gehirn für alles Negative, was aufgrund des entstandenen Teufelskreises zu weiteren negativen Erfahrungen führt.

Positive Erfahrungen sind die wichtigste Quelle für innere Stärke, wie sie durch empfundenes Glück oder Widerstandskraft zum Ausdruck kommt. Doch solange wir sie nicht aufmerksam und nachhaltig in uns aufnehmen, fließen sie durch unser Gehirn wie Wasser durch ein Sieb – eine flüchtige Annehmlichkeit, die keinen bleibenden Wert für uns hat, weil sie unsere neuronalen Strukturen nicht verändert. Das Gehirn ist wie Klett für negative und wie Teflon für positive Erfahrungen. Während uns die negative Verzerrung in Momenten existenzieller Bedrohung das Überleben sichert, beeinträchtigt sie unsere Lebensqualität, zwischenmenschlichen Beziehungen, persönliche Entwicklung und dauerhafte Gesundheit. Aus negativen Erfahrungen lernen wir zu viel, aus positiven zu wenig. Der beste Weg, die negative Verzerrung zu kompensieren, ist die regelmäßige Aufnahme des Guten.

Kapitel 3
Grünes Gehirn, rotes Gehirn

Menschen haben von jeher versucht, die menschliche Natur zu ergründen. Wie die alten Dichter blicken wir noch heute über das Meer oder zu den Sternen hinauf und fragen uns: *Wer bin ich?* Die Antwort ist in vielerlei Hinsicht von Bedeutung.

Wären wir im Grunde Wesen mit niederen Instinkten, die nur darauf aus sind, sich selbst zu behaupten und andere zu unterdrücken, dann müssten wir durch strenge Autoritäten und unumstößliche Regeln in Schach gehalten werden. Ein Wesen jedoch, das auch auf Ausgleich bedacht, zu Dankbarkeit und Warmherzigkeit in der Lage ist, kann sich frei entfalten und von seinem eigenen Gewissen leiten lassen.

Bis vor Kurzem gab es nur wenige wissenschaftlich begründete Erkenntnisse zur Natur des Menschen. Doch liefern die Studien der evolutionären Neuropsychologie sowie benachbarter Forschungsgebiete erste klare Antworten darauf, wie es um unsere dauerhafte Fähigkeit zu fürsorglicher Nähe und erfüllender Liebe bestellt ist. Wenden wir uns also den drei Betriebssystemen des Gehirns zu, den beiden Zuständen dieser Systeme und einer einfachen Übung, wie Sie das Gute in sich aufnehmen können. Manches mag Ihnen vielleicht ein bisschen technisch erscheinen, doch werden Sie hoffentlich ebenso großen Nutzen daraus ziehen wie ich und eine Möglichkeit darin erblicken, sich selbst und andere besser zu verstehen. Beginnend mit dem nächsten Kapitel werde ich Ihnen praktische Hilfsmittel an die Hand geben, die es Ihnen ermöglichen, von guten Alltagserfahrungen nachhaltig zu profitieren.

Drei Betriebssysteme

Vereinfacht ausgedrückt hat sich unser Gehirn in drei Stufen entwickelt, die lose mit der Reptilien-, der Säugetier- und der Primatenphase der Evolution in Verbindung stehen. Diese drei Schichten des Gehirns bauen aufeinander auf – wie die Etagen eines Hauses. Der Hirnstamm erwächst aus dem oberen Ende des Rückenmarks. Er kontrolliert und reguliert alle lebensnotwendigen Systeme des Körpers wie die Atmung und steuert unser Verhalten. Das limbische System liegt über dem Hirnstamm und verläuft durch die Mitte des Kopfes. Es steuert das emotionale Verhalten und ist das Zentrum der Gefühle. Als *Kortex* wird die Hirnrinde bezeichnet. Er ist für intellektuelle Tätigkeiten zuständig, für die Einordnung von Vergangenheit und Zukunft und für soziale Schlüsselfähigkeiten wie Empathie, Sprache und kooperative Planung.

Ungefähr zur gleichen Zeit wie die drei Schichten des Gehirns haben sich die drei Äste des äußerst wichtigen Vagusnervs (des zehnten Hirnnervs) entwickelt, dessen Fasern durch den Hirnstamm bis ins Herz und zu anderen Organen sowie ins Gesicht verlaufen. Der älteste Ast des Vagusnervs unterstützt den sogenannten *Parasympathikus* unseres Nervensystems, der für die unwillkürliche Steuerung der meisten inneren Organe und des Blutkreislaufs zuständig ist. Er sorgt für Ruhe, Erholung und Schonung. Der zweite Ast steht mit dem Sympathikus unseres Nervensystems in Verbindung, der eine Leistungssteigerung des Organismus bewirkt und diesen zu außergewöhnlichen Anstrengungen befähigt. Der entwicklungsgeschichtlich jüngste Ast des Vagusnervs unterstützt das »System der sozialen Verpflichtungen«. Er erstreckt sich bis zum Kehlkopf, um den Ton unserer Stimme zu modulieren, sowie ins Gesicht, um unsere Mimik zu steuern. Im Zuge der Gehirnentwicklung haben sich bestimmte Fähigkeiten herausgebildet, um unsere drei Grundbedürfnisse – *Sicherheit*, *Zufriedenheit* und *Zugehörigkeit* – zu befriedigen. Diesen drei Grundbedürfnissen tragen die drei »Betriebssysteme« unseres Gehirns Rechnung, um Gefahr zu vermeiden, Belohnungen zu erlangen und soziale Verbindungen einzugehen. (Für dieses Modell habe ich die einflussreichen Arbeiten von Paul MacLean, Jaak Panksepp, Stephen Gilbert und E. Tory Higgins herangezogen.) Es mag sich ein wenig kompliziert anhören, doch liefert uns der Alltag eine Vielzahl einfacher Beispiele. Stellen Sie sich vor, Sie möchten sich mit einer Freundin zum Abendessen treffen. Auf dem Weg ins Restaurant versuchen Sie Gefahr zu vermeiden, indem sie nicht bei Rot über die Ampel fahren. Sobald Sie am Tisch sitzen, streben Sie eine Belohnung an, indem Sie sich etwas Leckeres zu essen bestellen. Und indem Sie mit Ihrer Freundin sprechen, fühlen Sie sich ihr verbunden und weniger allein.

Um noch einmal zusammenzufassen: Das Vermeidungssystem steht mit dem Hirnstamm, dem ersten Ast des Vagusnervs und dem Reptilienzeitalter der Evolution in Verbindung. Das Belohnungssystem steht mit dem limbischen System, dem zweiten Ast des Vagusnervs und dem Säugetierzeitalter der Evolution in Verbindung. Und das Bindungssystem steht mit dem Kortex, dem dritten Ast des Vagusnervs und dem Primaten-/Menschenzeitalter der Evolution in Verbindung. Es hilft mir, wenn ich mir vorstelle, dass mein Bewusstsein noch Spuren von Eidechsen, Mäusen und Affen in sich trägt, die mit dem Vermeidungs-, Belohnungs- und Bindungssystem in Verbindung stehen. Wir befriedigen also unsere Grundbedürfnisse nach Sicherheit, Zufriedenheit und Zugehörigkeit, wenn wir – metaphorisch gesprochen – die Eidechse streicheln, die Maus füttern und den Affen umarmen.

Natürlich ist es wichtig, sich von solchen Metaphern nicht in die Irre führen zu lassen. Heutzutage nutzen die drei Betriebssysteme unser Gehirn als Ganzes, um ihre Ziele zu erreichen. Sie definieren sich nach den Funktionen, die sie haben, nicht nach ihrer Anatomie. Während diese Funktionen in uralten biologischen Erfordernissen wurzeln – einem Angreifer davonschwimmen, eine Beere essen, ein Baby zeugen –, kommen sie heute in Situationen zum Tragen, die einen Höhlenmenschen erstaunen würden, ganz zu schweigen von einem Goldfisch, einer Taschenratte oder einem Gorilla. Das Bindungssystem tritt in Aktion, wenn sich ein Mädchen für den Abschlussball schminkt, wenn Bonobos sich lausen, wenn Präriewühlmäuse bei ihren Gefährten einen erhöhten Oxytocinlevel bemerken oder wenn Lachse zum Laichen flussaufwärts schwimmen. Tatsächlich handelt es sich um Verhaltensweisen, die sich in mehreren Hundert Millionen Jahren herausgebildet haben.

Jedes Betriebssystem verfügt über eigene Fähigkeiten, Denk- und Verhaltensweisen. Die Details sehen Sie in Schema I (S. 56): »Funktionen des Vermeidungs-, Belohnungs- und Bindungssystems«. Eines dieser Systeme kann auch die anderen beiden für eigene Zwecke einspannen. Um den Schaden zu vermeiden, dass jemand in das eigene Haus einbricht, kann man sich beim Baumarkt mit einem Sicherheitsschloss »belohnen« und sich an einen großen Hund »binden«. Zwei oder drei dieser Systeme können gleichzeitig aktiv sein. Beim Einkauf in einem Supermarkt können Sie mit Ihrem Vorschulkind scherzen, das den Einkaufswagen schiebt (Bindung), während Sie den Wagen mit Lebensmitteln füllen (Belohnung) und sich vom Gang mit den Süßigkeiten fernhalten (Vermeidung).

Ich habe herausgefunden, dass es sehr nützlich ist zu wissen, wann eines meiner Grundbedürfnisse – Sicherheit, Zufriedenheit, Zugehörigkeit – befriedigt wird, wie sich das betreffende System »anfühlt«, wenn es arbeitet, und – wie wir im nächsten Kapitel sehen werden – wie wir die Schlüsselerfahrungen machen können, die diesem System zugutekommen. Die Vermei-

I. Funktionen des Vermeidungs-, Belohnungs- und Bindungssystems

Eigenschaft	Unglück vermeiden	Belohnungen erhalten	Soziale Zugehörigkeit
Bedürfnis	Sicherheit	Befriedigung	Verbindung
Heraus-forderung	Bedrohung	Verlust	Ablehnung
dient	Risiken	Möglichkeiten	Beziehungen
Priorität	Vermeidung von Verlust	fördert Gewinne und Verbesserungen	Sexualität, Intimität
Geschätzt von anderen	Vergewisserung	Ermutigung	Wärme
Fähigkeiten	Erstarrung, Flucht, Kampf	dauerhafte Jagd	Empathie, Bindung
Verhaltens-tendenz	Vorsicht, Hemmung, Rückzug	Eifer, Anregung, Streben	Geselligkeit, Bindung, Warmherzigkeit
Zentrales Transmitter-system	Acetylcholin	Dopamin, Opioide	Oxycotin, Vasopressin
Zweig des Vagusnervs	erster	zweiter	dritter
Zentrale Hirnregion	rechte Hemisphäre, links weniger Aktivierung	linke Hemisphäre, rechts weniger Aktivierung	System sozialer Verpflichtungen

dungs-, Belohnungs- und Bindungssysteme sagen uns, wie wir Herausforderungen begegnen können. Darüber hinaus organisieren und leiten sie unsere Erfahrungen und Handlungen. Sie schmeißen den Laden – und zwar auf zwei sehr verschiedene, aber konsequente Arten.

Der anpassungsfähige Modus

Stellen Sie sich einen äußerst gelungenen Tag vor, an dem Sie sich rundum wohlfühlen. Nachdem Sie aufgewacht sind, bleiben Sie noch ein paar Minuten im Bett liegen und freuen sich auf den Tag, der vor Ihnen liegt. Auf dem Weg zur Arbeit herrscht dichter Verkehr, aber Sie nehmen dies gelassen hin, lauschen dem Radio und lassen sich von den anderen Fahrzeugen nicht aus der Ruhe bringen. Ihr Job versetzt Sie nicht gerade in Begeisterungsstürme, doch heute konzentrieren Sie sich ganz und gar auf das befriedigende Gefühl, bestimmte Aufgaben bewältigt zu haben. Auf dem Heimweg ruft Sie Ihr Partner an und bittet Sie, im Supermarkt noch etwas einzukaufen. Vielleicht gehören Supermarkteinkäufe nicht gerade zu Ihren Hobbys, doch Sie sagen sich, dass dieser Einkauf ja nur eine Viertelstunde Ihrer Zeit in Anspruch nehmen wird. Außerdem freuen Sie sich schon darauf, sich am Abend Ihre Lieblingsserie im Fernsehen ansehen zu können.

Betrachten wir nun denselben Tag noch einmal. Nach dem Aufwachen bleiben Sie noch ein paar Minuten im Bett liegen. Der vor Ihnen liegende Tag ödet Sie jetzt schon an, vor allem wenn Sie an Ihre langweilige Arbeit denken. Der morgendliche Berufsverkehr geht Ihnen unheimlich auf die Nerven, und als Ihnen ein anderes Fahrzeug den Weg abschneidet, drücken Sie wütend auf die Hupe. Als Sie Ihr Büro erreichen, ist Ihr Zorn immer noch nicht verflogen; zu allem Überfluss haben Sie heute eine unglaubliche Menge an öden Routinearbeiten zu erledigen. Auf dem Heimweg fühlen Sie sich fix und fertig und wollen sich nur noch ausruhen. Ihr Partner ruft Sie an und bittet Sie, noch ein paar Dinge einzukaufen. Sie fühlen sich ausgenutzt, kommen der Bitte jedoch widerwillig nach. Den ganzen Abend hindurch sagen Sie kaum ein Wort, weil Sie finden, dass ein Großteil der häuslichen Arbeiten stets an Ihnen hängen bleibt. Auch Ihre Lieblingsserie können Sie nicht genießen, weil Sie sich angespannt und erschöpft fühlen.

Diese beiden erfundenen Tage laufen exakt nach demselben Muster ab. Nur Ihr Gehirn hat auf die Geschehnisse anders reagiert.

Jedes Betriebssystem Ihres Gehirns kennt zwei grundsätzliche Modi: einen *anpassungsfähigen* und einen *reaktiven*. Solange Sie das Gefühl haben, dass eines Ihrer Grundbedürfnisse befriedigt wird, befindet sich das betreffende System im anpassungsfähigen Modus. Wenn Sie sich sicher fühlen, dann arbeitet Ihr Vermeidungssystem im anpassungsfähigen Modus, was Ihnen ein Gefühl von Entspanntheit und innerer Ruhe beschert. Bei dem Gefühl von Zufriedenheit schaltet auch Ihr Belohnungssystem in den anpassungsfähigen Modus, was Ihnen dankbare und zufriedene Momente beschert. Und wenn Sie das Gefühl haben, integriert und eingebunden zu sein, arbeitet Ihr Bindungssystem im anpassungsfähigen Modus und ruft Gefühle der Zugehörigkeit, Vertrautheit und Empathie hervor. Der Einfachheit halber möchte ich diesem Modus die Farbe *Grün* zuordnen.

Im anpassungsfähigen Modus können Sie Herausforderungen begegnen, ohne sich von ihnen unter Druck setzen zu lassen. Es ist, als würde Ihr Gehirn über eine Art Stoßdämpfer verfügen, der verhindert, dass Sie von äußeren Ereignissen allzu sehr erschüttert werden. Selbst mit kraftraubenden oder bedrohlichen Ereignissen kommen Sie zurecht, ohne sich ängstigen oder frustrieren zu lassen. Sie sind fest im Leben verwurzelt und in der Lage, auch schwierige Situationen zu meistern, weil Ihnen nie ein Grundgefühl der Sicherheit und Geborgenheit abhandenkommt.

Mit anderen Worten: Wenn Ihr Gehirn nicht von Gefühlen des Verlusts oder der Zurückweisung aufgeschreckt wird, dann arbeitet es sozusagen im Ruhezustand beziehungsweise im anpassungsfähigen Modus. Neurochemische Prozesse, bei denen *Oxytocin* und natürliche *Opioide* freigesetzt werden, Hirnregionen wie der *subgenuale cinguläre Kortex* und neuronale Netzwerke wie das parasympathische Nervensystem schaffen und erhalten diesen dauerhaften *homöostatischen* Zustand des inneren Gleichgewichts. Man fühlt sich ruhig und entspannt, während eine erhöhte Aktivität des parasympathischen Nervensystems den Herzschlag verlangsamt, den Blutdruck senkt, die Verdauung anregt sowie Körper und Geist mit neuer Energie erfüllt. Auch bei einer erhöhten Aktivität des sympathischen Nervensystems ist es möglich, sich aktiv und energiegeladen zu fühlen. Säugetiere, auch der Mensch, werden freundlich, verspielt, neugierig und kreativ, wenn sie sich sicher, zufrieden und sozial integriert fühlen. Ob aktiv oder ruhig, unsere Emotionen bleiben weitgehend positiv. Wenn unser Gehirn »auf Grün schaltet«, können wir weiterhin stark, entschlossen und durchsetzungsfähig sein, unsere Ziele mit Enthusiasmus verfolgen, gegen Unrecht aufbegehren, leidenschaftlich lieben, Kunst hervorbringen, unsere Kinder inspirieren und mit unseren Freunden fröhliche Feste feiern.

Schema II (S. 60) stellt den anpassungsfähigen Modus unserer Betriebssysteme dar. In diesem Modus fühlen wir uns weder erregt noch gestresst. Nichts läuft aus dem Ruder. Wir empfinden nichts als Ruhe und Gelassenheit. Auch wenn nicht alles nach Plan läuft, nehmen wir das gelassen hin. Wir kennen dieses Gefühl, weil es unserem Ruhezustand entspricht, an dem jedes Störfeuer von außen abprallt. Er ist unser inneres

Zuhause, gleich einer saftigen grünen Wiese, auf der wir stets friedlich grasen können, mögen wir auch manchmal vergessen, dass sie da ist. Dort sind wir ganz bei uns, was gleichermaßen inspiriert und entspannt.

II. Anpassungsfähiger Modus des Vermeidungs-, Belohnungs- und Bindungssystems

Eigenschaft	Unglück vermeiden	Belohnungen erhalten	Soziale Zugehörigkeit
Selbstwahrnehmung	sicher	zufrieden	verbunden
Weltsicht	Schutz	Zulänglichkeit	Einbeziehung
dient	Risiken	Möglichkeiten	Beziehungen
Einstellung	selbstbewusst	erfüllt	zugehörig
Beherrschung	selbstbehaupten	anstreben	Fürsorge
Zugehörige Handlungen	Würde, Ernst, Zurückhaltung, Vergebung	Großzügigkeit	Empathie, Mitleid, Freundlichkeit
Schlüsselerfahrung	Frieden	Behagen	Liebe
Verwandte Gefühle	Stärke, Ruhe, Vertrauen	Dankbarkeit, Freude, Begeisterung, Erfolg	gesehen, gemocht, geschätzt werden

Ein gutes Gefühl, zu Hause zu sein

Unser Gehirn ist das wichtigste Steuerungsorgan unseres Körpers. Im anpassungsfähigen Modus signalisiert es unserem Körper, Energie zu sparen, Reparaturmaßnahmen vorzunehmen und Kraftreserven aufzufüllen. Unsere Vorfahren haben diesen Modus entwickelt, um stressbedingten Schäden und Abnutzungen entgegenzuwirken. *Endorphine*, ebenfalls zu den natürlichen Opioiden gehörend, sowie *Stickoxide*, die im grünen Modus freigesetzt werden, töten Bakterien, lindern Schmerzen und hemmen Entzündungen. Im Gegensatz zu pathogenetischen Prozessen, die Krankheiten hervorrufen, fördert der anpassungsfähige »salutogenetische« Modus die Gesundheit. Erfahrungen dieser Art versetzen Körper und Geist in die Lage, Herausforderungen gelassen und flexibel zu begegnen. Der anpassungsfähige Modus entstand, um unsere Vorfahren zu motivieren, nach dem Angenehmen zu suchen. Es fühlt sich gut an, weil es gut *ist*.

Wenn sich Ihr Geist »im grünen Bereich« befindet, befinden sich Ihre neuronalen Netzwerke nicht mehr in einem Zustand des Ungleichgewichts, auch Ihr Hypothalamus ist weniger aktiv. Und je passiver diese zentrale Schaltstelle für Hunger, Durst, Lust und andere Triebe ist, desto weniger Gefühle des Mangels und des Drucks machen sich bei Ihnen bemerkbar. Im Ganzen gesehen bietet Ihr Gehirn in diesem Modus weniger Voraussetzungen für alle Empfindungen, die mit Sehnsüchten und Begierden zu tun haben. Und indem das Bewusstsein für Mängel und Störungen abnimmt, schwinden auch Sorgen und Reizbarkeit, Enttäuschung und Antriebslosigkeit, Schmerz und Scham. Je länger wir im anpassungsfähigen Modus verweilen, desto mehr schwinden die neurobiologischen Ursachen für leidvolle Empfindungen wie Stress, Angst und Frustration.

Wer sich grundsätzlich gelassen und selbstbewusst, integriert und respektiert fühlt, dem fällt es natürlich leichter, anderen Fairness, Großzügigkeit und Mitgefühl entgegenzubringen. Unsere natürliche Gutherzigkeit kann sich frei entfalten, wenn wir kontinuierlich erleben, dass unsere eigenen Grundbedürfnisse befriedigt werden.

Der grüne Modus ist ansteckend. Wer selbst anpassungsfähig ist, hat auf andere dieselbe Wirkung. Wer selbst nicht reizbar oder aggressiv ist, neigt weniger dazu, andere zu provozieren. Wer über eine ausgeglichene, stabile Psyche verfügt, ist für die Provokationen anderer weniger empfänglich. Positive Wechselwirkungen entstehen. Wessen Beziehung »auf Grün steht«, der mag sich mit seinem Partner hin und wieder streiten, doch die Konflikte werden verständig und konstruktiv ausgetragen – was selbstverständlich nicht nur in der Paarbeziehung, sondern auch in Firmen oder anderen Organisationen möglich ist.

Es ist eine Tatsache, dass unser natürlicher Ruhezustand, der anpassungsfähige Modus unseres Gehirns, die Grundlage für psychologische Heilung, alltägliches Wohlbefinden und Effektivität, dauerhafte Gesundheit, erfüllte Beziehungen und das Ausschöpfen unseres menschlichen Potenzials ist. Jedes Mal, wenn wir das Gute in uns aufnehmen, jedes Mal, wenn wir uns selbst zu der Erfahrung verhelfen, dass unsere Grundbedürfnisse befriedigt werden, stärken wir unsere neuronalen Strukturen. Tatsächlich sensibilisieren wir unser Gehirn für positive Erfahrungen, damit es immer schneller in der Lage ist, diese Erfahrungen in neuronale Merkmale umzuwandeln.

Klett für das Gute

Im Laufe der Evolution mussten unsere Vorfahren lernen, auf Vorfälle zu reagieren, die für sie von besonderer Bedeutung waren, auf die es »ankam«. Ein potenzieller Angreifer – vermeiden! Eine Karotte – erreichen! Ein freundliches Mitglied meiner Spezies – Kontakt aufnehmen! Demzufolge hat unser Gehirn ein eigenes Netzwerk entwickelt: das sogenannte Salienz-Netzwerk (salience network; Salienz [psych.]: Auffälligkeit), das auf gute Nachrichten – das Gesicht eines Freundes – ebenso zuverlässig reagiert wie auf schlechte – den Geruch von Rauch. Dieses Netzwerk signalisiert uns, was relevant ist, um was wir uns kümmern und an was wir uns erinnern sollen. Seine Nachrichten leiten das neuronale Netzwerk im präfrontalen Kortex, der sich hinter und über unserer Stirn befindet und für eine situationsangemessene Handlungssteuerung zuständig ist.

Wenn wir gestresst sind, wird unser Salienz-Netzwerk für schlechte Nachrichten sensibilisiert. Die oberen und vorderen Teile des *cingulären Kortex* sind wie eine innere Alarmglocke, die anspringt, wenn wir von einem Ziel oder Plan abrücken und lieber auf »den rechten Weg« zurückkehren möchten. Indem Sie regelmäßig nach Möglichkeiten suchen, das Gute in sich aufzunehmen, trainieren Sie diesen Teil des Gehirns darauf, Ihre Aufmerksamkeit weiterhin in Richtung positiver Erfahrungen zu lenken. Oder nehmen wir die Insula, die permanent in den Körper »hineinhorcht«, um zu erfahren, wie es ihm geht. Mit den grundlegenden Körperfunktionen ist meist alles in Ordnung, auch wenn wir hier und da einen Schmerz verspüren oder Schwierigkeiten mit der Verdauung haben. Sich auf das eigene Wohlbefinden zu besinnen, angefangen bei der Tatsache, dass es jede Menge Luft zum Atmen gibt, kann Ihre Insula für positive innere Erfahrungen sensibilisieren, die im Prinzip jeder Atemzug gewährt.

Und natürlich ist da auch die Amygdala, in gewisser Weise das Zentrum des Salienz-Netzwerks. Unsere Amygdala reagiert sowohl auf schlechte als auch auf gute Nachrichten. Eine verminderte Reaktivität der Amygdala auf Negatives würde Ihnen helfen, sich weniger reizbar und ängstlich zu fühlen – glücklicher machen würde es Sie nicht. Dazu bedarf es stärkerer Reaktionen auf das Positive. Will Cunningham hat in diesem Zusammenhang von einer »fröhlichen Amygdala« gesprochen.

Was die Aktivierung der Amygdala betrifft, scheint es drei verschiedene Gruppen von Leuten zu geben. Manche von uns reagieren gleich stark auf positive und negative Stimuli. Andere haben eine »mürrische« Amygdala, die für negative Stimuli empfänglicher ist als für positive – Risiken und Schmerzen haben mehr Einfluss als gute Chancen und Annehmlichkeiten. Die dritte Gruppe reagiert auf positive Stimuli stärker als auf negative. Diesen Leuten – die eine fröhliche Amygdala besitzen – ist mehr daran gelegen, das Positive zu fördern als das Schlechte zu vermeiden. Dieses »zweckorientierte« Verhalten hat zahlreiche Vorteile für die physische und mentale Gesundheit, für zwischenmenschliche Beziehungen und Erfolg. Diese Personen haben auch deutlich positivere Emotionen als Angehörige der beiden anderen Gruppen. Bei diesen glücklicheren Individuen stimuliert die Amygdala in besonderem Maße den *Nucleus accumbens*, ein Kontrollzentrum im unteren Vorderhirn, das zielgerichtetes Handeln initiiert. Gefühle von Glück und Zufriedenheit ermutigen uns tatsächlich, praktische Schritte zu unternehmen, um unsere Träume zu verwirklichen. Warum hat das Gehirn die Fähigkeit entwickelt, eine mürrische Amygdala in eine fröhliche zu verwandeln? Durch negative Wechselwirkungen unter Beteiligung des Stresshormons Cortisol wurde unsere Amygdala empfänglich für schlechte Erfahrungen. Diese Aufmerksamkeit für lauernde Gefahren ermöglichte unseren Vorfahren auch in schwierigen Situationen das Überleben. Das Schlechte blieb nach dem Klett-Prinzip haften. Doch unter günstigen Voraussetzungen, ob im urzeitlichen Dschungel oder unter heutigen Lebensumständen, wäre es in jedem Fall von Vorteil, die Amygdala für positive

Erfahrungen zu sensibilisieren, um persönliche Möglichkeiten zu nutzen und das Gehirn zu einem Ort zu machen, an dem das Gute nach dem Klett-Prinzip haften bleibt.

Positive Erfahrungen, vor allem wenn ihnen etwas Neues und Frisches anhaftet, führen zur vermehrten Ausschüttung des Neurotransmitters *Dopamin*. Wenn Sie Gutes und Schönes bewusst in sich aufnehmen, dann verlängern Sie damit die Versorgung der Amygdala mit Dopamin. Die dauerhafte Aufnahme von Dopamin lässt diese intensiver auf positive Umstände und Erfahrungen reagieren und dem Hippocampus signalisieren: »Dieser Typ ist in Ordnung, erinnere dich daran.« Sei es durch den cingulären Kortex, die Insula oder Amygdala oder durch andere Teile unseres neuronalen Netzwerks – die wiederholte Aufnahme positiver Erfahrungen führt dazu, diese im Gehirn zu verankern, was nach dem Prinzip der positiven Wechselwirkungen zu weiteren schönen und angenehmen Erfahrungen führt.

Der reaktive Modus

Es gibt einen zweiten Modus des Gehirns, der sich entwickelt hat, um unseren Vorfahren das Überleben zu sichern. Multiple neuronale Systeme sind permanent auf der Suche nach Signalen, dass etwas faul sein könnte, dass zumindest eines unserer drei Grundbedürfnisse nach Sicherheit, Zufriedenheit und Zugehörigkeit nicht befriedigt wird. Obwohl der anpassungsfähige Modus unser Ruhezustand ist, führt die negative Verzerrung dazu, dass wir uns sehr leicht aus diesem Zustand vertreiben lassen und zum reaktiven Modus überwechseln. Es reicht, dass wir besorgt oder verärgert sind, uns ruhelos fühlen oder Kritik ausgesetzt sind. Dies bringt unseren Ruhezustand aus dem Gleichgewicht und triggert den reaktiven »roten« Modus des Gehirns, der unsere Vorfahren einst in die Lage versetzt hat, den Klauen eines Raubtiers zu entgehen, sich ein paar Essensreste zu sichern oder ein Baby um jeden Preis zu schützen.

Im roten Bereich sendet die Amygdala Alarmsignale aus – zum einen an den Hypothalamus, der daraufhin Stresshormone ausschüttet, zum anderen an das sympathische Nervensystem, um eine Kampf- oder Fluchtreaktion auszulösen. (Liegt ein Trauma vor, kann die Amygdala stattdessen eine extreme parasympathische Aktivierung triggern, um Kälte, Taubheit oder Dissoziierung herbeizuführen.) Die neuronalen Schaltkreise unserer Vorfahren, die ursprünglich das nackte Überleben sichern sollten, melden sich heute zu Wort, wenn wir Geldsorgen haben, uns beruflich unter Druck fühlen oder von einem anderen Menschen die kalte Schulter gezeigt bekommen. Der reaktive Modus ist für dringende Erfordernisse zuständig, kümmert sich also nicht um unsere langfristigen Bedürfnisse. In diesem aufgeschreckten *allostatischen* Zustand – dessen Intensität schwanken kann – sind sämtliche körperliche Ressourcen erschöpft, weil alle erhaltenden oder aufbauenden Maßnahmen wie die Stärkung des Immunsystems zunächst auf Eis liegen. Adrenalin und Cortisol jagen durch das Blut, während unsere Stimmung von Angst und Frustration bestimmt ist. Gleichzeitig sorgt die negative Verzerrung dafür, dass unsere Erinnerungssysteme, vor allem das implizite, diese Erfahrungen neuronal verankern. Der reaktive Modus ist das neuronale Fundament aller Sehnsüchte (womit ich ein grundlegendes Gefühl des Mangels oder der Unruhe meine) sowie von Kummer und Leid, die er bei uns allen hervorruft (vergleiche die Zusammenfassung seiner Funktionen in Schema III (S. 67).

III. Reaktiver Modus des Vermeidungs-, Belohnungs- und Bindungssystems			
Eigenschaft	Unglück vermeiden	Belohnungen erhalten	Soziale Zugehörigkeit
Selbstwahr-nehmung	belagert	beschränkt	abgewertet
Weltsicht	Gefahr	Mangel	Ausgeschlos-senheit
Einstellung	aversiv	begierig	absondernd
Beherr-schung	widerstrebend	habgierig	klammernd
Zugehörige Handlungen	Beruhigung, Erstarrung, Flucht, Kampf	Getriebenheit, Abhängigkeit	Vorwurf, Aggression
Schlüssel-erfahrungen	Angst	Frustration	Kummer
Verwandte Gefühle	Zorn, Starre, Schwäche, Hilflosigkeit	Enttäuschung, Traurigkeit, Deprimiert-Fühlen	Verletzlich-keit, Sich-abgewiesen-fühlen, Einsamkeit, Neid, Scham

Auf Rot gepolt

Der natürliche biologische Rhythmus bei Tieren und Menschen ist das überwiegende Verharren im Ruhezustand. Im Hintergrund arbeitet die negative Verzerrung, was eine Neigung zu gelegentlichen reaktiven Ausbrüchen zur Folge hat. Diese Ausbrüche sollten jedoch rasch enden – auf die eine oder andere Weise. Der reaktive Modus bedeutet eine vorübergehende Trennung von unserem Ausgangszustand, und die Evolution hat uns so geprägt, dass wir schnellstmöglich zu diesem Ausgangszustand zurückkehren wollen. Allein das Eindringen in den roten Bereich triggert neurochemische Prozesse (unter Beteiligung von natürlichen Opioiden, Stickoxiden und anderen Substanzen), die uns wieder in den grünen Bereich zurückbringen sollen, gefolgt von einer langen Erholungszeit. Auch wenn sich reaktive Erfahrungen nicht gut anfühlen, so haben sie doch kaum dauerhafte Folgen, solange sie dem evolutionären Bauplan folgen, also selten, kurz und moderat auftreten.

Leider macht das moderne Leben diesen ursprünglichen Entwurf oft zunichte. Während die meisten Menschen heutzutage weder von wilden Tieren noch vom Hungertod oder von existenziellen Konflikten bedroht sind, müssen wir uns doch permanent mit moderaten Stressfaktoren herumplagen: mit Multitasking, ständigem Zeitdruck und langen Arbeitszeiten. Die Erholungsphasen fallen hingegen meist kurz aus. In freier Wildbahn half die körperliche Bewegung, stressbasiertes Cortisol abzubauen, doch unser sesshafter Lebensstil lässt das Cortisol ununterbrochen durch unseren Körper zirkulieren, was zu unguten reaktiven Wechselwirkungen führt. Da wir von der modernen Wirtschaft zu ständigem Konsum aufgefordert werden, sind wir immerzu auf der Jagd nach neuen Belohnungen. Dass die Nachrichten, die uns täglich entgegenschlagen, voller Leid und Gewalt sind, können wir nicht ändern. Doch all dies trägt dazu bei, dass sich unser Gehirn in ständiger Alarmbereitschaft befindet. Ein rotes Licht, seit uralter Zeit in Funktion, gibt uns zu verstehen: *Irgendwas ist nicht in Ordnung! Pass auf!* Der negativen Verzerrung zufolge werden diese Erfahrungen rasch in neuronale Strukturen umgesetzt. Und aufgrund unserer einzigartigen Fähigkeit, Bewusstseinszustände unabhängig von äußeren Faktoren zu bewahren, halten verinnerlichte psychologische Vorgänge – wie das Gefühl der Unzulänglichkeit angesichts nicht erledigter Arbeiten – unseren Stress am Leben, auch wenn die Herausforderung längst vorbei ist.

Daraus resultiert, dass der reaktive Modus, der eigentlich nur eine kurze Unterbrechung unserer ausgeglichenen Grundverfassung sein sollte, für viele Menschen zum Normalzustand geworden ist – eine Art der inneren Heimatlosigkeit. Dies muss kein Gefühl sein, das uns furchtbar zusetzt. Es ist eher ein im Hintergrund pochendes Gefühl der Anspannung und Bedrängung, der Leere und des Unwohlseins, das unserem Wohlergehen, unserer Gesundheit und unseren zwischenmenschlichen Beziehungen schadet.

Der Preis für den reaktiven Modus

Der rote Bereich verschafft uns ein schlechtes Gefühl, verschiebt die Perspektiven zum Negativen und erschwert das Lernen. Er raubt uns Ressourcen, die unserem Wohlergehen und persönlichen Wachstum gedient hätten. Er macht uns niedergeschlagen und kleinmütig, lässt uns zu ungesunden Mitteln der »Selbstheilung« greifen, als da wären: Fresssucht, Alkohol und Drogen, Videospiele und Pornografie. Unterdessen hindern die Stressreaktionen unseren Körper daran, langfristige Aufbau- und Reparaturmaßnahmen durchzuführen. Der rote Bereich fühlt sich schlecht an, weil er schlecht *ist*. Seine Unannehmlichkeit ist eine unmissverständliche Aufforderung, diesen Bereich schnellstmöglich zu verlassen und in Zukunft zu meiden.

Wir sollten den wachsenden Einfluss reaktiver Erfahrungen nicht unterschätzen. Über einen längeren Zeitraum hinweg können Depressionen oder andere psychische Erkrankungen die Folge sein. An vielen psychischen Störungen sind reaktive Extreme in einer der drei Betriebssysteme unseres Gehirns beteiligt. Zum Beispiel stehen das generalisierte Angstsyndrom,

Agoraphobie, die posttraumatische Belastungsstörung (PTBS), Zwangsneurosen, die antisoziale Persönlichkeitsstörung (APS), soziale Phobien sowie Panikzustände mit dem Vermeidungssystem in Verbindung. Drogenmissbrauch und -abhängigkeit, die Aufmerksamkeitsdefizit-Hyperaktivitätsstörung (ADHS) sowie die bipolare Störung stehen mit dem Belohnungssystem in Verbindung. Unsicheres Bindungsverhalten, Narzissmus, das Borderlinesyndrom, dissoziales Verhalten und sexueller Missbrauch stehen mit dem Bindungssystem in Verbindung. Die zunehmende Belastung unseres Körpers durch reaktive Erfahrungen wird auch als *allostatische Last* bezeichnet. Sie fördert Entzündungen, schwächt das Immunsystem und belastet das Herz-Kreislauf-System. In unserem Gehirn führt die allostatische Last dazu, dass Neuronen verkümmern, und zwar sowohl im präfrontalen Kortex, dem zentralen Ort für situationsangemessene Handlungssteuerung, als auch im Hippocampus, dem Zentrum für Lern- und Gedächtnisleistungen, sowie in anderen Regionen. Sie beeinträchtigt die *Myelinisierung* (Markreifung), also die Ausstattung der Nervenfasern mit Myelin oder Marksubstanz, was die Verbindung zwischen verschiedenen Hirnregionen schwächen und ihre Zusammenarbeit stören kann. Dies könnte sich zum Beispiel durch Konzentrationsprobleme bemerkbar machen, wenn Sie provoziert werden. Chronischer Stress wirkt sich auch negativ auf das BDNF aus, ein Protein aus der Gruppe der *Neurotrophine*, das wir brauchen, um die Neuronen zu schützen und das Lernen – vor allem im präfrontalen Kortex – zu fördern.

»Rot zu sehen« wirkt sich extrem negativ auf zwischenmenschliche Beziehungen aus. Ich fühle mich unglaublich verletzt und aus der Bahn geworfen, wenn ich von anderen Leuten kritisiert, herabgewürdigt und im Stich gelassen werde, auch wenn dies nur im Ansatz geschieht, und ich weiß, dass ich andere schon ebenso behandelt habe. Denken wir nur daran, wie es sich anfühlt, wenn einem der Partner oder Freunde unrecht tun und man sich nicht verstanden fühlt. Sobald man sich von »dem anderen« in Gedanken distanziert, büßt man seine empathischen Fähigkeiten ein und neigt dazu, diesen anderen zu entwerten. Im Gegensatz zu Tieren neigen Menschen zu Vergeltungsmaßnahmen. Reaktivität schürt Konflikte, die wiederum die Reaktivität fördern, was einen eskalierenden Teufelskreis aus Klage, Zorn und Rache in Gang setzt. Lassen Sie uns einen Schritt zurücktreten und die umfassenden Implikationen betrachten. Das Gehirn ist das einflussreichste Organ unseres Körpers. Und sein »roter«, reaktiver Modus trägt dazu bei, dass wir überreagieren, unglücklich sind, psychopathologische Störungen und durch die Lebensführung hervorgerufene Krankheiten entwickeln sowie Beziehungsprobleme haben.

Die Wahl

Die beiden Funktionsweisen des Gehirns, die anpassungsfähige und reaktive, die »grüne« und »rote«, bilden die Grundlage der menschlichen Natur. Wir können weder unsere existenziellen Bedürfnisse – Schaden abwenden, Belohnung erlangen, soziale Zugehörigkeit herstellen – noch die Fähigkeit des Gehirns beeinflussen, diesen Bedürfnissen gerecht zu werden. Doch eines können wir beeinflussen: in welchem Modus wir uns befinden. (Zum Vergleich der beiden Modi siehe Schema IV, S. 72.)
Um den täglichen Bedrängnissen wie Hunger und Durst, Schmerz und Gefahr, sozialer Aggression und Demütigung zu begegnen, haben Primaten sowie unsere menschlichen Vorfahren ein Gehirn entwickelt, das darauf ausgerichtet ist, Sehnsüchte zu befriedigen und Mängel zu erdulden, um das Überleben zu sichern. Wenn die Lebensbedingungen schlecht waren – viele Menschen starben früh und bekämpften sich gegenseitig –, wogen die Vorteile des reaktiven Modus seine lang-

IV. Vergleich reaktiver und anpassungsfähiger Modus		
Eigenschaft	anpassungsfähig	reaktiv
Selbstwahrneh-mung	sicher, zufrieden, verbunden	belagert, beschränkt, abgewertet
Weltsicht	Schutz, Zulänglich-keit, Einbeziehung	Gefahr, Mangel, Ausgeschlossensein
Einstellung	selbstbewusst, erfüllt, zugehörig	aversiv, begierig, absondernd
Beherrschung	Selbstbehauptung anstreben; Für-sorge	widerstrebend, habgierig, klammernd
Stoffwechsel	auffrischend	zehrend
Körpersystem	aufbauend	abbauend
Gesundheitsfaktor	Salutogenese	Pathogenese
Ausgleich/Balance	stabil, homöosta-tisch	gestört, allostatisch
Schlüssel-erfahrungen	Frieden, Behagen, Liebe	Angst, Frustration, Kummer

fristigen Nachteile auf. Doch heutzutage, da die Menschen unter besseren Bedingungen ein langes, gesundes Leben anstreben und Milliarden von uns in friedlicher Koexistenz zusammenleben müssen, überwiegen die Nachteile des reaktiven Modus. In Wahrheit ist das entscheidende Konstruktions*merkmal* des Gehirns, das einst garantierte, dass wir unsere Gene weitergaben, im 21. Jahrhundert zum Makel, zum Konstruktions*fehler* geworden. Was können wir dagegen tun? Wir können kraft unseres Geistes unser Gehirn zum Besseren verändern. Vor al-

lem können wir *das Leben so gestalten, dass unser anpassungs-
fähiger Modus die entscheidende Rolle spielt, wir können reaktive Zustände, wenn sie auftreten, eingrenzen und beruhigen,
um so schnell wie möglich zu unserem anpassungsfähigen Ausgangszustand zurückzukehren.*

Das ist der bessere Weg und die Alternative zu Stress, Unzufriedenheit, zwischenmenschlichen Konflikten und vielen gesundheitlichen Problemen. Je länger wir diesen Weg verfolgen,
desto leichter wird es uns fallen, auf ihm zu bleiben, weil unser
Gehirn ihn immer bevorzugen wird.

Entwicklung einer anpassungsfähigen Verzerrung

In Kapitel 2 haben wir gesehen, dass die negative Verzerrung
fünf Grundeigenschaften besitzt. Sie macht uns reaktiv, wenn
wir uns Herausforderungen gegenübersehen (1.), sorgt für Ru-
helosigkeit, Unzufriedenheit und Einsamkeit, selbst wenn die
Umstände gut sind (2.), führt dazu, dass wir aus negativen Erfahrungen »zu viel« lernen (3.), wird schnell empfänglich für
Reaktivität (4.) und kehrt nur langsam zum anpassungsfähigen
Modus zurück (5.), selbst wenn die Luft rein ist. Doch so muss
es nicht unser Leben lang bleiben.

Das Gute bewusst in sich aufzunehmen, kann die negative Verzerrung im Laufe der Zeit in eine *anpassungsfähige Verzerrung*
umwandeln, deren fünf Grundeigenschaften Ihnen helfen, ausgeglichen, stark, gesund und glücklich zu sein.

1. Ob sie auf Herausforderungen »grün« oder »rot« reagieren,
hängt davon ab, welche Eigenschaften in Ihrem Gehirn bereits verankert sind. Indem Sie positive Erfahrungen stets aufs
Neue verinnerlichen, bauen Sie genug innere Stärke auf, um
den Herausforderungen des Lebens ohne Angst, Frustration
oder Schmerz zu begegnen.

2. Das Gute in sich aufzunehmen, zeigt Ihnen ein ums andere Mal, dass mit Ihnen alles in Ordnung ist, dass es Grund zu Freude und Dankbarkeit gibt und dass Sie anderen am Herzen liegen.

3. Die Vielzahl der positiven Erfahrungen sowie Ihre wachsende innere Stärke bewahrt Sie davor, dass negative Erfahrungen in Ihr Bewusstsein dringen und sich in Ihrem Gehirn verankern. Je mehr Blumen sich in Ihrem inneren Garten befinden, desto weniger Platz hat das Unkraut.

4. Wie dieses Kapitel bereits gezeigt hat, lässt sich das Gehirn für Positives sensibilisieren, damit Gutes nach dem Klett-Prinzip an ihm haften bleibt.

5. Sind Sie bereits gestresst, verärgert und unglücklich, dann leitet die Aufnahme des Guten Ihren Erholungsprozess ein und befreit Sie allmählich aus dem reaktiven Modus. Nach und nach werden Sie eine neue innere Stärke erlangen, Ihr Körper wird an Widerstandskraft gewinnen und Ihr Geist zu Ruhe und Ausgeglichenheit finden. Auf diese Weise werden Sie sich immer schneller von negativen Erfahrungen erholen.

Die Aufnahme des Guten bringt Sie mit sich selbst ins Reine, lässt Sie in sich ruhen, gestattet Ihnen, sich in gelassener Selbstgewissheit dem Leben zu öffnen. Sollte hin und wieder reaktives Material auftauchen – wie das auch bei mir der Fall ist –, dann werden Sie immer besser in der Lage sein, dies im Rahmen zu halten. Als meine Mutter starb, war ich traurig und einsam, doch diese Gefühle waren wie Gewitterwolken an einem grenzenlosen Himmel der Akzeptanz, der Dankbarkeit und Liebe für meine Familie. Auch wenn sich eines der Betriebssysteme Ihres Gehirns im »roten« Bereich befindet, können die anderen weiterhin »auf Grün« stehen. Sie könnten zum Beispiel wegen einer unvorhergesehenen Rechnung in Sorge sein (Vermeidung), während Sie zugleich froh darüber sind, einen festen Job zu haben (Belohnung) und sich von Ihrem Partner unterstützt zu fühlen (Bindung).

Auch in schweren Zeiten hält Mutter Natur genug Möglichkeiten für Sie bereit, um »Rotes« zu verdrängen, »Grünes« zu fördern und in den Ruhestatus zurückzukehren. Diese Möglichkeiten umfassen langsames Ausatmen, die Erinnerungen an eine Zeit, in der Sie sich stark gefühlt und die Annehmlichkeiten des Lebens genossen haben, den Gedanken an jemanden, dem Sie am Herzen liegen, oder die Gewissheit, sich selbst zu lieben. Dies hat nichts mit Wunderheilung zu tun, doch wird es Ihnen im Laufe der Zeit immer natürlicher vorkommen, sich überwiegend im anpassungsfähigen Modus Ihres Gehirns aufzuhalten. Wollte man diesen biologischen Vorgang übersetzen, könnte man sagen, Sie kommen »nach Hause«.

Die meisten Menschen streben nach Friedfertigkeit, Zufriedenheit und Liebe. Dies sind die Früchte oder Belohnungen für ein gutes Leben. Aufgrund der erfahrungsabhängigen Neuroplastizität sind diese Erfahrungen zudem eine äußerst wirkungsvolle Methode, das eigene Gehirn umzugestalten. Jedes Mal, wenn wir das Gefühl von Sicherheit, Geborgenheit und Zugehörigkeit in uns aufnehmen, werden anpassungsfähige Schaltkreise in unserem Gehirn stimuliert und dadurch gestärkt. Ein tibetisches Sprichwort sagt: *Gutes in sich aufzunehmen heißt, den Weg als Ziel zu betrachten.* Glück ist eine Frage der Fertigkeiten.

Gutes aufnehmen

Unser Gehirn entstand in drei Etappen – Hirnstamm, limbisches System und Großhirn –, die ungefähr der evolutionären Entwicklung von Reptilien, Säugetieren und Primaten entsprechen. In einem parallelen Prozess haben sich die drei Äste des Vagusnervs entwickelt.

Im Zuge der Gehirnentwicklung haben sich auch dessen Fähigkeiten verfeinert, unseren drei Grundbedürfnissen – *Sicherheit*, *Zufriedenheit* und *Zugehörigkeit* – gerecht zu werden. Möglich ist dies durch drei verschiedene »Betriebssysteme«, die Schaden vermeiden, Belohnungen erlangen und soziale Zugehörigkeit herstellen.

Das Vermeidungs-, Belohnungs- und Bindungssystem des Gehirns kennen im Wesentlichen zwei Modi. Wenn Sie spüren, dass Ihre Grundbedürfnisse in irgendeinem dieser Systeme befriedigt werden, dann kehren Sie in seinen »grünen«, ursprünglichen, *anpassungsfähigen* Modus zurück. In diesem homöostatischen Zustand füllt der Körper seine Kraftreserven auf und führt Reparaturmaßnahmen durch. Ihr Geist befindet sich derweil in einem Zustand der Ruhe und Zufriedenheit, was das Vermeidungs-, Belohnungs- und Bindungssystem anbelangt. Sie sind dem Leben mit all seinen Herausforderungen verhaftet, doch ein tief empfundenes Selbstvertrauen und das Wissen, in soziale Prozesse eingebunden zu sein, stärkt Ihnen jederzeit den Rücken.

Wenn sich Ihr Gehirn im »grünen Bereich« befindet, empfinden Sie weder Mängel noch Störungen. Daher gibt es auch keine Voraussetzungen für alle Empfindungen, die mit *Sehnsüchten* und *Begierden* zu tun haben. Im anpassungsfähigen Modus gibt es keinen Antrieb für Stress, Angst, Irritation, Unzufriedenheit, Neid oder Konflikte – für alles, was uns *leiden* lässt.

Wenn Sie hingegen spüren, dass eines Ihrer Grundbedürfnisse – infolge der negativen Verzerrung Ihres Gehirns – nicht befriedigt wird, dann schaltet Ihr Gehirn rasch in den »roten« reaktiven Modus, der eine Kampf- oder Fluchtreaktion zur Folge hat. In diesem allostatischen Zustand sind sämtliche körperliche Ressourcen erschöpft, weil alle erhaltenden oder aufbauenden Maßnahmen wie die Stärkung des Immunsystems zunächst auf Eis liegen. In der roten Zone wird unser Geist durch Gefühle von Angst, Zorn, Enttäuschung, Unbehagen und Aggression getrübt.

Unsere Vorfahren, ob Reptilien, Säugetiere, Primaten oder Menschen, haben lange Perioden im anpassungsfähigen Modus verbracht, nur punktuell gestört von kurzen reaktiven Stressausbrüchen, denen wiederum lange Erholungsphasen folgten. Unser moderner Lebensstil mit seinen allgegenwärtigen Stressfaktoren lässt dies nicht mehr zu. Ein aus der Steinzeit stammendes Konstruktions*merkmal* ist im 21. Jahrhundert zum Konstruktions*fehler* geworden. Aus dem reaktiven Modus wurde demzufolge der Normalzustand, eine Art innere Heimatlosigkeit, die eine ernste Gefahr für Wohlergehen, Gesundheit und zwischenmenschliche Beziehungen darstellt.

Gutes in sich aufzunehmen, entzieht Sie reaktiven Erfahrungen und stärkt die anpassungsfähigen Voraussetzungen Ihres Gehirns. Im Laufe der Zeit wird Ihre Zufriedenheit nicht mehr von aktuellen Erfahrungen abhängen. Es ist durchaus bemerkenswert, dass die Erfahrung von Frieden, Liebe und Zufriedenheit, die wir alle im Leben anstreben, zu den wirkungsvollsten *Methoden* gehören, diese zu erreichen.

Teil 2
Wie?

Kapitel 4
Heile dich selbst

Eine Freundin von mir wurde nach einer mehr als zehnjährigen glücklichen Beziehung von ihrem Partner verlassen. Er war die Liebe ihres Lebens. Plötzlich fühlte sie sich leer und verzweifelt. Sie sprach mit guten Freunden, machte Sport, meditierte und suchte einen Therapeuten auf, doch ihr Schmerz blieb so intensiv, dass er sie manchmal schier überwältigte.

Dann entschied sie sich – neben all den anderen Maßnahmen –, damit zu beginnen, das Gute in sich aufzunehmen, und allmählich begann sich etwas zu verändern. »Wenn ich joggen ging«, erzählte sie mir später, »fühlte ich mich gut. Und wenn ich versuchte, dieses Gefühl in mir zu bewahren, dann schien plötzlich ein neues Wohlgefühl in mich einzusickern.« Dasselbe empfand sie, wenn sie ein heißes Bad nahm und der Entspannung Zeit gab, sich in ihr auszubreiten. Oder wenn sie für ein paar Sekunden bei der Freude und dem Stolz verweilte, nachdem sie eine knifflige berufliche Aufgabe gelöst hatte. »Trauer und Hoffnungslosigkeit verflüchtigten sich allmählich.« Nach wenigen Wochen sagte sie, dass die Methode, mehrmals am Tag bewusst positive Gefühle in sich aufzunehmen, bei ihr eine fundamentale Änderung bewirkt hätte. Mittlerweile könne sie ihren Verlust als schmerzliche Tatsache akzeptieren und in ihren Alltag integrieren. »Diese Methode hat mich gelehrt, wieder glücklich zu sein.«

Diese Geschichte mag sich ein wenig dramatisch anhören, aber sie ist wahr. Meine Freundin hat nicht versucht, durch positives Denken über Trauer und Schmerz hinwegzugehen. Sie nahm die Trauer an, die im Laufe mehrerer Monate verschwand. Nebenher versuchte sie, positiven Erfahrungen wie Lebensfreude, Entspannung und Zufriedenheit wieder mehr Raum zu geben.

Wer das Gute sucht, leugnet nicht das Schlechte oder sträubt sich dagegen. Man ist sich der ganzen Wahrheit – aller Mosaiksteine des Lebens – bewusst, statt nur die negativen zu sehen. Man erkennt das Gute in sich, in anderen, in der Welt und unserer gemeinsamen Zukunft. Und wer sich für das Gute entscheidet, der nimmt es bereits in sich auf.

Vier Schritte, Gutes in sich aufzunehmen

Theoretisch gesprochen handelt es sich um die *reflektierte Internalisierung positiver Erfahrung ins implizite Gedächtnis*. Diese besteht aus vier einfachen Schritten:

1. Mache eine positive Erfahrung.
2. Reichere sie an.
3. Nimm sie in dich auf.
4. Verbinde sie mit positivem und negativem Material.

Schritt 1 *aktiviert* einen positiven Bewusstseinszustand. Die Schritte 2 bis 4 *installieren* diesen im Gehirn. Die ersten drei Schritte konzentrieren sich ganz auf den Umgang mit positiven Erfahrungen. Der vierte Schritt ist optional, doch sehr wirkungsvoll: Er bedient sich positiver Gedanken und Gefühle, um negative zu besänftigen, abzumildern und womöglich zu ersetzen.

Eine kurze Zusammenfassung der Schritte

Ich möchte die Schritte hier rasch Revue passieren lassen, ehe ich sie in den Kapiteln 5 bis 10 vertiefe. (Wenn Sie lieber gleich einen praktischen Eindruck gewinnen wollen, studieren Sie den Kasten »Ein Vorgeschmack, das Gute in sich aufzunehmen«, S. 84.) Wenn Sie das Gute tatsächlich in sich aufnehmen, scheinen die drei oder vier Schritte manchmal miteinander zu verschmelzen, doch wenn Sie diese praktische Übung erst einmal verinnerlicht haben, wird Ihnen klarer werden, was bei jedem einzelnen Schritt geschieht.

Schritt 1: Mache eine positive Erfahrung. – Vergegenwärtigen Sie sich eine positive Erfahrung, die bereits im Vordergrund oder Hintergrund Ihres Bewusstseins präsent ist. Das kann ein physisches Vergnügen, das Gefühl der Entschlossenheit oder die Nähe eines anderen Menschen sein. Sie können sich diese Erfahrung aber auch selbst schaffen. Denken Sie an Dinge, für die Sie dankbar sind, bringen Sie sich einen Freund in Erinnerung oder eine schwierige Aufgabe, die Sie gelöst haben. Versuchen Sie, so gut es geht, aus diesen Dingen einen emotionalen Gewinn zu ziehen, sonst handelt es sich mehr um positives *Denken*.

Schritt 2: Reichere sie an. – Bleiben Sie für fünf bis zehn Sekunden oder länger bei dieser Erfahrung. Öffnen Sie sich den Gefühlen, die diese Erfahrung bereithält, und lassen Sie sie in Ihr Bewusstsein eindringen. Genießen Sie es. Versuchen Sie, diese Erfahrung behutsam zu intensivieren. Entdecken Sie neue Aspekte an ihr oder betrachten Sie sie aus einer neuen Perspektive. Führen Sie sich vor Augen, was diese Erfahrung für Sie persönlich bedeutete, wie sie Ihnen weiterhalf oder einen Einschnitt in Ihrem Leben markierte. Bringen Sie die Neuronen dazu, gleichzeitig aktiv zu sein, damit sie sich miteinander verbinden.

Schritt 3: Nimm sie in dich auf. – Verinnerlichen Sie das Gefühl, mit dieser Erfahrung zu verschmelzen. Lassen Sie sich von ihr durchdringen. Versuchen Sie, dieses Erlebnis zu visualisieren. Denken Sie an Sternenstaub, der in Sie einsickert, oder an einen wohltuenden Balsam. Oder schließen Sie diese Er-

EIN VORGESCHMACK,
DAS GUTE IN SICH AUFZUNEHMEN

Wollen Sie schon mal eine Ahnung davon bekommen, wie es ist, das Gute in sich aufzunehmen? Ich werde Ihnen im Folgenden ein paar konkrete Vorschläge machen, wie Sie die ersten drei Schritte durchführen können. Dem vierten Schritt werden wir uns in Kapitel 8 widmen. Nutzen Sie diese Vorschläge, um die ersten drei Schritte selbstständig durchzuführen.

Denken Sie an etwas Angenehmes, das in Ihrem Bewusstsein bereits präsent ist. Vielleicht das Gefühl, frei atmen zu können, oder die Vorfreude und Neugier auf ein bestimmtes Ereignis.

Entdecken Sie etwas Gutes in Ihrer gegenwärtigen Situation. Vielleicht etwas Solides, Verlässliches, Wohlgeratenes, Wertvolles oder Angenehmes wie einen gemütlichen Sessel, einen schönen Baum vor dem Fenster oder ein Bild an der Wand.

Denken Sie an etwas in Ihrem Leben, worüber Sie sich freuen. Das kann in der Gegenwart oder Vergangenheit liegen und so etwas Einfaches sein wie die Freude, ein Dach über dem Kopf zu haben.

Denken Sie an jemanden, dem Sie am Herzen liegen. Sie brauchen zu diesem Menschen keine perfekte Beziehung zu haben, doch können Sie sich seiner Zuneigung und Fürsorge gewiss sein.

Denken Sie an jemanden, den Sie mögen.

Denken Sie an Dinge, die Ihnen helfen, sich stark ... dankbar ... gelassen ... glücklich ... geliebt zu fühlen.

fahrung wie kostbare Juwelen im Schatzkästlein Ihres Herzens ein. Machen Sie sich bewusst, dass diese Erfahrung ab jetzt ein Teil von Ihnen ist, eine innere Ressource, auf die Sie jederzeit zugreifen können.

Schritt 4: Verbinde sie mit positivem und negativem Material. (optional) – Auch wenn Sie im Vordergrund Ihres Bewusstseins über eine stabile und lebendige Erfahrung verfügen, seien Sie sich darüber im Klaren, dass sich im Hintergrund etwas Negatives befindet. Wenn Sie beispielsweise das Gefühl haben, integriert und sozial eingebunden zu sein, dann ist damit vielleicht auch die Erinnerung an Momente verknüpft, in denen Sie sich einsam gefühlt haben.

Wenn das Negative Ihre Aufmerksamkeit beansprucht, dann lenken Sie diese umgehend wieder auf das Positive. Wenn Sie sich im Positiven wieder sicher verankert fühlen, dann können Sie die Existenz des Negativen im Hintergrund Ihres Bewusstseins gelassen zur Kenntnis nehmen. Wann immer Sie wollen, geben Sie das negative Material frei und widmen Sie sich ausschließlich dem positiven. Um das Negative noch gründlicher zu bekämpfen, denken Sie in der folgenden Stunde mehrmals an Menschen oder Ereignisse, die mit negativen Erfahrungen verbunden sind, betrachten das Ganze aber stets im Lichte einer positiven Erfahrung.

Freude bei der Aufnahme des Guten empfinden

Sie wissen bereits, wie Sie das Gute in sich aufnehmen, auch wenn Sie es noch nicht bewusst getan haben. Wir alle kennen das Gefühl, uns eine köstliche Mahlzeit schmecken zu lassen und eine schöne Zeit mit unseren Freunden zu verbringen. Und wie bei anderen Fertigkeiten auch, lässt sich dies trainieren. Also möchte ich hier ein paar Vorschläge machen. Indem

Sie sie ausprobieren, werden Sie ein intensiveres Gefühl dafür bekommen, wie es ist, das Gute in sich aufzunehmen. Als würden Sie einen Pfad im Wald markieren, um den Rückweg zu finden.

Die Freude an kleinen Dingen

Die meisten Gelegenheiten, gute Erfahrungen zu sammeln, kündigen sich nicht mit einem Trommelwirbel an. Man hat eine E-Mail geschrieben, das Telefon funktioniert, ein Freund hat sich gemeldet. Die meisten dieser Erfahrungen sind zudem relativ unscheinbar und rangieren auf einer Skala von 1 bis 10 vielleicht auf der 2. Kein Problem. Diese Momente habe ihre eigene Berechtigung. Außerdem summieren sie sich mit der Zeit, um unser Gehirn zum Besseren zu ändern.

Der richtige Zeitpunkt für gute Erfahrungen

Normalerweise nimmt man das Gute wie nebenbei in sich auf. Während ich dies schreibe, hat sich unsere in die Jahre gekommene Katze auf meinem Schreibtisch zusammengerollt und verschafft mir damit ein angenehmes Gefühl von familiärer Zugehörigkeit. Suchen Sie im Laufe des Tages nach Gelegenheiten, das Gute in sich aufzunehmen.

Sie können dies natürlich auch zu ganz bestimmten Zeiten tun. Gleich nach dem Aufwachen hat man zum Beispiel die Gelegenheit, sich eine wichtige Erfahrung zu vergegenwärtigen. Auch die Mahlzeiten sind ein traditioneller Anlass, seine Dankbarkeit zum Ausdruck zu bringen. Und bevor wir am Abend zu Bett gehen, ist unser Geist für gewöhnlich besonders aufnahmefähig. Unabhängig davon, was am Tag schiefgelaufen ist, sollten wir also die Gelegenheit nutzen, uns vor Augen zu führen, was alles gelungen ist. Wir sollten uns dieser angenehmen Erkenntnis öffnen und uns von ihr in den Schlaf begleiten lassen.

Tun Sie es auf Ihre Weise

Die Menschen nehmen das Gute auf verschiedene Weise in sich auf, und das ist auch gut so. Denken wir an das Gefühl der Dankbarkeit. Ich werde manchmal von einer grenzenlosen Dankbarkeit für die Existenz aller Dinge gepackt – dass wir einen Platz inmitten des Universums einnehmen. Andere verbinden mit Dankbarkeit vielleicht etwas Greifbareres wie die Existenz eines Freundes. Auch der familiäre Hintergrund kann dabei eine Rolle spielen. In manchen Familien schaffen gemeinsame schöne Erlebnisse einen engen Zusammenhalt, in anderen geht jeder für sich seinen schönen Erlebnissen nach.

Bewusst genießen können

Manchmal fällt es uns schwer, uns guten Erfahrungen zu öffnen. In diesem Fall schlage ich Ihnen den »Freundestest« vor. Welche positive Erfahrung würden Sie Ihrem Freund oder Ihrer Freundin wünschen? Sie können sich diese Erfahrung natürlich auch für sich selbst wünschen. Was im Übrigen nicht heißt, dass Sie die Welt mit einer rosaroten Brille betrachten sollen. Sie korrigieren nur die Tendenz des Gehirns, sie durch dunkel getönte Gläser anzuschauen. Und indem Sie das Gute in sich aufnehmen, kommen Sie auch mit dem Schlechten besser zurecht. Das heißt nicht, dass Sie ein fröhliches Gesicht aufsetzen sollen, wenn Sie gestresst oder traurig sind. Doch warum sollten Sie die Gelegenheiten verstreichen lassen, das Gute zu genießen und dadurch innere Stärke aufzubauen?

Natürlich ist jede Erfahrung, und sei sie auch noch so positiv, zeitlich begrenzt. Wenn Sie das Gute in sich aufnehmen, bleiben Sie in der Gegenwart und genießen Sie, wie es Ihr Bewusstsein durchdringt. Nehmen Sie es in sich auf, aber versuchen Sie nicht mit allen Mitteln, es festzuhalten.

Für sich selbst Partei ergreifen

Um das Gute in sich aufzunehmen, müssen Sie sich selbst helfen wollen. Nicht gegen andere, aber stets für sich selbst zu sein, ist die Grundlage für Gesundheit und Wohlbefinden. Ohne diese Grundhaltung gibt es keine Motivation, im eigenen Interesse zu handeln. Leider sind wir dazu nicht alle in der Lage. Menschen beispielsweise, die in ihrer Kindheit viel kritisiert wurden, fühlen sich anderen oft mehr verbunden als sich selbst. Je öfter Sie von anderen im Stich gelassen wurden, desto wichtiger ist es, sich für sich selbst einzusetzen. (Um das Gefühl zu verinnerlichen, auf der eigenen Seite zu stehen, führen Sie die folgende Übung »Für sich selbst Partei ergreifen« durch.)

FÜR SICH SELBST PARTEI ERGREIFEN

Diese Anleitung basiert auf den ersten drei Schritten der vorherigen Übung, das Gute in sich aufzunehmen. Folgen Sie meinen Vorschlägen, wenn Sie mögen.

Erfahrungen machen – Führen Sie sich die Qualitäten vor Augen, die es hat, für sich selbst Partei zu ergreifen, und die bereits im Vordergrund oder Hintergrund Ihres Bewusstseins präsent sind. Vielleicht sind Sie schon mit Empfindungen vertraut, die Sie veranlassen, für die eigenen Bedürfnisse Sorge zu tragen. Wenn nicht, produzieren Sie dieses Gefühl. Erinnern Sie sich an eine Zeit, als Sie mit sich im Reinen waren und stets im eigenen Interesse handelten. Falls Ihnen das schwerfällt, versuchen Sie sich zunächst die Erfahrung ins Gedächtnis zu rufen, für jemand anders Partei zu ergreifen. Spüren Sie diesem Gefühl nach und prüfen Sie, ob Sie es für sich selbst aufbringen können. Vielleicht sehen Sie sich selbst als kleines verletzliches Kind. Können Sie diesem Kind Fürsorge und Unterstützung zukommen lassen?

Erfahrungen anreichern – Öffnen Sie sich diesem Gefühl. Intensivieren Sie es, indem Sie es durch Körper und Geist strömen lassen. Halten Sie an ihm fest, reservieren Sie für dieses Gefühl einen festen Platz in Ihrem Bewusstsein. Nehmen Sie die verschiedenen Aspekte dieses Gefühls zur Kenntnis. Stellen Sie sich vor, wie Sie sitzen, stehen und sprechen, wenn Sie für sich selbst Partei ergreifen. Passen Sie Gestik und Mimik dieser Vorstellung an.

Erfahrungen in sich aufnehmen – Spüren Sie dem Gefühl nach, für sich selbst Partei zu ergreifen, und lassen Sie sich davon durchdringen. Machen Sie diese gute Erfahrung zu einem Teil von sich. Geben Sie sich ihr ganz hin. Richten Sie Ihre innere Freundlichkeit auf sich und wünschen Sie sich nur das Beste.

Es sich zur Gewohnheit machen

Ihr Gehirn ist ein physisches System, das stärker wird, je mehr Sie es trainieren – wie ein Muskel. Machen Sie die Aufnahme des Guten also zu einem festen Bestandteil Ihres Lebens. Das mag Ihnen zunächst ein wenig künstlich oder gezwungen vorkommen, doch wird es Ihnen schon bald zur Gewohnheit werden. Und ohne dass Sie groß darüber nachdenken müssen, werden sich die guten Erfahrungen in Ihren Hirnstrukturen verankern. Ich stelle mir mein Bewusstsein als engmaschiges Netz vor, in dem alle Annehmlichkeiten, Freundschaften und guten Erfahrungen leicht hängen bleiben. Um das Gute in sich aufzunehmen, reichen simple Alltagserfahrungen, wie dieser Mann mir schrieb: »*Ich liebe es, das Gute in mich aufzunehmen, wann immer ich eine Orange esse. Da ich mindestens zwei Orangen am Tag esse, kann ich diesen Moment oft genießen. Wenn ich die Schale aufbreche, schließe ich sanft die Augen und atme den süßen Duft ein. Diesen Genuss koste ich voll aus und denke daran, dass ich der erste Mensch bin, der diese Orange öffnet und ihr Fruchtfleisch kostet. Obwohl dieses Erlebnis nicht mal eine Minute andauert, hat es auf meine Stimmung und meinen Energielevel eine enorme Wirkung. Ich freue mich stets auf das nächste Mal.*«

Das aufnehmen, was man braucht

Sie können die vier Schritte zur Aufnahme des Guten auf jede positive Erfahrung anwenden. Doch wir alle wissen, dass manche Erfahrungen lehrreicher sind oder einen höheren Stellenwert haben als andere. Wie können wir uns also den Erfahrungen zuwenden, von denen wir am meisten profitieren? In diesem Punkt wird die Methode sehr persönlich – und wundervoll, weil jeder von uns genau *die* Erfahrungen in sich aufnehmen kann, die auf die eigenen Wünsche und Bedürfnisse zugeschnitten sind.

Vielleicht wünschen Sie sich, weniger besorgt, selbstkritisch oder unsicher zu sein. Vielleicht schlagen Sie sich zu Hause oder bei der Arbeit mit einer schwierigen Aufgabe herum oder Sie würden gern mehr trainieren und weniger trinken. Vielleicht möchten Sie einfach fröhlicher sein, das Leben leichter nehmen und sich mehr geliebt fühlen. Doch wenn sich all diese Wünsche erfüllten, würde das für Sie einen großen Unterschied bedeuten?

Diese Frage lässt sich gut beantworten, wenn wir an die drei Betriebssysteme unseres Gehirns denken. Wenn wir uns besorgt, angespannt oder hilflos fühlen, wird das Vermeidungssystem getriggert, damit uns konkrete Erfahrungen weiterhelfen, die mit diesem System in Verbindung stehen – wie Schutz, Sicherheit und Entspannung. Enttäuschung, Frustration und Langeweile setzen das Belohnungssystem in Gang und sind mit Erfahrungen wie Dankbarkeit, Vergnügen und Leistungsfähigkeit verknüpft. Sich im Stich gelassen, unzulänglich und einsam zu fühlen, ruft das Bindungssystem auf den Plan, damit Erfahrungen wie Zugehörigkeit, Empathie, Freundlichkeit und das Gefühl, anderen am Herzen zu liegen, abgerufen werden können.

Mit anderen Worten: Ein Problem erfordert eine Lösung, die auf dieses Problem zugeschnitten ist. Wer Skorbut hat, braucht Vitamin C. Jahrelang habe ich versucht, mein Bedürfnis nach Liebe – ein Bedürfnis, das jeder hat – zu befriedigen, indem ich mich besonders leistungsfähig zeigte. Das hat jedoch nie funktioniert, weil es der untaugliche Versuch war, ein Bindungsproblem mit der Aktivierung des Belohnungssystems zu lösen. Ich nahm tatsächlich Eisenpillen gegen Skorbut, was mir jedoch nicht half. Erst als ich mir Erfahrungen sozialer Zugehörigkeit und Akzeptanz ins Gedächtnis rief, gelang es mir allmählich, für dieses Bedürfnis Sorge zu tragen.

Wie heißt Ihr persönliches Vitamin C? Es kann mit einer aktuellen Situation, mit dauerhaften zwischenmenschlichen Problemen oder mit einer schmerzlichen Kindheitserinnerung zu tun haben. Wenn Sie wissen, was Sie aufnehmen und in sich wachsen lassen wollen, dann können Sie im Alltag nach diesen spezifischen Erfahrungen Ausschau halten und sie nach dem 4-Schritte-Prinzip in Ihrem Gehirn verankern.

Sie meinen es gut mit sich, wollen nur Ihr Bestes und verschaffen sich die psychologische Nahrung, die Sie brauchen. Sobald Ihre neue innere Stärke installiert ist, wird sie von Mal zu Mal leichter zu aktivieren sein. Ihre neuronalen Spuren werden sich zunehmend vertiefen und einen positiven Kreislauf begründen. Natürlich steht Ihnen diese Methode nicht nur für »Vitamine«, sondern für viele Erlebnisse Ihres Erfahrungsschatzes offen.

Hier kommt ein persönliches Beispiel für verinnerlichte Erfahrung, das in besonderem Maße auf die Bedürfnisse des Individuums ausgerichtet ist. In diesem Fall spielt das Vermeidungssystem eine zentrale Rolle: *»Ich hatte Panikattacken, also ging ich jeden Tag auf meine Terrasse und ließ den Blick über meinen Garten schweifen. Ich betrachtete die Pflanzen, die ich liebe, und beobachtete die brummenden Insekten, die Vögel, die zwischen den Pflanzen hin und her hüpften, sowie das Sonnenlicht, das durchs Laubwerk brach. Für ein paar Minuten täglich nahm ich das Gefühl der Geborgenheit in mich auf, das sich stets einstellt, wenn ich mich in meinem Garten befinde. Manchmal stellte ich mir diese Ruhe und Zuversicht als schützende goldene Blase vor, die mich umgab. Dann begann ich, kleine Pflanzen aus meinem Garten zu pflücken und mir in die Tasche zu stecken. Wenn sich die Angstzustände das nächste Mal bemerkbar machten, zog ich sie hervor, erinnerte mich an die Gefühle von Ruhe und Stärke, die ich in meinem Garten empfunden hatte, und versuchte, diese Gefühle tief in mein Bewusstsein dringen zu lassen.«*

Auch wenn es nicht möglich ist, sich jede Erfahrung vollständig vor Augen zu führen, so kann man sich doch zumindest wesentliche Teile in Erinnerung rufen. Und irgendwo muss man ja schließlich anfangen. Zu Beginn meiner Collegezeit war ich sehr schüchtern. Eines Abends fragte mich mein Mitbewohner, ob ich mit ihm und ein paar jungen Frauen weggehen wollte. Diese Frage machte mich ziemlich nervös. Doch ich wusste, dass dies ein Schritt war, der mich notwendigen Erfahrungen näherbringen würde. Also nahm ich mich zusammen und begleitete ihn und alles war in Ordnung. Da alle sehr nett zu mir waren, fühlte ich mich rasch integriert. In den nächsten Tagen führte ich mir die gute Erfahrung dieses Abends ein ums andere Mal vor Augen und nahm die angenehmen Gefühle wiederholt in mich auf. Das half mir bei der nächsten Einladung, mich den anderen Personen noch mehr zu öffnen, was meine Erlebnisse umso schöner und reicher machte. Ich fühlte mich wirklich geschätzt und gemocht. Eine gute Sache zog die nächste nach sich. Ich befreite mich aus meiner Schale, in die ich mich zuvor verkrochen hatte, und schlug einen Lebensweg ein, von dem ich als linkischer Junge an der Highschool nicht zu träumen gewagt hätte. Wenn ich jetzt, fast 40 Jahre später, auf diese Zeit zurückblicke, dann weiß ich, dass mein damaliges Ja gegenüber meinem Mitbewohner ein entscheidender Schritt auf meinem Lebensweg war.

Gutes in sich aufzunehmen tut gut

Das Gute in sich aufzunehmen erfordert ein wenig Mühe, vor allem am Anfang. Außerdem mögen manche von uns in dieser Hinsicht eine innere Blockade haben, wie den Glauben, dass es selbstsüchtig sei, sich gut zu fühlen. (Wie man solche Blockaden überwindet, siehe Kapitel 9.) Motivation ist der Schlüssel, an etwas festzuhalten, weil wir dann eher wissen, warum das Aufnehmen des Guten gut für uns und andere ist. Ich möchte die Vorzüge dieser Übung noch einmal zusammenfassen und teilweise wiederholen.

Indem Sie nur ein paar Sekunden bei einer positiven Erfahrung verweilen – dazu reicht die Freude an einem tiefen Atemzug –, helfen Sie, diese Erfahrung in dauerhafte neuronale Strukturen münden zu lassen. Mit der Zeit können Sie Ihre innere Vorratskammer mit all den Qualitäten und inneren Stärken füllen, die Sie benötigen – Gelassenheit statt Reizbarkeit, Zuversicht statt Besorgnis, Vitalität statt Erschöpfung. Diese Qualitäten werden Ihr Wohlbefinden und Ihre Effektivität fördern, psychische Probleme wie Angstzustände heilen sowie Kreativität, Selbstverwirklichung und Spiritualität unterstützen.

Gutes in sich aufzunehmen ist eine natürliche Methode, um eher aktiv als passiv – eher Hammer als Nagel – zu sein. Und das in einer Zeit, in der viele sich fremdbestimmt vorkommen und von Termin zu Termin hetzen. Es ist auch ein Weg, sich selbst wertzuschätzen, was umso wichtiger ist, wenn andere dies nicht tun. Diese Übung verankert Sie in der Gegenwart und verhindert das Grübeln, das ewige Kreisen um dieselben Gedanken, das mentale und körperliche Probleme verursachen kann. Sie lehrt Sie, Ihre Aufmerksamkeit zu kontrollieren, damit Sie sich auf das Gute konzentrieren und das Schlechte meiden können. Währenddessen sensibilisieren Sie Ihr Gehirn für positive Erfahrungen, die nach dem Klett-Prinzip haften bleiben – ein weitreichender Nutzen.

Die innere Stärke auszubauen, indem man Gutes in sich aufnimmt, ist, als würde man den Kiel eines Segelboots verstärken, das nachher umso ruhiger im Wasser liegt. So ist es besser in der Lage, den allgegenwärtigen Winden zu trotzen, und sollte es doch einmal in einen Sturm geraten, wird es sich schneller davon erholen. Im übertragenen Sinne können Sie sich nun mit einem sicheren Gefühl in tiefere Gewässer vorwagen, um Ihre Träume zu verwirklichen. Sie verwandeln Momente hedonistischen Wohlbefindens in dauerhafte Selbstgewissheit und Erfüllung, was auch als *eudaimonisches Wohlbefinden* bezeichnet werden kann. Ein positiver Kreislauf ist begründet worden: Weil Sie sich besser fühlen, können Sie sich besser verhalten, weshalb die Welt Sie besser behandelt, wodurch Sie sich noch besser fühlen.

Gutes in sich aufzunehmen bedeutet nicht, Vergnügungen nachzujagen oder Sorgen zu vertreiben. Es geht darum, die Jagd zu beenden. Indem wir gute Erfahrungen in unserem Gehirn verankern – die Verinnerlichung des Gefühls, zufrieden, gelassen und geliebt zu sein –, hängt unser Wohlbefinden nicht mehr von äußeren Umständen ab, ob unser Partner gute Laune hat oder der Arbeitstag zufriedenstellend war. Indem unsere positiven Befindlichkeiten zu neuronalen Merkmalen werden, wächst in uns eine unerschütterliche Ruhe und Zufriedenheit.

Edelsteine des Alltags

Wenn Sie viel Gutes in sich aufnehmen, tun Sie dies etwa fünf- bis zehnmal am Tag für jeweils 10 bis 30 Sekunden. Insgesamt dauert es also höchstens fünf Minuten. Es wird nicht Ihr ganzes Leben in Beschlag nehmen. Sie werden sich immer noch mit unangenehmen Dingen herumschlagen müssen und sich manchmal schlecht fühlen. Auch gesundheitliche oder finanzielle Probleme können weiterhin vorkommen, womöglich fühlen Sie sich manchmal von anderen schlecht behandelt oder emotional labil. Sie verschließen nicht die Augen vor dem Leid, das Millionen Menschen auf der ganzen Welt betrifft – und auch jeden von uns betreffen könnte.

Doch Gutes kann Schlechtes genauso wenig ungeschehen machen wie umgekehrt. Mag das Leben auch manchmal beschwerlich sein, so sind wir doch von positiven Tatsachen umgeben – von vielen großen und kleinen Dingen, die unserem Glück und Wohlergehen dienen. Der köstliche Geschmack von Schokolade oder die wunderbaren Anblicke und Geräusche in unserer Umgebung. Jeden Tag bewältigen wir eine

Reihe von Aufgaben und sind für andere von Bedeutung. Wir genießen die Früchte der Arbeit zahlloser Menschen, die unseren Alltag erleichtern. Wenn wir den Hahn öffnen, fließt Wasser. Wenn wir den Schalter drücken, brennt Licht. Wir sind mit einem funktionstüchtigen Körper gesegnet, einem Gehirn und einer Seele, die sich im Laufe von 3,5 Millionen Jahren sorgsam herausgebildet haben. Noch überwältigender ist die Vorstellung, dass wir alle Kinder des Universums sind. Jedes Atom, das schwerer als Helium ist – der Sauerstoff in Wasser und Luft, das Kalzium in Zähnen und Knochen, das Eisen im Blut –, wurde inmitten eines Sterns geboren. Wir sind buchstäblich aus Sternenstaub gemacht.

Es gibt Menschen, die Ihr Bestes wollen, die Sie mögen und das Gute in Ihnen sehen. Sie können mit größter Sicherheit davon ausgehen, dass Sie geliebt werden, über ein freundliches Wesen und gute Absichten verfügen. Sie haben in der Vergangenheit viel Gutes bewirkt und werden dies auch in Zukunft tun. Sie sind nicht perfekt – ebenso wenig wie ich –, aber Sie sind gut und wertvoll.

Schöne Dinge existierten gestern und existieren heute, mögen sie auch manchmal im Verborgenen liegen. In diesem Moment – wie in den meisten anderen – ist alles in bester Ordnung. Jeder Moment unserer Erfahrung schöpft aus einer überwältigenden Fülle des Daseins. Wir sind unaufhörlich mit allen Dingen verbunden. Wenn Sie einen Sinn für Transzendenz haben, spirituell begabt oder im religiösen Sinne gläubig sind, ist auch dies ein ungeheures Geschenk.

Neben all dem Positiven der Gegenwart haben auch Vergangenheit und Zukunft viel Gutes und Schönes zu bieten. Denken Sie nur an all die freudvollen, erfüllenden und bedeutenden Erlebnisse, die bereits hinter Ihnen liegen. An das, was Ihnen gelungen ist, an die Menschen, die das Wertvolle und Besondere in Ihnen gesehen haben. Und stellen Sie sich vor, was die

Zukunft noch an Schönem bereithalten könnte. Denken Sie an die Liebe, die Sie noch geben und empfangen können.

Man könnte sich jeden einzelnen Tag auch als gewundenen Pfad vorstellen, der mit Perlen und Diamanten, Smaragden und Rubinen bestreut ist – jeder Edelstein birgt die Möglichkeit einer positiven Erfahrung. Leider nehmen die meisten Leute keine Notiz von ihnen. Und selbst wenn sie es tun, empfinden sie nichts dabei. So eilen sie achtlos an all den Edelsteinen vorbei, die für immer verloren sind.

Doch so muss es nicht sein. Mit ein bisschen Mühe und Sorgfalt können Sie jeden Tag ein paar imaginäre Juwelen einsammeln und in die Textur Ihres Gehirns, Ihres Daseins und Ihres Lebens einweben. Kurze Momente der Unbeschwertheit, Freude, Ruhe, Gelassenheit, Selbstgewissheit und Erkenntnis werden sich in neuronale Strukturen verwandeln.

Mögen es auch nur wenige Edelsteine am Tag sein, so werden sie sich im Laufe der Zeit doch zu einer wertvollen Sammlung addieren. Dies ist das Gesetz der kleinen Dinge: Viele negative Kleinigkeiten können uns das Leben vergällen, viele positive Kleinigkeiten es wunderschön machen. Ich bin immer wieder erstaunt darüber, welch großen Unterschied diese kurzen Momente doch ausmachen können, für mich selbst und für andere. Und es erfüllt mich mit großer Hoffnung, denn auf die kleinen Dinge haben wir schließlich den größten Einfluss. An der Vergangenheit können wir nichts ändern, doch schon in der nächsten Minute haben wir Gelegenheit, Gutes in uns aufzunehmen. Wie ein Sprichwort sagt: *Wer sich um die Minuten kümmert, kann die Jahre sich selbst überlassen.*

Das Gute aufnehmen

Das Gute in sich aufzunehmen ist die *vorsätzliche Internalisierung positiver Erfahrungen ins implizite Gedächtnis.* Dies geschieht in vier Schritten (der vierte ist optional). 1. Positive Erfahrungen machen. 2. Diese Erfahrungen anreichern. 3. Sie in sich aufnehmen. 4. Positives und negatives Material damit verknüpfen. Schritt 1 *aktiviert* eine positive Erfahrung, die Schritte 2 bis 4 *installieren* sie im Gehirn.

Es ist ein natürlicher Vorgang, das Gute in sich aufzunehmen, und wir alle kennen das Wesentliche daran: eine positive Erfahrung zu machen und diese nach Kräften zu genießen. Doch wie jede andere Fertigkeit lässt sich auch diese durch praktisches Üben verbessern.

Die meisten positiven Erfahrungen sind relativ kurz und unspektakulär. Doch wenn wir ein halbes Dutzend am Tag für eine halbe Minute oder auch kürzer in uns aufnehmen, wird dies eine enorme Wirkung auf uns haben.

Wir können das Gute entweder nebenher, im Fluss des Tages, in uns aufnehmen oder zu bestimmten Gelegenheiten wie den Mahlzeiten oder vor dem Schlafengehen.

Manche Erfahrungen sind von besonderem Wert. Wenn unser Vermeidungssystem bedroht ist, brauchen wir Schlüsselerlebnisse, die in unmittelbarer Beziehung zu ihm stehen, wie das Gefühl, geschützt und stark zu sein. Dasselbe gilt für das Belohnungs- und das Bindungssystem. Mithilfe der vier Schritte können wir nach den Erfahrungen Ausschau zu halten, die uns gegenwärtig von größtem Nutzen sind.

Indem wir die verborgene Kraft scheinbar gewöhnlicher Erfahrungen nutzen, verhilft uns diese einfache Übung zu mehr Widerstandskraft, hilft gegen Stress und Funktionsstörungen, verbessert unsere zwischenmenschlichen Beziehungen, fördert unsere physische Gesundheit und führt zu dauerhaftem Glück.

Kapitel 5
Dingen Beachtung schenken

In diesem Kapitel geht es darum, positiven Erfahrungen Beachtung zu schenken, die bereits im Bewusstsein präsent sind. In Kapitel 6 werde ich dann erklären, wie man neue Erfahrungen kreiert. Diese beiden Kapitel behandeln die Frage, wie man positive Erfahrungen aktiviert, widmen sich also dem ersten der vier Schritte. Die Kapitel 7 und 8 werden zeigen, wie die aktivierten Erfahrungen im Gehirn installiert werden, widmen sich also den folgenden drei Schritten: Anreichern, Aufnehmen und Verbinden. Kapitel 9 wird die Fertigkeiten, die in den vorherigen Kapiteln behandelt wurden, mit spezifischen Situationen oder Erfordernissen in Verbindung bringen – beispielsweise mit zwischenmenschlichen Beziehungen oder dem Erfordernis, Angst durch Selbstvertrauen, Trauer durch Freude oder Selbstkritik durch Selbstakzeptanz zu ersetzen. Kapitel 10 enthält Übungen für 21 Schlüsselerlebnisse, um innere Stärke zu erlangen.

Der vierte Schritt, Gutes in sich aufzunehmen, kann enorm wirkungsvoll sein, doch muss man ihn sorgsam und durchdacht anwenden, da er negatives psychologisches Material wie Zorn, Schmerz und Scham enthält. Ehe ich in Kapitel 8 näher auf diesen vierten Schritt eingehe, werden sich die praktischen Übungen nur auf die ersten drei Schritte beziehen.

Da die bewusste Aufnahme des Guten nicht abstrakt, sondern sehr praxisbezogen ist, lassen Sie uns mit einer praktischen Übung beginnen.

Angenehme Empfindungen wahrnehmen

Nehmen Sie sich für diese Übung mindestens eine halbe Minute lang Zeit. Die Augen können dabei offen oder geschlossen sein. An sich können Sie nebenher auch andere Dinge tun, doch am Anfang ist es vielleicht das Beste, andere Tätigkeiten ruhen zu lassen.

Erfahrungen machen – Denken Sie an eine angenehme Empfindung, die im Vordergrund oder Hintergrund Ihres Bewusstseins bereits gegenwärtig ist. Vielleicht an entspanntes Durchatmen, wohltuende Wärme oder Kühle und das herrliche Körpergefühl von Vitalität und Lebensfreude. Die Empfindung muss gar nicht besonders intensiv sein, solange sie sich gut anfühlt. Es mögen Ihnen auch weniger angenehme Empfindungen, Gedanken oder Gefühle in den Sinn kommen, was vollkommen in Ordnung ist. Lassen Sie diese einfach ziehen und achten Sie nur auf die angenehme Empfindung. Wenn Sie dies getan haben, gehen Sie zum nächsten Schritt über.

Erfahrung anreichern – Konzentrieren Sie sich auf die angenehme Empfindung. Vertrauen Sie sich ganz diesem Gefühl an. Was genau spüren Sie? Bewahren Sie diese Empfindung für mindestens 20 Sekunden. Kehren Sie zu ihr zurück, wenn Ihre Aufmerksamkeit abschweift. Lassen Sie Körper und Geist von dieser Empfindung durchdringen. Versuchen Sie in aller Entspanntheit, dieses Gefühl anzureichern und zu intensivieren. Genießen Sie es. Das Wohlgefühl, das die Empfindung hervorruft, wird Ihnen dabei helfen. Vielleicht können Sie den Vorgang durch kleine Handlungen unterstützen, indem Sie tiefer atmen oder sanft lächeln.

Erfahrungen aufnehmen – Lassen Sie in Schritt 2 und unmittelbar danach die angenehme Empfindung tief in sich eindringen. Dieser Vorgang findet von Person zu Person sehr unterschiedlich statt. Manche stellen sich bildhaft vor, sie würden die Empfindung aufsaugen wie ein Schwamm. Andere visualisieren Sternenstaub, der auf sie niedergeht, oder einen Edelstein, den sie in das Schatzkästlein ihres Herzens einschließen. Oder sie stellen sich die Empfindung als wohltuenden Balsam vor. Wieder andere begreifen intuitiv, dass diese Erfahrung zu einem Teil von ihnen wird. Der Vorgang der Aufnahme – das Gefühl, sich ganz und gar von dieser Empfindung durchdringen zu lassen – verschafft Linderung und Erleichterung.

Horchen Sie in sich hinein, wenn Sie die Übung beendet haben. Verschaffen Sie sich einen Eindruck davon, wie es sich anfühlt, das Gute in sich aufzunehmen.

Falls Sie keinerlei angenehme Empfindungen wahrnehmen konnten, wurden Sie entweder von quälendem Schmerz überwältigt (was ich nicht hoffe!) oder Sie müssen diesen Vorgang noch mehrmals ausprobieren. Es ist ganz normal, beim ersten Schritt, das Gute in sich aufzunehmen, Schwierigkeiten zu haben. Dies wird von vielen gern unterschätzt. Wenn Sie Ihr Bewusstsein bearbeiten, hilft es Ihnen, in dieser Hinsicht bereits über einen gefestigten »Pioniergeist« zu verfügen. Geben Sie nicht auf. Auch wenn Sie im Moment nichts Positives entdecken können, kann sich dies jederzeit ändern.

Die Musik der Erfahrung

Wenn Sie Musik hören, können Sie sich auf verschiedene Teile dieser Musik konzentrieren, etwa auf den Gesang, die Gitarre, das Klavier oder Schlagzeug. Doch auch Ihre Wahrnehmung ist vielschichtig. Sie besteht aus Gedanken, Sinneseindrücken, Emotionen, Wünschen und Entscheidungen. Als wir heute bei uns zu Abend aßen, bevor ich dies schrieb, brachen unsere erwachsenen Kinder, unser Sohn und unsere Tochter, in herzliches Gelächter aus. Die »Musik« meiner Wahrnehmung enthielt Gedanken darüber, wie eng sie einander verbunden sind. Ich sah ihre glücklichen Gesichter, fühlte meine Gemeinschaft mit ihnen, hoffte, dass sie sich stets lieben würden, und lehnte mich zu ihnen hinüber, um an ihrer Wärme teilzuhaben.

Oft nimmt man Erlebnisse als Ganzes wahr. Wenn ich in den heimatlichen Bergen wandere, dann fließen in meiner Wahrnehmung die großartigen Ausblicke, das Gefühl der Vitalität sowie das Vergnügen, an der frischen Luft zu sein, ineinander. Doch lohnt es sich durchaus zu lernen, die verschiedenen Bestandteile der eigenen Wahrnehmung auseinanderzuhalten. Sich ihrer Existenz bewusst zu werden, stärkt das Gefühl für die Reichhaltigkeit und Vielschichtigkeit des eigenen Wahrnehmungsapparats. Außerdem versetzt es einen in die Lage, einzelne Aspekte in den Vordergrund zu rücken, gewissermaßen ihre Lautstärke aufzudrehen, wann immer wir das wollen. Auf diese Weise können wir beispielsweise den Gedanken in den Vordergrund rücken, dass das Glück anderer Menschen in erster Linie ihre eigene, nicht unsere Sache ist. Oder wir besinnen uns ganz auf die *Empfindung* innerer Ruhe, den *Wunsch*, weniger perfektionistisch zu sein, oder die *Entscheidung*, keine weiteren Mails zu beantworten. Sich auf einen bestimmten Teil der eigenen Wahrnehmung zu konzentrieren, macht diesen umso wertvoller und hilft uns zudem, ihn in unserem Gehirn zu verankern, was es einfacher macht, ihn in Zukunft abzurufen.

Werfen wir also einen näheren Blick auf die wesentlichen Bestandteile unserer Wahrnehmung sowie die Belohnungen, die sie für uns bereithalten. Prüfen Sie, ob Sie in jedem dieser Bestandteile etwas finden, von dem Sie derzeit besonders profitieren würden. Wenn Sie eine Enttäuschung erlebt haben, könnten Sie sich zum Beispiel ganz auf das Gefühl der Dankbarkeit besinnen. Waren Sie gestresst, werden Sie das Gefühl der Entspannung besonders zu schätzen wissen.

Gedanken

Ihre Gedanken umfassen faktisches Wissen, Ideen, Annahmen, Erwartungen, Meinungen, Einsichten, Vorstellungen und Erinnerungen. Manche Gedanken sind verbal (mentale Selbstgespräche), andere bildhaft oder eine Mischung aus Worten und Bildern. Viele Studien zeigen die Vorzüge der kognitiven Therapie, die sich darauf konzentriert, die Gedanken zum Besseren zu ändern. Als ich Mitte 20 war, wurde mir klar, dass ich in meiner Jugend zwar kein Schwächling, aber doch ein Sonderling gewesen war. Dies war für mich ein äußerst wichtiger Gedanke! Eine Frau erzählte mir einst in meiner Behandlungspraxis, ihr sei plötzlich der Gedanke gekommen, dass sie am Alkoholismus ihres Mannes keine Schuld trage. Dieser Gedanke habe sie sehr entlastet und ihr geholfen, ihren Mann direkter mit seiner Krankheit zu konfrontieren. Gedanken, die wahr und nützlich sind, sollten wir eher in uns aufnehmen als solche, die unwahr und schädlich sind. Das beinhaltet auch, sich selbst und andere, Vergangenheit und Zukunft genauer zu betrachten, die Folgen unseres Handelns zu verstehen und in die richtige Perspektive zu setzen.

Obwohl Gedanken natürlich von großer Wichtigkeit sind, genießen und durchleiden wir vor allem, was wir wahrnehmen, fühlen, wollen und tun. Darum betonen die Übungen in diesem Buch in erster Linie die körperlichen Aspekte unserer Erfahrungen.

Sinneswahrnehmungen

Dies ist das Reich von Anblicken, Geräuschen, Gerüchen und Berührungen sowie der Interozeption (der internen Wahrnehmungen unseres Körpers, etwa das Knurren unseres Magens). Sinneswahrnehmungen sind das Medium, mit dessen Hilfe wir Erfahrungen von Freude und Entspannung, Lebendigkeit und Stärke machen.

Jede Wahrnehmung ist ein potenzieller Weg zur Freude, wie der Anblick eines hübschen Kleids, das Hören schöner Musik, der Geschmack eines saftigen Pfirsichs, der Duft frisch gebackenen Brots, sich an einer juckenden Stelle zu kratzen oder endlich eine Toilette aufsuchen zu können. Abgesehen von dem Vergnügen, das uns die Wahrnehmung unmittelbar beschert, reduziert die Freude auch unseren Stresslevel oder sorgt dafür, dass wir uns schneller vom Stress erholen. Freude ist eine unterbewertete Ressource körperlicher und mentaler Gesundheit. Wenn Sie diese finden, öffnen Sie sich ihr ganz und gar. Ein Mann schrieb mir: »*Wenn ich von meinem Apartment in North Carolina die uralte Bergkette betrachte, die sich am Himmel entlangzieht, dann spüre ich, dass ich dort vollkommen aufgenommen bin. Es ist, als würde sich mein ganzes Wesen öffnen, um diesen Eindruck in sich aufzunehmen, was ein wundervolles Gefühl ist. Ich lasse mich von dem majestätischen Anblick durchdringen, was mir auch später noch, wenn ich daran denke, ein großartiges Gefühl beschert.*«

Entspannung bezieht die parasympathische Komponente des Nervensystems mit ein, die für Ruhe, Schonung und Erholung sorgt. Sie ist das natürliche Gegenstück des Sympathikus, der ein Angriffs- oder Fluchtverhalten auslöst. So wie die Freude baut auch die Entspannung Stress ab. Außerdem stärkt sie das Immunsystem, erhört die Widerstandskraft und vermindert die Angst. Es ist fast unmöglich, sich über etwas aufzuregen, wenn man tief entspannt ist.

Vitalität kann ein intensives Gefühl sein, wie die Begeisterung, wenn das eigene Team gewinnt, wie Leidenschaft beim Tanz oder in der Liebe. Oft spüren wir die Vitalität auch nur in abgeschwächter Form, als simples Gefühl, am Leben zu sein. Doch ganz gleich, ob es sich um ein machtvolles oder sanftes Gefühl handelt, so hilft uns die Vitalität vor allem dann, wenn wir uns ausgelaugt, melancholisch oder überbeansprucht vorkommen.

Manches Erlebnis von *Stärke* ist so intensiv, dass es einen schlicht umhaut. Viel häufiger zeigt sie sich jedoch in einem langen und manchmal zähen Prozess, wenn wir zum Beispiel eine schwierige Kindheit, einen anstrengenden Job oder eine komplizierte Beziehung durchstehen müssen. Eines späten Abends sah ich einmal einen Mann von der Spätschicht heimkehren. Sein Gesichtsausdruck und seine Bewegungen ließen keinen Zweifel daran, wie viel Mühe es ihn kostete, einen Fuß vor den anderen zu setzen. Ich sah deutlich, wie viel Kraft ihn das kostete.

Emotionen

Emotionen bestehen aus Gefühlen und Stimmungen. Gefühle sind speziell, oft ziemlich kurz und werden von inneren und äußeren Stimuli hervorgerufen. Das Lächeln eines Freundes macht uns glücklich, und schon im nächsten Moment irritiert uns eine schroffe Bemerkung von ihm. Stimmungen sind diffuser, dauerhafter und unabhängig von Stimuli. Traurigkeit ist ein Gefühl, Depression eine Stimmung.

Gefühle erzeugen Stimmungen. Wenn wir beispielsweise regelmäßig Gefühle der Freude und Dankbarkeit in uns aufnehmen, werden wir allmählich eine zufriedene Grundstimmung entwickeln. Doch Stimmungen erzeugen auch Gefühle. Eine grundsätzliche Zufriedenheit mit dem Leben nährt Gefühle von Dankbarkeit und Freude. Das Aufnehmen positiver Gefühle kann also durchaus die Stimmung heben, was wiederum positive Gefühle erzeugt, was die Stimmung natürlich noch weiter anhebt.

Eines der wunderbarsten Gefühle überhaupt ist natürlich Liebe. Eine Frau erzählte mir einst: *»Jeden Abend, bevor ich die Lichter ausschalte, gehe ich zu meinem kleinen schlafenden Sohn hinein und sage leise zu ihm: ›Mögest du immer glücklich, geborgen und gesund sein.‹ Ich lasse mich ganz von der Liebe* *durchdringen, die ich in diesem Moment spüre. Eines Abends, nachdem ich in mein Schlafzimmer gegangen war und die Bettdecke zurückgeschlagen hatte, wuchs die Freude in meinem Herzen weiter an. Da beschloss ich, sie auf meinen Ehemann auszudehnen. Ich dachte daran, wie sehr ich ihn liebe, und auch dieses Gefühl durchdrang mich ganz und gar. Ich lächelte im Dunkeln und schlief glücklich ein!«*

Sehnsüchte

Unsere Sehnsüchte schließen Hoffnungen, Wünsche, Begierden und Bedürfnisse mit ein. Ebenso wie Motivationen, Neigungen, Werte, Bestrebungen, Absichten und Ziele, aber auch Abneigungen, Getriebenheit, Abhängigkeiten und jede Art von Sucht. Unsere Sehnsüchte können sich auf die äußere Welt richten – beispielsweise die Hoffnung, dass jemand unsere eigenen Bedürfnisse nicht missachtet – oder auf die innere Welt – falls wir uns vornehmen, stark zu bleiben, wenn wir uns etwas nicht gefallen lassen wollen. Positive Sehnsüchte führen zu Glück und Befriedigung – beispielsweise der Wunsch nach einem Glas Wasser, wenn wir durstig sind –, wohingegen negative Bedürfnisse Unglück und Leid nach sich ziehen – wie der Wunsch nach einer Zigarette, wenn wir gestresst sind.

Wenn Sie also positive Sehnsüchte registrieren, dann nehmen Sie diese bewusst in sich auf. Schenken Sie den Aspekten in Ihrem Inneren Beachtung, die gute Sehnsüchte fördern. Zu ihnen gehören Entschlossenheit und Überzeugung. Nehmen Sie auch diese in sich auf. Wenn Sie einer negativen Sehnsucht *nicht* nachgeben, dann beachten Sie die positive Wirkung, die das auf Sie hat. Genießen Sie die Erleichterung, Befriedigung und das gestärkte Selbstwertgefühl, das damit einhergeht.

Handlungen

Als Handlungen bezeichne ich im weiteren Sinne nach außen gerichtetes Verhalten – Benehmen, Mimik, Körperhaltung, gesprochene und geschriebene Worte – sowie die nach innen gerichteten Neigungen und Veranlagungen, die sichtbares Handeln produzieren, wie beispielsweise die Fähigkeit, sich jemandem zuzuwenden, der leidet. Sie können in Zukunft effektiver handeln, wenn Sie die Handlungen, die Sie fördern möchten, bewusst wahrnehmen – sie entweder in die Tat umsetzen oder in Gedanken durchspielen. Stellen Sie sich vor, Sie wollten zudringlichen Leuten demnächst entschiedener entgegentreten, wozu auch eine veränderte Körpersprache gehört: sich eher vorbeugen als zurücklehnen, die Brust heben, selbstbewusst gestikulieren und unzweideutig sprechen. Wenn Sie irgendeine dieser Handlungen in Gedanken durchspielen, dann konzentrieren Sie sich für mindestens zehn Sekunden darauf, um dieser Vorstellung zu helfen, sich in Ihrem Bewusstsein zu verankern. Mit dieser Methode ist es einer Frau gelungen, die morgendliche Gemeinschaft mit ihren Kindern zu stärken, ehe diese zur Schule aufbrechen: *»Meine beiden Töchter, sieben und neun Jahre alt, lieben es auszuschlafen. Sie morgens aus dem Bett zu bekommen, war nie einfach, was in der Regel einen hektischen und anstrengenden Morgen nach sich zog. Irgendwann habe ich mich entschieden, das morgendliche Programm zu ändern. Seitdem gehe ich früher in ihre Schlafzimmer, beuge mich über ihre schlafenden kleinen Körper und atme ihren Duft ein, während ich sie sanft auf die Wange küsse. Sie riechen immer noch wie Babys, und ich weiß, dass dies nicht immer so bleiben wird. Während diese mütterlichen Gefühle in mich eindringen, bin ich sehr zufrieden damit, meine Mädchen auf diese Weise zu wecken. Ich nehme ihren wunderbaren Babygeruch in mich auf und bewahre ihn für einen Moment in meinem Herzen, während sie noch schlafen. Das macht mich* *so glücklich! Ich streiche ihnen sanft durch die Haare und lasse die Zärtlichkeit, mit der ich sie wecke, zu einem Teil von mir werden. Das führt fast immer zu einem glücklichen, fröhlichen Morgen mit lächelnden Gesichtern und vielen Umarmungen. Ich versuche diese Momente, die viel zu schnell vorbei sein werden, voll auszukosten.«*

Die Stufen des Bewusstseins

Als Sie die Übung in diesem Kapitel durchgeführt haben, sich eine angenehme Empfindung bewusst zu machen, haben Sie den einfachsten Weg gewählt, eine positive Erfahrung zu machen: von etwas *Notiz zu nehmen*, das in Ihrem Bewusstsein bereits präsent war. Unser Bewusstsein ist wie eine Theaterbühne. Jederzeit befindet sich etwas im Vordergrund – sozusagen im Scheinwerferlicht –, wie die Worte, die Sie hier lesen. Doch nehmen Sie auch Empfindungen, Geräusche und Gefühle im Hintergrund Ihres Bewusstseins – sozusagen am äußersten Bühnenrand – wahr. Das gibt Ihnen Gelegenheit, an zwei verschiedenen Orten nach guten Erfahrungen Ausschau zu halten. Suchen Sie zunächst im Vordergrund Ihres Bewusstseins – im Scheinwerferlicht – nach angenehmen Dingen. Vielleicht nach einem bestimmten Interesse, Wohlbefinden oder Entschlossenheit. Vielleicht haben Sie gerade gegessen und sind nun angenehm satt. Diese Empfindung braucht nicht besonders intensiv zu sein, solange sie positiv ist.

Zugleich wird es in Ihrem Tagesablauf viele angenehme Dinge geben, die sich im Vordergrund Ihres Bewusstseins abspielen: der würzige Geruch von Küchenkräutern, freundschaftliche Empfindungen oder das Gefühl der Erleichterung, wenn ein arbeitsreicher Tag allmählich zur Neige geht. Solche Empfindungen sind stets kurze Unterbrechungen des hektischen Alltags, wie Zwischenstopps bei einem Autorennen, bei denen Sie sich ein wenig erholen und Energie »nachtanken« können. So hat es die folgende Person eines Morgens empfunden: *»Als ich aufwachte, was es noch dunkel. Ich lauschte dem zauberhaften Geräusch des Regens auf dem Dachfenster, während ich mich gemütlich in meine Bettdecke kuschelte. Ich fühlte mich geborgen und geliebt und sog dieses Gefühl förmlich auf. Nach dem Aufstehen ging ich mit meinen Hunden in den Park, den wir zu dieser frühen Stunde ganz für uns allein hatten. Es war vollkommen ruhig – kein Vogelgezwitscher, nur wenige Autos fuhren vorbei, eine Insel der Ruhe in der hektischen Stadt. Ich empfand eine ungeheure Dankbarkeit. Ich schloss die Augen, atmete tief durch und gab mich ganz diesem Augenblick hin.«*

Versuchen Sie als Nächstes, etwas Positives im *Hintergrund* Ihres Bewusstseins zu entdecken. Das ist wie beim Fernsehen: Obwohl sich ein Großteil Ihrer Aufmerksamkeit auf den Bildschirm richtet, nehmen Sie doch wahr, was in dem Raum geschieht, in dem Sie sich aufhalten. Es könnte ja auch sein, dass Sie, während Sie dies lesen, im Hintergrund Ihres Bewusstseins eine angenehme innere Ruhe verspüren. Oder auch einen Impuls der Neugier und Hoffnung. Sobald Sie im Hintergrund Ihres Bewusstseins etwas Positives entdecken, konzentrieren Sie sich darauf, es in den Vordergrund zu rücken. Lernen Sie, wie es ist, Dinge vom Hintergrund in den Vordergrund Ihrer Aufmerksamkeit zu verschieben. Da unser Bewusstsein fast durchgängig etwas Angenehmes oder Nützliches für uns bereithält, ist es lohnenswert, sich mit solchen Verschiebungen vertraut zu machen, um sich das Positive nicht entgehen zu lassen. Und da die neuronale Codierung für das, was sich im Vordergrund unseres Bewusstseins befindet, besonders intensiv ist, erleichtert eine solche Verschiebung den Transfer in die Gehirnstrukturen. (Um die Verschiebung der Erfahrung vom Hintergrund in den Vordergrund einzuüben, führen Sie die

EIN GEFÜHL IN DEN VORDERGRUND DES BEWUSSTSEINS RÜCKEN

Diese praktische Übung behandelt das Verschieben eines bestimmten Teils unserer Erfahrungen, der *Gefühle*, vom Hintergrund in den Vordergrund des Bewusstseins.

Gefühle aufspüren – Während Sie dies lesen, sind verschiedene Gefühle im Hintergrund Ihres Bewusstseins tätig, die mit diesem Buch oder anderen Dingen zu tun haben. Sie können unterschiedlich stark ausgeprägt und eventuell auch negativ sein, doch vermutlich hat zumindest eines dieser Gefühle einen positiven Charakter. Dabei könnte es sich um Gelassenheit, Zuversicht, grundlegendes Wohlbefinden oder Gefühle der Sympathie für einen anderen Menschen handeln. Gehen Sie für einen Augenblick in sich und spüren Sie dem nach, was sich im Hintergrund Ihres Bewusstseins regt. Suchen Sie sich ein Gefühl, das Ihnen gefällt, und rücken Sie es in den Fokus.

Gefühle anreichern – Sobald sich ein Gefühl im Vordergrund Ihres Bewusstseins befindet, halten Sie an ihm fest, steigern Sie nach Möglichkeit seine Intensität und spüren Sie diesem Gefühl in Ihrem Körper nach.

Gefühle in sich aufnehmen – Lassen Sie sich von diesem Gefühl vollkommen durchdringen. Öffnen Sie sich ihm und nehmen Sie es auf.

Übung »Ein Gefühl in den Vordergrund des Bewusstseins rücken« aus, siehe Kasten, S. 110.)

Um an etwas Gutem im Vordergrund festzuhalten, dürfen Sie sich nicht von Dingen im Hintergrund ablenken lassen. Schenken Sie ihnen einfach keine Beachtung, ohne sich gegen sie zu sträuben oder ihnen nachzujagen. Wenn Sie wollen, können Sie ihnen später noch Beachtung schenken. Oder Sie lassen sie einfach gehen.

Mögen statt wollen

Sobald Sie eine positive Erfahrung machen, entsteht der natürliche Wunsch, an ihr festzuhalten. Doch wenn Sie dies tun, befinden Sie sich nicht mehr im Flow dieser Erfahrung, sondern entfernen sich von ihr, indem Sie versuchen, sie »einzufrieren« und zu besitzen. Und das ist keine gute Erfahrung mehr. Es ist wie beim Musikhören. Wenn Sie versuchen, eine großartige Stelle in Ihrem Kopf zu wiederholen, während die Musik weitergeht, dann verlieren Sie den Kontakt zu ihr und der Genuss schwindet. Deshalb kommt es auf die *Kunst* an, die gute Erfahrung zu *mögen*, ohne sie zu *wollen*.

»Mögen« heißt auch »schätzen« und »genießen«. Mit »wollen« meine ich alles von Getriebenheit, Beharrlichkeit, innerem Zwang, Druck und Gier bis hin zu sozialer Bindung, Sehnsucht und Verlangen. In unserem limbischen System und im Hirnstamm werden das Mögen und das Wollen durch verschiedene miteinander verbundene Schaltkreise gesteuert. Das bedeutet, dass man Dinge mögen kann, ohne sie zu wollen. Zum Beispiel kann man sich nach einer ausgiebigen Mahlzeit ein Eis zum Dessert verkneifen, obgleich man durchaus Lust darauf hätte. Andere Dinge kann man wollen, ohne sie zu mögen. Ich habe schon Leute gelangweilt und teilnahmslos am Spielautomaten sitzen sehen. Immer und immer wieder haben sie ihn in Gang gesetzt, doch nicht einmal zwischenzeitliche Gewinne schienen sie zu interessieren.

Dass wir Annehmlichkeiten mögen, ist völlig normal und in Ordnung. Schwierig wird es erst dann, wenn wir Dinge wollen, die nicht gut für uns oder für andere sind. Wenn wir zum Beispiel einen Drink zu viel trinken oder einen Streit auf Teufel komm raus gewinnen wollen. Schwierigkeiten entstehen auch dann, wenn wir Gutes wollen, aber mit unguten Mitteln zu erreichen versuchen. Wenn ich zum Beispiel zu schnell fahre (schlecht), um rechtzeitig zur Arbeit zu kommen (gut). Und ehrlich gesagt halte ich das Wollen an sich für eine problematische Erfahrung. Überlegen Sie, wie es sich anfühlt, ein starkes Verlangen zu haben oder unbedingt ein Ziel erreichen zu wollen. Etwas zu wollen hat wenig mit Inspiration, Sehnsucht, Leidenschaft oder Hingabe zu tun. Können wir lang anhaltende harte Arbeit verrichten, ohne uns getrieben zu fühlen? Da das Wollen mit einem Defizit oder einem Mangel einhergeht, aktiviert es den reaktiven Modus unseres Gehirns, was uns unter Stress setzt. Es gibt ein Sprichwort: *Mögen ohne Wollen ist der Himmel, Wollen ohne Mögen die Hölle.*

Die Kunst besteht darin, die Erfahrung zu genießen, wenn sie durch einen hindurchgeht, ohne sich an sie zu klammern, und gute Ziele mit guten Mitteln anzustreben, ohne sich getrieben zu fühlen. Wenn Sie etwas Gutes in Ihrer Erfahrung bemerken, dann versuchen Sie dieses behutsam zu fördern und auszubauen, ohne es krampfhaft festhalten zu wollen. Unser Gehirn neigt dazu, nach neuen Objekten unseres Willens Ausschau zu halten. Doch indem wir wiederholt die Erfahrung in uns aufnehmen, etwas zu mögen, ohne es zu wollen, können wir dieser Neigung entgegenwirken.

Niedrig hängende Früchte

Es ist wirklich bemerkenswert zu erkennen, dass nahezu jede Erfahrung positive Elemente in sich trägt. Sofern man nicht gerade von etwas Schrecklichem überwältigt ist, finden sich im Strom unseres Bewusstseins stets Anteile einer Ruhe, Zufriedenheit und Liebe, nach der wir uns immer gesehnt haben.

Mit ein wenig Aufmerksamkeit sind wir den ganzen Tag hindurch in der Lage, positive Erfahrungen zu sammeln. Sie sind wie niedrig hängende Früchte, wir müssen sie nur bemerken. Und sobald wir von ihnen Notiz nehmen – mmh, lecker! Die meisten guten Erfahrungen, die wir bereits gemacht haben, sind wie kleine süße Kirschen – ein entspanntes Atemholen, eine gute Absicht, ein hübscher Anblick oder das gemeinsame Lachen mit einem Freund. Wann immer wir wollen, können wir an diesen Erfahrungen »knabbern« und uns von ihnen nähren, wir müssen Sie nur zur Kenntnis nehmen.

Sogar die Bewusstheit selbst, ein Raum, der alle Arten unseres Erlebens birgt, hat eine positive Qualität, die jederzeit spürbar ist. Der Fernsehschirm bleibt unverändert, ob nun schöne oder hässliche Bilder darauf zu sehen sind. So kann auch die Bewusstheit – das, was uns bewusst ist – nicht durch das beeinträchtigt oder zerstört werden, was sie erzeugt hat. Das verleiht der Bewusstheit etwas Ruhiges und Beständiges. Selbst wenn wir niedergeschlagen sind oder großes Leid erdulden müssen, können wir Zuflucht und Erleichterung in dem finden, was alle schwierigen Aspekte unserer Psyche in sich birgt.

Das Gute in uns aufnehmen

Es gibt zwei Möglichkeiten, Schritt 1 durchzuführen: eine positive Erfahrung bemerken, die bereits im eigenen Bewusstsein vorhanden ist, oder diese erschaffen.

Man kann eine positive Erfahrung im Vorder- oder im Hintergrund des eigenen Bewusstseins machen. Schenken Sie den Erfahrungen im Hintergrund besondere Aufmerksamkeit, weil dies Ihre Möglichkeiten vermehrt, Gutes in sich aufzunehmen. Seien Sie sich der verschiedenen Bestandteile der eigenen Erfahrung bewusst. Dazu gehören Gedanken, Sinneswahrnehmungen, Emotionen, Wünsche und Handlungen. Sie alle lohnt es, in sich aufzunehmen.

Gedanken umfassen ebenso stumme Selbstgespräche wie Bilder, Erwartungen, Perspektiven, Pläne und Erinnerungen. Emotionen bestehen aus veränderbaren Gefühlen und dauerhaften Stimmungen; die wiederholte Aufnahme bestimmter Gefühle kann eine verwandte Stimmung verändern. Sehnsüchte umfassen unsere Hoffnungen, Absichten, Moralvorstellungen und Bedürfnisse. Handlungen schließen unser Benehmen, unsere Neigungen und Fertigkeiten mit ein.

Unser Gehirn hat verschiedene Systeme für Mögen und Wollen. Demzufolge ist es möglich, etwas zu mögen, ohne es zu wollen. Wenn wir positive Erfahrungen machen, jedoch nicht versuchen, unbedingt an ihnen festzuhalten, können wir sie noch mehr genießen, weil wir frei sind vom Druck und der Getriebenheit, sie unbedingt bewahren zu müssen.

Das Registrieren guter Erfahrungen verschafft uns tagtäglich viele Gelegenheiten, Gutes in uns aufzunehmen. Schon das Registrieren der eigenen Bewusstheit bietet Gelegenheit für eine gute Erfahrung, da sie von Natur aus friedvoll ist und durch das, was sie durchdringt, nicht beschmutzt oder beschädigt werden kann.

Kapitel 6
Positive Erfahrungen schaffen

Im vorherigen Kapitel haben wir untersucht, wie man eine gute Erfahrung bemerkt, die im Bewusstsein bereits präsent ist. Der andere Weg, eine gute Erfahrung zu machen, besteht darin, selbst eine zu *erschaffen*. Wie man das macht, werden wir uns in diesem Kapitel genauer ansehen. Eine positive Erfahrung zu erschaffen ist im Prinzip nicht schwieriger, als sich nach etwas umzusehen, das man schön findet, oder an etwas zu denken, das einen glücklich macht. Oft tut man dies nur, weil es sich gut anfühlt. Andere Male muss man sich die Erfahrung innerer Stärke ins Gedächtnis rufen, um einer Herausforderung zu begegnen. Kommt es bei einem Flug zu heftigen Turbulenzen, atmen wir tief durch, um uns zu beruhigen. Und wenn uns jemand auf der Straße die Vorfahrt nimmt, versuchen wir, dies nicht persönlich zu nehmen.

Ob wir dies einfach tun, um uns gut zu fühlen oder um eine Herausforderung zu bestehen: Die Fähigkeit, nützliche Gemütsverfassungen zu aktivieren – auf unserem inneren iPod den Song zu hören, den *wir* hören wollen –, ist für psychologische Heilungsprozesse, alltägliches Wohlbefinden, Effektivität, persönliches Wachstum und spirituelle Praxis eine unabdingbare Voraussetzung. Nichtsdestotrotz fällt es vielen Menschen zunächst schwer, positive Erfahrungen in sich wachzurufen – vor allem solche, die in bestimmten Situationen und angesichts konkreter Bedürfnisse besonders nützlich wären. Wenn man sich beispielsweise gestresst fühlt, kann es einiger Übung bedürfen, um ein Gefühl der Entspannung in seinem Körper zu erzeugen. Wer verletzt wurde, wird unter Umständen eine Weile brauchen, um sich einen Freund ins Gedächtnis zu rufen und sich gesehen und wertgeschätzt zu fühlen.

VON DER IDEE ZUR VERKÖRPERTEN ERFAHRUNG

Es gibt verschiedene Wege, um *Gedanken* über gute Tatsachen zu guten Gefühlen, Empfindungen, Sehnsüchten und Handlungen zu machen, die mit ihnen verwandt sind:

Seien Sie sich Ihres Körpers ebenso bewusst wie der guten Tatsache.

Besänftigen und öffnen Sie Körper und Geist, um die Tatsache in sich aufnehmen zu können.

Denken Sie an Aspekte guter Tatsachen, die positive Emotionen, Empfindungen, Sehnsüchte und Handlungen auslösen.

Seien Sie nett zu sich selbst – als folgten Sie einer inneren Stimme, die Ihnen sagt: *»Mach weiter, alles ist wahr und du darfst dich darüber freuen.«*

Stellen Sie sich dieselbe gute Tatsache im Leben eines Freundes vor. Welche Erfahrung würden Sie ihm wünschen? Und würden Sie sich diese Erfahrung selbst wünschen?

Versuchen Sie dies mit verschiedenen Erfahrungen. Wenn Sie eine hohe Mauer erblicken, fühlen Sie sich geschützt. Geben Sie sich dem Gefühl der Erleichterung hin, wenn Sie einen harten Arbeitstag hinter sich haben. Der Gedanke an die bewältigten Aufgaben soll Ihnen ein neues Selbstwertgefühl vermitteln. Und die Gemeinschaft mit anderen ein Gefühl der Zugehörigkeit.

Die Gemütsverfassungen, die uns am meisten zugutekommen, sind oft am schwierigsten zu erzeugen. Doch Übung macht auch hier den Meister. Und wer die selbst erschaffenen Erfahrungen erst einmal verinnerlicht hat, dem stehen sie später in allen Wechselfällen des Lebens nach Bedarf zur Verfügung.

Lassen Sie uns mehrere Wege erkunden, gute Erfahrungen zu erschaffen, und zu jedem Weg mehrere Beispiele finden. Viele dieser Methoden beruhen auf dem Finden guter Tatsachen. Sie brauchen sich nichts auszudenken. Sie sehen die *Wahrheit*, die objektive Realität. Das Erkennen positiver Tatsachen heißt nicht, dass die negativen geleugnet werden. Sie konzentrieren sich einfach auf die Tatsachen, die am besten dazu geeignet sind, eine gute Erfahrung hervorzurufen.

Oft sehen wir gute Tatsachen, haben aber kein Gefühl dafür. Dieser scheinbar kleine Schritt – von der Idee zur verkörperten Erfahrung – ist äußerst wichtig, denn ohne ihn lässt sich nicht viel im Gehirn installieren. Was die Bildung neuronaler Strukturen anbelangt, kommt es weder auf das Ereignis an sich noch die äußeren Umstände an, sondern einzig und allein auf Ihre persönliche *Erfahrung*. Etwas zu wissen, ohne etwas zu fühlen, ist wie ein Menü und eine Mahlzeit. Für die verschiedenen Möglichkeiten, gute Tatsachen in gute Erfahrungen umzumünzen, beachten Sie den Kasten »Von der Idee zur verkörperten Erfahrung« (S. 116).

Das Hier und Jetzt

Es ist fast immer möglich, dem Hier und Jetzt etwas Positives abzugewinnen. Schauen Sie sich um. Entdecken Sie irgendetwas in Ihrer Umgebung, das Sie anspricht und Ihnen ein gutes Gefühl beschert? Hören Sie etwas, das Sie mit Freude und Zuversicht erfüllt? Berühren Sie etwas – einen Stuhl, Kleidung oder die Seiten eines Buches –, über dessen Existenz Sie sich freuen? Sind Menschen in der Nähe, die Sie mögen und wertschätzen?

Beachten Sie auch die kleinen, unscheinbaren Dinge, die Sie sonst übersehen. Als ich diese Worte schrieb, habe ich meine eigene Aufmerksamkeit der Tastatur zugewandt (Erkennen einer guten Tatsache) und sofort daran gedacht, was für eine raffinierte und nützliche Erfindung sie doch ist (eine gute Erfahrung machen). Auf meiner persönlichen Dankbarkeitsskala rangiert die Tastatur ungefähr auf der 1, dennoch ist es eine positive Erfahrung. Ich benutze Tastaturen seit 40 Jahren, habe aber bis jetzt nie etwas Besonderes dabei empfunden. In all den Jahren habe ich also eine Gelegenheit verpasst, die ich unmittelbar vor Augen hatte. Doch lange übersehene Dinge haben eine besondere Qualität: Sobald man sie endlich wahrnimmt, vervielfacht sich der Effekt, und in der Zukunft wird man ihnen umso mehr Aufmerksamkeit schenken.

Hier ist die Geschichte einer Frau, die ihre altbekannte Umgebung plötzlich mit neuen Augen sah: »*Ich wohne in Detroit, wo 40 Prozent der Fläche von den Menschen verlassen wurde. Ich lebe also quasi in freier Natur inmitten städtischer Ruinen. Als ich mich neulich in dieser ›urbanen Prärie‹ aufhielt, blieb ich plötzlich wie gebannt stehen, als ich einen Baum voller lärmender Vögel bemerkte. Ich schaute auf und ließ mich von dem Anblick und den Geräuschen vollkommen gefangen nehmen. Als Nächstes nahm ich das ferne Rauschen einer Schnellstraße wahr. Das Zwitschern der Vögel und das Brummen der Autos vereinigten sich zu einer neuartigen Symphonie. Momente wie dieser haben mir geholfen, die Welt mit neuen Augen zu sehen. Und wenn ich jetzt manchmal sehe, wie ein verlassenes rotes Backsteinhaus in der späten Nachmittagssonne aufleuchtet, dann denke ich, dass sich die Schönheit dieses Anblicks kaum in Worte fassen lässt.*«

Jüngste Ereignisse

In den letzten Tagen haben sich manche Dinge ereignet, die prädestiniert dafür sind, Ihnen ein gutes Gefühl zu verschaffen. Denken Sie nur an den Genuss, sich am Morgen Wasser ins Gesicht zu spritzen oder Ihren Kopf am späten Abend auf ein weiches Kissen zu betten. Und wie steht es mit Tätigkeiten, die Sie erledigt oder vollendet haben, mit der Wäsche, die Sie gewaschen, und den Mails, die Sie beantwortet haben? Einen Sinn in alltäglichen Dingen zu finden, ist ein guter Weg, um positive Erfahrungen zu kreieren. Vermutlich haben Sie in den letzten 24 Stunden etwas Leckeres gegessen, jemandem eine Freude gemacht oder einen Vogel singen gehört. Vor dem Einschlafen könnten Sie zumindest eines dieser schönen Dinge noch ein wenig auf sich wirken lassen. Jemand hat mir einmal erzählt, er tue dies bereits seit fast einem Jahr: *»Am Neujahrstag habe ich bei mir zu Hause eine Box für gute Nachrichten aufgestellt. Jeden Tag werfe ich einen Zettel hinein, auf dem etwas Positives steht, das ich erlebt habe. An Silvester werde ich sie alle lesen. Wenn jetzt etwas Schönes in meinem Leben geschieht, und sei es noch so unbedeutend, dann nehme ich dies bewusst wahr, statt geschäftig darüber hinwegzugehen.«*
Denken Sie auch an die vielen, *vielen* Dinge, die hätten schiefgehen *können*, aber nicht schiefgegangen sind – Sie hatten keinen Unfall auf dem Weg zur Arbeit, haben einen Großteil Ihres Geschirrs heil gelassen und sich auch keine fiebrige Erkältung eingefangen, mit der Sie hätten das Bett hüten müssen. Diese Art positiver Tatsachen nehmen wir aus zwei Gründen nicht zur Kenntnis: Zum einen fehlt ein Stimulus, um die Aufmerksamkeit auf ein Ereignis zu lenken, das nicht stattfindet. Zum anderen bleiben wir im Alltag in der Regel von einer Flut schlechter Nachrichten verschont – glücklicherweise. Das Gehirn filtert Dinge heraus, die sich nicht ändern, was ebenso das

Brummen des Kühlschranks wie die regelmäßige Abwesenheit von Katastrophen betrifft. Während dieser auch *Habituation* genannte Gewöhnungsprozess ein effizienter Gebrauch neuronaler Ressourcen ist, führt er doch dazu, dass wir Gelegenheiten für gute Erfahrungen versäumen. Versuchen Sie sich zumindest einmal am Tag eine Situation ins Gedächtnis zu rufen, die ein richtiges Desaster hätte werden können, und nehmen Sie sich dann einen Moment Zeit, um die Tatsache zu genießen, dass es anders kam.

Anhaltende Umstände

Im Gegensatz zu flüchtigen Ereignissen sind viele gute Dinge verlässlich und stabil – auch diese Tatsachen machen sie zu guten Erfahrungen. In diesem Moment existieren viele Orte und Plätze, die Ihnen besonders am Herzen liegen. Wenn ich beim Zahnarzt bin, denke ich beispielsweise an die Wiesenlandschaften Tuolumne Meadows im Yosemite-Nationalpark, sehe die Granitfelsen vor mir und höre den sanften Wind in den Kiefern säuseln. Angenehme und sympathische Menschen haben an Ihrem Leben teil und wünschen Ihnen Gutes. Sehen Sie sich zu Hause um, von der Toilette bis zur Küche, und nehmen Sie Dinge zur Kenntnis, die auch weiterhin *existieren* werden. Sprechen Sie ruhig ihre Namen laut aus: »*Diese Spüle hier wird auch morgen für mich da sein... diese Kleider ebenso... diese Wände werden immer noch gestrichen sein... dieser Tisch und diese Lampe werden mir weiterhin gute Dienste leisten.*«
Denken Sie in immer größeren Dimensionen und führen Sie sich die vielleicht nicht perfekten, aber doch positiven Aspekte der Gesellschaft vor Augen, in der Sie leben. Dabei handelt es sich hoffentlich um einen demokratischen Rechtsstaat, der sich von vielen Unrechtsregimen unterscheidet, die es in der Geschichte so häufig gegeben hat und immer noch gibt. Den-

ken Sie daran, wie leicht wir heutzutage Zugang zu Kultur und Unterhaltung haben. Welche Segnungen uns der wissenschaftlich-technologische Fortschritt beschert hat: Kühlschränke, Flugreisen, Toiletten mit Wasserspülung, Aspirin, das Internet. Des Weiteren können wir die Gaben der Natur genießen: die treibenden Wolken am Himmel und das Geräusch der Wellen, die an den Strand schlagen. Hier habe ich ein wunderbares Beispiel: *»In der Nähe meines Hauses befindet sich ein Berghang, der den Großteil des Jahres mit Blumen bedeckt ist. Wenn ich mich an meinem Arbeitsplatz in einem Bürogebäude befinde, weiß ich, dass die Schönheit dieses Hangs immer noch da ist und auch in diesem Moment all seine Farbenpracht entfaltet. Ich sehe die Eichhörnchen vor mir, die über die moosbedeckten Felsen flitzen. Zu diesen Gedanken nehme ich hin und wieder Zuflucht, wenn ich mich in einem Meeting befinde.«*

Natürlich verändern sich die äußeren Umstände – auf den Herbst folgt der Winter, erwachsene Kinder gehen aus dem Haus, geliebte Menschen sterben –, und auch positive Dinge können negative Begleiterscheinungen haben, zum Beispiel die langen Arbeitszeiten, die ein lukrativer Job mit sich bringt. Dennoch können wir uns die positiven Aspekte immer wieder vor Augen führen und daraus Gefühle der Sicherheit, Dankbarkeit, Zufriedenheit und Erleichterung ableiten.

Unsere persönlichen Qualitäten

Jeder von uns verfügt ohne jeden Zweifel über große persönliche und charakterliche Qualitäten. Über Eigenschaften und Fähigkeiten wie Fairness, Humor, spezifische Begabungen etc. Sich diese Tatsache vor Augen zu führen, bereitet uns ein gutes Gefühl und wirkt Empfindungen wie Unzulänglichkeit oder Scham entgegen. Derlei positive Gefühle sich selbst gegenüber haben nichts mit Einbildung oder Dünkel zu tun; je größer unser Selbstwertgefühl, desto weniger haben wir es nötig, andere zu beeindrucken.

Man muss weder ein Heiliger noch ein Held sein, um positive Eigenschaften zu haben; wir alle haben welche! Doch kann es schwierig sein, sich diese selbst zu attestieren, wenn man von Selbstzweifeln und Schuldgefühlen geplagt wird.

Führen Sie sich die positiven Qualitäten einer Freundin vor Augen, vielleicht ihre Ehrlichkeit und Herzlichkeit und auch manche liebenswerte Eigenart. Wäre es fair, ihr diese Qualitäten abzusprechen? Und denken Sie auch daran, wie sehr sie davon profitiert, dass andere ihre positiven Eigenschaften zu schätzen wissen. Richten Sie jetzt den Fokus auf sich selbst. Sehen Sie Ihre eigenen Qualitäten? Das ist auch eine Frage der Gerechtigkeit: nicht nur bei anderen, sondern auch bei sich selbst die Wahrheit zu erkennen. Warum sollte es gut sein, die Vorzüge von Freunden zu erkennen, die eigenen jedoch zu leugnen? Die goldene Regel gleicht einer zweispurigen Straße: Wir sollten uns selbst genau so behandeln wie andere Menschen auch.

Vergegenwärtigen Sie sich Ihre eigenen Vorteile und Qualitäten wie Ausdauer, Geduld, Entschiedenheit, Empathie, Mitgefühl und Integrität. Lassen Sie auch Ihre Fähigkeiten nicht außer Acht, mögen Sie auch simpel erscheinen: eine Mahlzeit zuzubereiten, eine Tabelle zu erstellen oder ein guter Freund zu sein. Das alles sind Tatsachen, keine Erfindungen. Dass einem sogleich negative Gedanken oder Einschränken durch den Kopf gehen – dass man diese Fähigkeiten nicht immer besitzt oder sie von den negativen aufgewogen werden –, ist ganz normal. Nehmen Sie diese negativen Gedanken als das hin, was sie sind, ehe Sie sich wieder auf Ihre Vorteile und positiven Qualitäten besinnen. Überlegen Sie sich, was Ihre Freunde und Familienmitglieder an Ihnen mögen, schätzen und lieben. Oder stellen Sie sich vor, einen anderen Menschen zu betrachten, der so ist wie Sie. Was hat er oder sie anderen zu geben? Wofür kann man ihn oder sie respektieren und schätzen, vielleicht gar bewundern? Oder stellen Sie sich vor, wie die tollste und liebenswerteste Person des Universums Ihnen etwas über Ihre eigene Vortrefflichkeit ins Ohr flüstert.

Versuchen Sie wirklich, die *Wahrheit* über Ihre Vorzüge und Qualitäten anzuerkennen. Suchen Sie sich eine heraus und gewinnen Sie ein klares Bild von ihr. Vielleicht sind Sie ein hilfsbereiter Freund, ein guter Koch oder eine durch und durch zuverlässige Person. Was immer es ist, erkennen Sie diese Realität an. Lassen Sie aus diesem Wissen um Ihre Qualitäten Gefühle der Freude und Dankbarkeit entspringen. Leiten Sie ein neues Selbstwertgefühl daraus ab. Öffnen Sie sich diesen Gefühlen und lassen Sie sich von ihnen durchdringen. Bedenken Sie, wie sehr es Ihnen und anderen hilft, wenn Sie auf diese Weise gut über sich selbst denken. Wiederholen Sie diesen Prozess, indem Sie sich Ihre anderen guten Eigenschaften vor Augen führen. Nehmen Sie das Bewusstsein in sich auf, ein fundamental guter Mensch zu sein.

Diese Frau hat das Gute, das sie über die Qualität ihrer Arbeit empfand, in sich aufgenommen: *»Jeder Facharzt hegt zuweilen Zweifel über die eigene Kompetenz. Um dem entgegenzuwirken, habe ich Fortschritte und Erfolge stets bewusst in mich aufgenommen. Beispielsweise die Dankbarkeit eines wegen Schizophrenie behandelten Patienten, den andere bereits aufgegeben hatten. Als er allmählich begann, sein altes Leben wieder aufzunehmen, sagte er mir, wie sehr er unsere gemeinsamen Therapiesitzungen geschätzt habe. Je mehr reale Beispiele für meine Kompetenz ich zur Kenntnis genommen habe, desto leiser wurde das negative Tonband in meinem Kopf und desto besser und glücklicher fühlte ich mich.«*

Die Vergangenheit

Eine wertvolle Quelle guter Erfahrungen ist die Schatztruhe der Vergangenheit. Wenn ich vor einer schwierigen Herausforderung stehe, dann erinnere ich mich manchmal daran, wie ich beim Bergklettern einen schwierigen Überhang gemeistert habe (Tatsache), was mich mit Entschlossenheit und Energie erfüllt (Gefühle). Wer einen beruflichen Misserfolg zu verkraften hat, der sollte sich vergangene Erfolge in Erinnerung rufen. Und wer sich übermäßig kritisiert fühlt, mag an die gemeinsame Zeit mit Freunden oder an das Gefühl denken, gemocht und geschätzt zu werden.

Manchmal fließen die Erinnerungen ineinander. Im Laufe der Jahre habe ich Hunderte von Stränden besucht, und wenn ich mir jetzt vorstelle, am Meer zu sein, dann sehe ich keinen bestimmten Strand vor mir, empfinde jedoch das Gefühl von Freiheit und Weite. Vielleicht haben Sie ja vage Erinnerungen an einen bestimmten Lebensabschnitt. Eine finanzielle Krise gemeistert zu haben kann positive Gefühle von Widerstandskraft und Durchhaltevermögen hervorrufen. Exakte Erinnerungen sind hierfür nicht notwendig. Man kann sich auch alte Fotos von Orten ansehen, an die man keine persönliche Erinnerung hat, oder sich Geschichten aus der eigenen Kindheit erzählen lassen, um sich die guten Gefühle zu vergegenwärtigen, die man gehabt haben muss. Ich weiß zum Beispiel ganz genau, dass ich als Erstgeborener in meiner Familie, nachdem meine Mutter mehrere Fehlgeburten erlitten hatte, wirklich gewollt und geliebt worden bin. Heute stelle ich mir vor, was für ein Gefühl es gewesen sein muss, von meinen Eltern dermaßen gehätschelt worden zu sein. Wer sich der Vergangenheit erinnert, mag dies auch mit einem melancholischen Gefühl der Vergänglichkeit tun, was vollkommen in Ordnung ist. Doch geben Sie sich nicht zu sehr Empfindungen des Bedauerns oder des Verlusts hin. Sie ehren Ihre Vergangenheit, wenn Sie sich an die schönen Dinge erinnern.

Die Zukunft

Die Zukunft birgt eine weitere Schatztruhe voller potenziell guter Erfahrungen, ganz gleich, ob Sie sich jetzt schon darüber freuen, am Abend Ihre engen Schuhe ausziehen zu können, oder voller Vorfreude dem nächsten Sommerurlaub entgegen-blicken. Diese mentalen Zeitreisen werden durch sogenannte kortikale Midline-Strukturen ermöglicht, einem bedeutenden Schritt in der evolutionären Gehirnentwicklung, der unsere Vorfahren in die Lage versetzte, effektiver planen zu können. Nehmen Sie sich einen Moment Zeit, um sich etwas Schönes vorzustellen, das im Laufe des Tages geschehen wird, und ma-chen Sie daraus ein positives Erlebnis für sich. Malen Sie sich schöne Erlebnisse der Zukunft aus, in der Sie in einer schwie-rigen Beziehung anders reden und handeln. Oder stellen Sie sich eine grundsätzliche Änderung in Ihrem Leben vor, die Sie sich schon lange vorgenommen hatten, etwa den Arbeitsplatz zu wechseln oder regelmäßig zu meditieren.

Gutes mit anderen teilen

Studien belegen, dass sich gute Erfahrungen intensivieren, wenn wir mit anderen darüber reden. Menschen sind die so-zialsten Wesen auf diesem Planeten. Wir besitzen hoch entwi-ckelte neuronale Netzwerke für Empathie, also die Fähigkeit, uns in andere Menschen hineinzuversetzen. Wenn zwei oder mehr Leute eine positive Erfahrung teilen, springen die gu-ten Gefühle in einer Art Kettenreaktion hin und her. Wie John Milton in *Das verlorene Paradies* geschrieben hat: »Das Gute ist umso ergiebiger vorhanden, desto mehr wir darüber reden.«

Sie können mit jemand anderem über eine gemeinsame Erinnerung reden, vielleicht über eine lustige Episode oder eine harte Zeit, die man zusammen durchgestanden hat. Natürlich kann man sich auch gemeinsam an der Gegenwart erfreuen, seinem Partner beispielsweise »wie schön« ins Ohr flüstern, während man seinen Kindern beim Spielen zusieht, oder beim Anblick des Sonnenuntergangs oder dem Genuss eines leckeren Desserts ein Lächeln miteinander teilen. Und natürlich kann man fröhlich Zukunftspläne schmieden, angefangen von der Planung für den nächsten Samstag bis hin zu der Frage, wo man mal leben möchte, nachdem man in Rente gegangen ist.

Das Gute im Schlechten finden

Im Jahr 2011 wurde durch ein routinemäßiges Hautscreening ein malignes Melanom an meinem rechten Ohr festgestellt. Mein Schwager war kurz zuvor an Hautkrebs gestorben. Während ich mir Gedanken über Behandlungsmethoden und dergleichen machte, fühlte ich mich in tieferen Schichten meines Bewusstseins wie ein kleines Tier, das sich zitternd zusammengerollt hat. Zehn Tage saß ich regelrecht auf glühenden Kohlen, ehe ein Test zeigte, dass sich noch keine Metastasen gebildet hatten. Nichtsdestotrotz muss ich mit einem erhöhten Rückfallrisiko leben. Und natürlich könnte ich die ganze Angelegenheit in einem düsteren Licht betrachten, könnte mich ständig bedrückt fühlen, dass der Hautkrebs weiterhin wie ein Damoklesschwert über meinem Kopf hängt. Aber das tue ich nicht. In der Regel bin ich sogar froh darüber, dass alles so gekommen ist. Das macht mich noch empathischer kranken Menschen gegenüber und lässt mich mein eigenes Leben noch mehr genießen.

Wie wir Erfahrungen wahrnehmen, hängt maßgeblich davon ab, aus welcher Perspektive wir sie betrachten. Negativen Ereignissen einen positiven Sinn zu verleihen, wird auch als *Um-deutung* bezeichnet und hilft uns, mit schwierigen Ereignissen umzugehen beziehungsweise uns von ihnen zu erholen. Ich will damit nicht sagen, dass ein schwieriges Ereignis weniger schmerzvoll wird oder dass es okay ist, wenn andere Sie schlecht behandeln. Ich will vielmehr darauf hinaus, dass selbst die schlimmsten Erlebnisse Möglichkeiten für positive Erfahrungen bieten.

Denken Sie an harte Zeiten, die Sie selbst haben durchmachen müssen. Sind Sie in gewisser Weise gestärkt daraus hervorgegangen? Was haben Sie aus dieser Zeit gelernt? Was ist mit persönlichen Verlusten? Haben sie dazu geführt, dass Sie dankbarer für die Dinge sind, die Sie immer noch haben? Denken Sie an permanente Herausforderungen in Ihrem Leben. Haben die Sie zu grundsätzlichen Änderungen, etwa Ihres Lebensstils, veranlasst? Denken Sie an Menschen, deren Gegenwart nur schwer zu ertragen ist, und versuchen Sie sich die guten Absichten vorzustellen, die ihrem irritierenden Verhalten zugrunde liegen. Fragen Sie sich, was Sie aus dem Verhalten von Leuten gelernt haben, die Sie schlecht behandelt haben. Übernehmen Sie seither mehr Verantwortung für sich selbst? Oder stellen Sie sich vor, sich inmitten eines großen Veränderungsprozesses zu befinden. Welchen Gewinn für Ihr zukünftiges Leben werden Sie aus diesem Prozess ziehen?

Eine Frau entdeckte durch den Tod ihres Vaters einen Moment des inneren Friedens: *»Mein Vater, der Marinesoldat im Zweiten Weltkrieg war, tat an einem sonnigen Memorial Day (dem amerikanischen Volkstrauertag) seinen letzten Atemzug. Im selben Augenblick, in dem er starb, war das laute Geräusch eines Jagdfliegers zu hören. Kurz darauf war es vollkommen still im Raum. Ich war von einer großen Trauer erfüllt und wusste nicht, wie ich den Tod meines Vaters verkraften sollte. Dennoch war ich in gewisser Weise bezaubert von dem Gefühl* *der Liebe und des inneren Friedens, der im Raum spürbar war. Ich gab mich diesem Gefühl ganz hin und hatte das Gefühl, die Zeit wäre angehalten worden. Es war ein sehr intensiver Moment. Diese Erfahrung half mir, den schweren Trauerprozess, der folgte, zu bewältigen – und hilft mir immer noch. Wenn ich mich jetzt einmal einsam oder gestresst fühle, dann denke ich an diesen friedvollen Moment der inneren Ruhe und gebe mich ihm erneut ganz hin.«*

Fürsorge für andere

An einen Freund zu denken, nett über ihn zu sprechen und großzügig zu sein sind gute Gelegenheiten für positive Erfahrungen. Warmherzige Gedanken, Worte und Taten verschaffen uns in der Regel ein angenehmes Gefühl. Einer Studie zufolge wird unser Belohnungszentrum des Gehirns mehr aktiviert, wenn wir Geld für wohltätige Zwecke spenden, als wenn wir es für uns selbst behalten.

Die Fürsorge für andere setzt sowohl innere Erfahrungen als auch äußeres Verhalten voraus. Nach innen können Sie an jemanden denken, den Sie mögen. Nach außen können Sie einen Fremden anlächeln, durch eine Berührung Ihr Mitgefühl ausdrücken, ein Kind ins Bett bringen oder aufhören, Ihre Frau zu unterbrechen (woran ich selbst arbeite). Wollen Sie noch mehr Vorteile daraus schlagen, können Sie bereits die *Vorstellung* eines solches Verhaltens genießen, den Moment seiner Realisierung sowie die Erinnerung daran. Und möglicherweise hat Ihre Fürsorge zur Folge, dass die anderen sich ihrerseits mehr um Sie kümmern.

Hier der Bericht eines Mannes über eine liebevolle Erfahrung: *»Ich hielt meinen kleinen Enkel auf den Armen, wiegte ihn sanft hin und her und sang ihm etwas vor. Da schloss er die Augen, atmete ruhig und regelmäßig und schlief ein. Ich be-*

wahrte das Gefühl, etwas äußerst Kostbares in den Armen zu haben, für ein paar Minuten und ließ es ganz und gar in mich eindringen, damit es in mir fortbestehen kann. Ein faszinierendes Erlebnis.«

Gutes im Leben anderer erblicken

Eine Art der Fürsorge anderen gegenüber ist so wichtig, dass ich sie getrennt behandeln möchte. Unsere Vorfahren lebten in kleinen Gruppen zusammen, deren Individuen kooperieren mussten, um ihren Kindern und einander auch unter schwierigen Umständen das Überleben zu sichern. Die erworbene Fähigkeit, am Erfolg und der Freude anderer teilzuhaben, half ihnen vermutlich, die Bande der Fürsorge zu vertiefen, um die Existenz und Weitergabe ihrer Gene zu begünstigen. Sich für andere zu freuen, ist eine angeborene und machtvolle Neigung des menschlichen Herzens. Zudem verschafft uns diese Neigung zahllose Möglichkeiten, uns gut zu fühlen, da stets irgendwo jemand ist, der sich über etwas freut.

Denken Sie an eine positive Tatsache von jemand, der Ihnen am Herzen liegt. Prüfen Sie dann, ob Sie sich für diese Person freuen können. Die Freude am Schicksal anderer wird manchmal auch als *altruistische Freude* bezeichnet. Wenn Sie dafür nicht besonders empfänglich sind, versuchen Sie sich ein kleines Kind vorzustellen, vielleicht eines, das Sie kennen und das ein Geschenk auspackt, ein Eis isst oder mit einem Welpen spielt. Wenn sich andere Gefühle zu Wort melden, vielleicht Trauer über eigene Schwierigkeiten, ist das ganz normal. Nehmen Sie solche Empfindungen gelassen hin, doch richten Sie Ihre Aufmerksamkeit danach wieder auf etwas, das Ihnen Auftrieb gibt: in diesem Fall die Freude am Wohlergehen anderer. Versuchen Sie dies mit verschiedenen Menschen aus Ihrem Umfeld. Dann mit Personen, die Sie nicht kennen: Leuten auf der Straße oder in den Nachrichten oder anderen, die Ihrer Fantasie entspringen. Ich selbst liebe diese Übung, denn die Freude an anderen öffnet zum einen das Herz und ist zum anderen ein großartiger Weg, um Gefühlen wie Neid, Eifersucht und Böswilligkeit den Kampf anzusagen. Wenn Sie diese Übung durchführen, dann werden Ihre Gefühle, was alles in Ihrem Leben schiefläuft, durch warmherzige Gefühle ersetzt, die sich am guten Leben anderer erfreuen.

Sich gute Tatsachen vorstellen

Die kortikalen Midline-Strukturen, denen wir unsere einzigartigen Möglichkeiten der Rück- und Vorausschau zu verdanken haben, sind die neuronale Grundlage für unser wundervolles Kopfkino: die Einbildungskraft. Wenn Sie sind wie ich, ist es viel zu einfach, dieses Kino zu schlechten Zwecken zu benutzen, sich beispielsweise ein schmerzhaftes Erlebnis ein ums andere Mal anzusehen. Nutzen Sie es stattdessen für gute Zwecke und stellen Sie sich positive Dinge vor, die eintreten könnten – oder auch nicht.

Dinge, die wahr sein könnten

Ich selbst habe nie gesurft, doch liebe ich es, mir Videos von Surfern anzusehen, die es mit richtig hohen Wellen aufnehmen. Wenn ich mir vorstelle, selbst zu surfen, fühle ich mich inspiriert und voller Abenteuerlust. Vielleicht wird meine Fantasie nie Realität werden, doch möglich wäre es immerhin und somit eine potenzielle Quelle für eine positive Erfahrung.

Sie können diese Methode auf verschiedene Art und Weise anwenden. Stellen Sie sich eine geliebte Stimme vor, die Sie durch eine schwierige Situation begleitet. Falls Sie Begabungen haben, die nicht voll entwickelt sind, dann überlegen Sie, was Sie andernfalls hätten erreichen können. Hätten Sie gerne mehr

Körperkraft, stellen Sie sich vor, Sie hätten einen schwarzen Gürtel in Karate. Wären Sie gerne friedvoller, denken Sie sich, ein Mönch oder eine Nonne zu sein, die in einem Kloster religiöse Gesänge anstimmt. Seien Sie in jedem Fall realistisch, was Ihre Gefühle betrifft. Übertreiben Sie es nicht, denn das würde die Wirkung dieser Übung beeinträchtigen.

Dinge, die nicht wahr sein könnten

Sie können Ihr inneres Filmtheater auch benutzen, um Dinge zu imaginieren, die nie eintreten werden. Tief im emotionalen Erinnerungszentrum Ihres Gehirns führt fantasierte Erfahrung zur Ausbildung neuer neuronaler Strukturen. Die Methode ähnelt dabei derjenigen, die tatsächlich erlebte Erfahrung durchläuft. Sie benutzen diese Methode nicht, um sich selbst über einen Mangel hinwegzutäuschen oder in eine rosarote Welt zu flüchten, die Sie davon abhält, die Realität zu verbessern. Sie wissen immer noch, was wahr ist. Sie leiden nur weniger daran. Ich habe zum Beispiel Leute kennengelernt, die niemals die Fürsorge liebevoller Eltern erfahren haben. Sich auf diese Weise geliebt zu fühlen, ist für die gesunde Entwicklung der Psyche von großer Bedeutung. Andernfalls hinterlässt dieser Mangel ein verwundetes Herz. Für diese Menschen war es eine gewaltige Erfahrung, sich liebende Eltern vorzustellen und das Gefühl in sich aufzunehmen, geherzt und liebkost zu werden. Sie vergaßen damit nicht die wahren Umstände ihrer Kindheit. Doch sie schufen sich eine eigene Quelle, um zumindest die Ahnung dieser existenziellen Erfahrung zu bekommen – von fürsorglichen Eltern wertgeschätzt und geliebt zu werden. Und obwohl es natürlich keine Wunderheilung bewirkte, war diese Übung doch von unschätzbarem Wert für sie.

Produzieren guter Tatsachen

Jeder Tag birgt neue Möglichkeiten, um gute Tatsachen zu kreieren, und jede von ihnen bietet die Chance für eine positive Erfahrung. Man kann jemandem ein Kompliment machen, eine Blume in eine Vase stellen, Musik hören, zu Hause die Möbel anders anordnen oder einen neuen Weg zur Arbeit nehmen. Auch für den Körper lässt sich einiges tun: ein proteinhaltiges Frühstück zu sich nehmen, spazieren gehen, die Katze auf den Schoß nehmen oder das Kopfkissen neu beziehen. Der entscheidende Punkt ist dabei, sich nicht neue Verpflichtungen aufzuerlegen, sondern Tatsachen zu schaffen, die zu positiven Erfahrungen führen.

Sie können beispielsweise etwas tun, das Sie fröhlich macht. Eine Freundin von mir hat eine kleine Schachtel für ihre Handtasche angefertigt. Darin bewahrt sie Muscheln auf, die sie in Italien gesammelt hat, sowie ein Foto ihres Hundes und ein Kreuz. Wann immer ihr danach ist, öffnet sie die Schachtel und schaut hinein. Eine andere Freundin bewahrt ein Kindheitsfoto von sich selbst neben ihrem Führerschein auf. Wann immer sie die Fahrzeugpapiere in der Hand hält, erblickt sie also dieses süße kleine Mädchen.

Beschränkungen sind ein anderer Weg, um positive Tatsachen herbeizuführen. Eine dämliche Fernsehsendung lässt sich abstellen. Halten Sie sich nicht mit sinnloser Kritik auf. Und ärgern Sie sich allerhöchstens dreimal über Dinge, die Sie nicht ändern können. Wenn Sie sich von einer unliebsamen und verhassten Sache befreit haben, ist schon das ein Grund zur Freude. Nehmen Sie sich einen Moment Zeit, um dieses freudige Ereignis auszukosten, ehe Sie zur nächsten Beschäftigung übergehen.

Jeden Morgen können Sie sich auf eine positive Tatsache besinnen, die Sie an diesem Tag herbeiführen wollen. Wenn Ihnen das gelungen ist, genießen Sie die Erfahrung, die das mit sich bringt.

Das direkte Hervorbringen einer positiven Erfahrung

Wenn Sie erst einmal neuronale Spuren für positive Ereignisse gelegt haben, dann wird es einfacher, positive Befindlichkeiten willkürlich zu aktivieren, ohne an gute Tatsachen zu denken, die sie hervorrufen. Prüfen Sie, ob Sie ein gutes Gefühl sofort in sich wachrufen können. Versuchen Sie es zunächst mit einer Erfahrung, zu der Sie leichten Zugang haben. Vielleicht ein Gefühl der inneren Ruhe, Stärke oder Freude. Zu Beginn funktioniert das am besten, wenn Ihre Gedanken nicht durch Sorgen oder Stress gestört sind. Je mehr Übung Sie bekommen, desto leichter wird es Ihnen – unabhängig von Ihrem eigenen Befinden – fallen, die neuronalen Schaltkreise für positive Befindlichkeiten zu aktivieren. Zielsicher ergreifen Sie jetzt das Werkzeug, das Sie brauchen.

Das Leben als Möglichkeit betrachten

Im vorigen und in diesem Kapitel haben wir uns mit verschiedenen Wegen beschäftigt, Schritt 1 bei der Aufnahme des Guten umzusetzen: das Erleben beziehungsweise Aktivieren einer positiven Erfahrung. Diese sind:

Das *Registrieren* einer positiven Erfahrung, die bereits gegenwärtig ist:
- im *Vordergrund* des Bewusstseins oder
- im *Hintergrund* des Bewusstseins

Das *Erschaffen* einer positiven Erfahrung durch:
- das Finden guter Tatsachen in der *gegenwärtigen Situation*

- das Finden guter Tatsachen in *jüngsten Ereignissen*
- das Finden guter Tatsachen in *anhaltenden Umständen*
- das Finden guter Tatsachen in *persönlichen Qualitäten*
- das Finden guter Tatsachen in der *Vergangenheit*
- das Antizipieren guter Tatsachen in der *Zukunft*
- das *Teilen* des Guten mit anderen
- das Finden *des Guten im Schlechten*
- die *Fürsorge anderen gegenüber*
- das *Sehen des Guten im Leben anderer*
- das *Imaginieren* guter Tatsachen
- das *Produzieren* guter Tatsachen
- das *direkte Hervorrufen* guter Erfahrungen
- das *Betrachten des Lebens als Möglichkeit*

Auch in schwierigen Lebenssituationen sind wir von guten Tatsachen umgeben. Die Sonne ist aufgegangen, andere Menschen sind glücklich, das Essen riecht gut. Gute Tatsachen wirken in uns fort, beeinflussen Körper und Geist positiv und überzeugen uns von eigenen Fähigkeiten und Qualitäten. Selbst schlechte Tatsachen bieten in der Regel Möglichkeiten für gute Erfahrungen. Und es gibt viele Möglichkeiten, gute Erfahrungen zu sammeln, die mit keiner Tatsache verknüpft sind.

Manchmal ist es unmöglich, eine gute Erfahrung zu kreieren. Unsere Psyche kann durch quälenden Schmerz, drückende Depressionen oder Panikanfälle aus dem Gleichgewicht geraten sein. Dann bleibt uns nichts anderes übrig, als zu warten, bis der Sturm wieder abgeflaut ist, und sich selbst so gut wie möglich zur Seite zu stehen.

Doch ist es in den meisten Fällen möglich, eine gute Erfahrung zu erschaffen, indem man sich nach etwas umsieht, das einem gefällt, seine guten Absichten erkennt oder an jemanden denkt, den man liebt. Im Prinzip reicht es schon aus, eine bequemere Sitzhaltung einzunehmen. Allein das Wissen um die vielen Möglichkeiten, die jeder Tag birgt, ist eine gute Erfahrung. Denken Sie daran, wie Sie einem Freund oder jemandem, der sich in einer schwierigen Lage befindet, zu einer positiven Erfahrung verhelfen können. Vielleicht macht Sie das Wissen um diese Möglichkeit glücklich. Und dieselbe Möglichkeit haben Sie sich selbst gegenüber. Dies ist der auf Seite 134 letztgenannte Weg zu einer guten Erfahrung: das Leben als Möglichkeit zu betrachten.

Trotz aller Bedrängnisse sind Sie in der Regel in der Lage, positive Gedanken, Sinneswahrnehmungen Emotionen, Sehnsüchte und Handlungen zu begründen. Es steht ebenfalls in Ihrer Macht, die guten Erfahrungen zu nähren und zu fördern, um sie am Leben zu erhalten. Im nächsten Kapitel werde ich erklären, wie das genau funktioniert.

Das Gute in sich aufnehmen

In der Lage sein, positive Erfahrungen aus sich selbst heraus zu aktivieren – sich seiner inneren Stärke bewusst zu werden –, ist eine fundamentale Voraussetzung für unser Wohlergehen und unsere Leistungsfähigkeit im Alltag. Je mehr Übung wir haben, desto eher werden sich diese Erfahrungen und das Gefühl der inneren Stärke von selbst einstellen.

Um die Idee von einer guten Tatsache körperlich erfahrbar zu machen, horchen Sie in sich hinein und öffnen Sie sich bereitwillig den Tatsachen, die für gewöhnlich positive Emotionen, Empfindungen, Sehnsüchte und Handlungen generieren.

Gute Tatsachen finden sich in gegenwärtigen Situationen, jüngsten Ereignissen, anhaltenden Umständen, persönlichen Qualitäten, der Vergangenheit und dem Leben anderer. Auch gute Tatsachen lassen sich kreieren. Jede gute Tatsache ist die potenzielle Grundlage für gute Erfahrungen.

Weitere Wege, um positive Erfahrungen zu kreieren, sind die Imagination der Zukunft, das Teilen guter Erfahrungen mit anderen, das Finden des Guten im Schlechten, die Fürsorge anderen gegenüber, das Imaginieren guter – sowohl realistischer als auch unrealistischer – Tatsachen sowie das Hervorrufen positiver Erfahrungen.

Manchmal ist es einfach nicht möglich, eine gute Erfahrung zu machen. Doch in den allermeisten Fällen kann man sich ihre Gegenwärtigkeit bewusst machen oder sie erschaffen. Das Leben als Möglichkeit zu betrachten, ist eine weitere Quelle für gute Erfahrungen.

Kapitel 7
Gehirnbildung

Nehmen wir an, Sie wenden die Methoden der letzten beiden Kapitel an, fühlen sich entspannt und dankbar. Sie haben Schritt 1 vollzogen, um das Gute in sich aufzunehmen. Was jetzt?

Sie lassen die gute Erfahrung in Ihr Gehirn einsinken. An diesem Punkt kommen die Schritte 2 und 3 ins Spiel. In Schritt 2 *reichern* Sie die Erfahrung *an*, indem Sie bei ihr bleiben und sie in sich wachsen lassen. In Schritt 3 nehmen Sie die Erfahrung mit dem Gefühl und Bewusstsein in sich auf, dass sie ein Teil von Ihnen wird. Diese beiden Schritte installieren Erfahrungen in Ihrem Gehirn und verwandeln gute Befindlichkeiten in positive neuronale Merkmale.

Anreichern einer Erfahrung

Es gibt fünf Faktoren, die die Umwandlung von flüchtigen mentalen Erlebnissen in dauerhafte neuronale Strukturen fördern. Je größer die *Dauer, Intensität, Multiplizität der Modi, Neuheit* und *persönliche Relevanz* sind, desto besser gelingt die Speicherung im Gedächtnis. Jeder dieser Faktoren birgt die Möglichkeit, Neuronen aktiv werden zu lassen, damit die Synapsen mehr Verbindungen ausbilden, während Sie das Gute in sich aufnehmen. Wiederholte Episoden der Aufnahme des Guten vertiefen die neuronalen Spuren.

Die oberen Bereiche des Verstand/Gehirn-Systems können hochfliegende Fantasien, subtile mathematische Einsichten, reich strukturierte Gefühle sowie vorzügliche Bilder und Melodien hervorbringen, doch das Ausbilden neuer Gehirnstrukturen ist im Grunde ein mechanischer Prozess. Je mehr

Werkzeuge man besitzt, je öfter man sie benutzt und je mehr Sekunden verrinnen, während wir sie benutzen, desto größer ist die Masse neuer neuronaler Gehirnstrukturen. Und je größer diese Masse, desto besser. Außerdem ist es eine großartige Sache, fünf verschiedene Optionen zu haben, um unsere Erfahrungen anzureichern. Wenn eine gerade nicht funktionstüchtig ist, können Sie andere ausprobieren.

Dauer

Oft lassen wir gute Erfahrungen an uns vorbeiziehen. Versuchen Sie stattdessen, für mindestens fünf bis zehn Sekunden an ihnen festzuhalten. Je länger, desto besser. Sie können dieselben Methoden, mit denen Sie das Gute aktiviert haben, dazu benutzen, es immer und immer wieder zu aktivieren, um sich lebendig zu halten. Ein Mann schrieb mir sehr anschaulich, wie das bei ihm abläuft: *»Ich stelle mir vor, wie es ist, Schokoladenkuchen und Eis zu essen. Ich stelle mir nicht nur das Aroma, sondern auch die Konsistenz und Temperatur vor. Während ich das angenehme Gefühl auf mich wirken lasse, fantasiere ich, dass durch mein Gehirn kleine Smileys sausen, während ich den Geschmack genieße. Ich denke daran, diesen Genuss so weit ich kann auszudehnen und an ihm festzuhalten. Wenn andere Gedanken mich ablenken wollen, genehmige ich mir im Geiste einen weiteren Bissen. Ich versuche, für 30 Sekunden, eine Minute, mehrere Minuten und noch länger an dieser Erfahrung festzuhalten. Später, wenn irgendwas meine Konzentration beeinträchtigt, sage ich mir: Es ist Zeit für Kuchen und Eis!«*

Gönnen Sie sich eine gute Erfahrung. Geben Sie sich ihr ganz hin und verzichten Sie auf alles andere, so lange, wie Sie mögen. Liefern Sie sich ihr in einem guten Sinn ganz aus. Lassen Sie sich von ihr vereinnahmen. Schaffen Sie einen Raum

BEI EINER POSITIVEN ERFAHRUNG BLEIBEN

Richten Sie Ihre Aufmerksamkeit auf die Erfahrung und *halten* Sie an ihr *fest*. Das ist ein bisschen wie Schlittschuhlaufen. Man setzt zuerst den Schuh auf die Eisfläche, dann beginnt man zu gleiten und bleibt mit dieser Erfahrung in Verbindung. Von Zeit zu Zeit kann man seine Aufmerksamkeit erneuern und den Prozess von vorne beginnen.

Kontrollieren Sie auch Ihre Aufmerksamkeit, um sie erneuern zu können, falls Ihre Gedanken abschweifen. Sanfte Anweisungen an sich selbst – vielleicht eine innere Stimme, die Sie freundlich auffordert, bei der Sache zu bleiben – können Ihnen dabei helfen.

Um die Ablenkung durch innere Unruhe oder Stress zu reduzieren, atmen Sie tief durch, was den Parasympathikus Ihres Nervensystems aktiviert, der für Ruhe und Erholung zuständig ist.

Benennen Sie diese Erfahrung für sich, versehen Sie diese mit Adjektiven wie »ruhig« ... »entspannt« ... »sicher«. Wenn Sie leicht abgelenkt werden, versuchen Sie es mit besonders stimulierenden Erfahrungen. Dazu gehören körperliche Genüsse sowie vitalisierende Emotionen wie Lust, Verzückung, Begierde, ferner nahezu physische Regungen wie leidenschaftliche Entschlossenheit.

in Ihrem Inneren, in dem diese Erfahrung wohnen kann. Dass Ihre Erfahrung hin und wieder abschweift, ist ganz normal. Wenn Sie dies bemerken, richten Sie den Scheinwerfer Ihrer Aufmerksamkeit wieder auf die positive Erfahrung, ohne sich selbst für die Abschweifung zu kritisieren. Negative Erfahrungen, wie etwa unangenehme Gefühle oder Empfindungen, gesellen sich manchmal an die Seite der positiven. Nehmen Sie dies einfach hin und bleiben Sie bei der positiven Erfahrung. Sagen Sie sich, dass Sie über andere Dinge später noch nachdenken können. Versuchen Sie auch, die nachfolgenden Vorschläge im Kasten »Bei einer positiven Erfahrung bleiben« (S. 139) umzusetzen.

Intensität

Wenn die Intensität einer Erfahrung zunimmt, erhöht sich auch die Ausschüttung des Neurotransmitters Noradrenalin, der die Bildung neuer Synapsen fördert. Je mehr neue Synapsen entstehen, desto nachhaltiger wird die Erfahrung in die Textur des Gehirns eingewoben. Und wenn diese Erfahrung noch angenehmer wird – beziehungsweise noch lohnender, als Ihr Gehirn erwartet hat, weil Sie diese Erfahrung sorgsam intensiviert und sich der Aufnahme des Guten geöffnet haben –, dann steigt auch der Dopaminlevel, der ebenfalls die Bildung neuer Synapsen unterstützt. Die Intensität einer angenehmen Erfahrung bestimmt also darüber, in welchem Umfang dauerhafte neuronale Strukturen entstehen. Was bedeutet, dass die Verstärkung und Intensivierung positiver Erfahrungen ein großartiger Weg ist, um anhaltenden Nutzen daraus zu ziehen. Um dies in die Tat umzusetzen, lassen Sie die positive Erfahrung in Körper und Geist voller, reicher und größer werden. Lassen Sie sich von ihr durchdringen und intensivieren Sie sie nach Kräften. Seien Sie sich bewusst, wie lohnenswert diese Erfahrung ist, welches Wohlgefühl sie in Ihrem Körper auslöst oder wie sehr es Sie berührt, wenn jemand freundlich zu Ihnen ist. Sie können auch ein wenig schneller atmen oder ein Gefühl dafür entwickeln, Ihren Körper mit Energie aufzuladen. Vielleicht schließen Sie die Augen oder vergegenwärtigen sich etwas Unveränderliches, damit Sie sich ganz dieser wundervollen Erfahrung widmen können. Mag sie auch recht unspektakulär sein – wie stille Heiterkeit, Zugehörigkeit und Zufriedenheit –, so flutet sie doch durch Ihren Körper. Genießen Sie diesen Vorgang und kosten Sie ihn möglichst lustvoll aus!

Multiplizität

Sie sollten sich möglichst viele Aspekte einer Erfahrung bewusst machen, ein Gespür für ihre *Multiplizität* entwickeln. Denken Sie beispielsweise an die Qualitäten eines Freundes. Sie können sich auch in verwandte Empfindungen, Emotionen, Sehnsüchte und Handlungen hineinversetzen. Wenn Sie ein Gefühl der Dankbarkeit verspüren, dann vergegenwärtigen Sie sich all die guten und schönen Dinge in Ihrem Leben. Registrieren Sie die Entspanntheit Ihres Körpers. Bemerken Sie Ihren Wunsch, das zurückzugeben, was Sie von anderen erfahren haben, und stellen Sie sich vor, Ihren Dank laut auszusprechen. Versuchen Sie vor allem, das Gefühl guter Erfahrungen im gesamten Körper zu spüren. So wie Regen auf die Erde fällt, soll die Erfahrung in Ihren Körper eindringen. Nehmen Sie Ihre Atmung wahr, was Ihnen hilft, mit Ihrem Körper in Verbindung zu bleiben. Versuchen Sie, quasi mit dem gesamten Körper zu atmen, und spüren Sie, wie Glück, Liebe und Frieden Bestandteil dieses Atems sind.

Wir vergessen sehr leicht, dass wir dem Leben mittels unseres *Körpers* auf sehr physische Weise verbunden sind. Die obere Schicht unseres Gehirns – die Kortex genannte Hirnrinde – sendet eine ungeheure Informationsmenge ans limbische System und an den Hirnstamm. Währenddessen rufen subkortikale Kontrollzentren zu Handlungen und den zugehörigen Emotionen auf, die wiederum den Kortex erreichen. Diese subkortikalen Signale formen das, was im Kortex Gestalt annimmt und darauf wieder ans limbische System und den Hirnstamm zurückgesendet wird. Durch diese Wechselbeziehung ist gewährleistet, dass Gedanken zu Handlungen führen und Handlungen zu neuen Gedanken, was die Basis für die sogenannte *gegenständliche Wahrnehmung* ist. Studien zeigen beispielsweise, dass ein starker Hang zu Belohnungen die Reaktion des Gehirns erhöht und dass Ihre Mimik und Körperhaltung, ja sogar das Öffnen oder Schließen Ihrer Hände Ihre Erfahrungen und Ihr Benehmen beeinflussen.

Sie können eine Erfahrung demzufolge anreichern, indem Sie ihr einen körperlichen Ausdruck geben, wofür es verschiedene, teils subtile Möglichkeiten gibt. Wenn meine Frau zu Beginn unserer Ehe über ein Problem reden wollte und ich begriff, dass es dabei um mich ging, spürte ich einen fast körperlichen Fluchtreflex. Doch mit der Zeit habe ich herausgefunden, dass es besser war, mich ihr entgegenzubeugen. Das half mir zum einen, mich auf das Gespräch einzulassen, und zum anderen, ihr mein Herz zu öffnen. Auf diese Weise können Sie mit einem sanften Lächeln Ihre Laune verbessern, sich geistesgegenwärtiger fühlen, indem Sie den Rücken strecken, oder etwas stärker, indem sie sich breitbeiniger hinstellen. Je aktiver und körperbetonter wir unsere positiven Erfahrungen begleiten, desto wirkungsvoller werden sie sein.

Eine kreative Art, sich einer Erfahrung mit verschiedenen Sinnen zu öffnen, besteht darin, sie künstlerisch zu gestalten. Alle paar Jahre lasse ich meinen bisherigen Lebensweg Revue passieren und fertige eine Collage mit Fotos und Texten an, um mein Gefühl für seinen Sinn und Zweck anzureichern. Auch kleine Dinge können in dieser Hinsicht sehr wirkungsvoll sein, wie das Beispiel eines Lehrers zeigt:

»Hin und wieder führe ich mit meinen Schülern eine Dankbarkeitsübung durch, mit der wir üben, Gutes in uns aufzunehmen. Zunächst verteile ich verschiedenfarbige Papierstreifen, Klebestifte und Textmarker. Jeder bekommt drei Streifen.

Dann fordere ich die Schüler auf, die Augen zu schließen und ein paar Minuten darüber nachzudenken, wofür sie in ihrem Leben dankbar sind. Anschließend schreiben sie drei Dinge auf jeweils einen Papierstreifen. Ich sage ihnen, dass es auch ganz einfache Dinge sein können wie geschmolzener Käse, heißes Wasser und kernlose Wassermelonen (drei meiner Favoriten). Als Nächstes klebt jeder Schüler seine Streifen nach und nach aneinander. Jedes Mal, wenn ein weiterer Streifen hinzugefügt wird, halten wir kurz inne, um über die Qualität dieser Sache nachzudenken. Ich erinnere die Schüler daran, die jeweilige Erfahrung so tief in sich eindringen zu lassen, bis sie ein Teil von ihnen geworden ist. Wenn wir diese Übung durchführen, dann fallen mir stets die Ruhe, die den Raum füllt, sowie das sanfte Lächeln auf den Gesichtern auf.«

Das Neue

Unser Gehirn ist stets auf Neues und Unerwartetes aus, um es rasch abspeichern zu können. Finden Sie also heraus, was an Ihren Erfahrungen frisch und neu ist, vor allem wenn es um alltägliche Erfahrungen geht. Denken Sie nicht, genau zu wissen, wie es sich anfühlt, ein Brot zu schneiden, von der Arbeit nach Hause zu kommen oder jemandem, den Sie lieben, in die Augen zu sehen. Machen Sie aus bekannten Momenten neue Erfahrungen. Halten Sie nach unerwarteten Belohnungen Ausschau, die diese Momente für Sie bereithalten, wie zum Beispiel »Dieses feine Curryaroma der Suppe habe ich noch nie so intensiv wahrgenommen« oder »Ich wusste gar nicht, wie gut sich diese Umarmung anfühlt«. Dadurch wird der Dopaminlevel angehoben und die Speicherung der Erfahrung im Gehirn gefördert.

Richten Sie Ihre Aufmerksamkeit auf verschiedene Aspekte einer Erfahrung. Versuchen Sie dies mit einer Tätigkeit, die Ihnen vertraut ist, zum Beispiel dem Atmen. Holen Sie ein paarmal tief Luft und spüren Sie den Empfindungen nach, die sich in Brust, Bauch, Zwerchfell und Kehle einstellen. Fühlen Sie, wie Sie kalte Luft aufnehmen und warme ausatmen. Nehmen Sie die Empfindungen auf der Oberlippe und in Ihrem Rücken wahr, das Heben und Senken der Schultern, die Spannung in der Hüfte. Jedes Mal, wenn sich Ihre Aufmerksamkeit einem neuen Aspekt zuwendet, wird Ihr Gehirn aufs Neue stimuliert.

Nehmen Sie Veränderungen zur Kenntnis, was ebenfalls den Eindruck des Neuen verstärkt. Wenn Sie sich mit einer Freundin unterhalten, dann achten Sie auf die verschiedenen Ausdrücke, die über ihr Gesicht huschen, und auf das Auf und Ab Ihrer Empfindungen, wenn sie zu Ihnen spricht. Oder beobachten Sie die Geräusche, Gerüche und Gedanken, die Ihr Bewusstsein streifen, während Sie mit einem Grundgefühl des Wohlbehagens lauschen.

Wie wir in Kapitel 2 gesehen haben, spielt der Hippocampus für das Erinnerungsvermögen und somit auch für die Aufnahme des Guten eine entscheidende Rolle, doch laufen seine Neuronen stets Gefahr, vom Stresshormon Cortisol geschwächt oder getötet zu werden. Glücklicherweise ist der Hippocampus der zentrale Ort des Gehirns, an dem neue Neuronen »geboren« werden, was als *Neurogenese* bezeichnet wird. Das Überleben dieser Babyneuronen ist umso wahrscheinlicher, je neuer und frischer Ihre Erfahrung ist. Da keine Erfahrung exakt der anderen gleicht, besinnen Sie sich auf alles, was sie voneinander unterscheidet. Das fördert die Neurogenese und hilft, Ihren Hippocampus zu reparieren.

Persönliche Relevanz

Stellen Sie sich vor, Sie spazieren durch ein Einkaufszentrum oder betrachten eine Website. Ihr Gehirn sucht unablässig nach etwas, das für Sie von Bedeutung und Interesse ist. Nimmt es in den Blick. Nicht relevant? Weiter geht's. Und sobald Ihr Gehirn etwas Relevantes entdeckt, wird es abgespeichert.

Sie können diesen natürlichen Prozess der Relevanzsuche folglich dazu nutzen, um neuronale Spuren Ihrer positiven Erfahrungen zu legen. Fragen Sie sich, wie Ihnen ein konkretes Erlebnis helfen kann, warum es für Sie wertvoll ist. Ruhe und Entspannung können zum Beispiel Stress und Besorgnis entgegenwirken. Gemeinsamer Humor stärkt die Paarbeziehung, wenn der hektische Alltag sonst wenig Zweisamkeit zulässt.

Sie gliedern die Erfahrung in den Kontext Ihres Lebens ein. Während Sie die Erfahrung in sich aufnehmen, können Sie zu sich sagen: »Das gehört zu mir, weil ...« Indem Sie die Relevanz einer Erfahrung anerkennen, tun Sie sich einen Gefallen, weil Sie spüren: *Das ist es, was ich brauche. Das fühlt sich gut und richtig für mich an.* Statt Ihr Ego zu stärken, verhelfen Sie sich zu einer Erfahrung, die Ihnen etwas bedeutet – ebenso wie Sie einem Freund etwas Gutes tun würden.

Die Erfahrung in sich aufnehmen

Auf einer Urlaubsreise haben meine Frau und ich einmal einen Sonnenuntergang beobachtet, der selbst nach Hawaii-Maßstäben wunderschön war. Ich nahm mir sofort vor, mich stets daran zu erinnern, und während ich dies schreibe, kann ich immer noch die leuchtend roten und violetten Streifen sehen, die sich damals über den Himmel zogen.

Die Anreicherung Ihrer Erfahrung – der zweite Schritt, das Gute in sich aufzunehmen – wird die Installation dieser Erfahrung in Ihrem Gehirn bewirken, da Sie die neurologische Aktivität intensivieren und fördern, was natürlicherweise zum Aufbau neuronaler Strukturen führt. Und als würden Sie einen mentalen Schnappschuss eines wunderschönen Sonnenuntergangs machen, können Sie diese Installation unterstützen, indem Sie die Erfahrung bewusst in sich eindringen und einen Teil von sich werden lassen.

Das Gute in sich aufzunehmen ist im Grunde, als würde man ein Feuer machen. Schritt 1 sorgt für den Funken, Schritt 2 facht es an und Schritt 3 erfüllt uns mit der Wärme des Feuers. Sie können mit Schritt 3 beginnen, sobald Schritt 2 endgültig abgeschlossen ist, doch die Empfindungen, eine positive Erfahrung in sich aufzunehmen und sie anzureichern, können sich durchaus vermischen beziehungsweise überlappen. Auch das Feuer wärmt ja bereits, obwohl man noch neue Scheite nachlegt.

Manche Menschen visualisieren Schritt 3, indem sie sich vorstellen, dass ein sanfter Regen oder goldener Staub auf sie niedergeht. Oder sie stellen sich einen Edelstein vor, den sie im Schatzkästlein ihres Herzens einschließen. Jemand hat mir einmal eine überzeugende visuelle Metapher offenbart: »*Wenn man ein Glas Wasser hat und diesem einen Tropfen Öl hinzufügt, bleibt das Öl an der Oberfläche. Wenn man ein zweites Glas Wasser hat und diesem einen Tropfen Lebensmittelfarbe hinzufügt, so verteilt sich diese im Wasser und färbt es. Auf diese Weise erkläre ich immer, wie es ist, das Gute in sich aufzunehmen. Das Öl steht für eine flüchtige Erfahrung, die keinen Unterschied ausmacht, wohingegen die Lebensmittelfarbe einen greifbaren Unterschied bewirkt, indem sie sich allmählich mit dem Wasser vermischt.*«

Andere stellen sich vor, von der positiven Erfahrung gewärmt zu werden wie von einer Tasse warmem Kakao. Oder sie denken an einen wohltuenden Balsam, der einen inneren Schmerz lindert. Oder sie sind sich einfach darüber im Klaren, dass sie etwas zur Kenntnis nehmen, in sich aufnehmen und dort bewahren. Etwas, das sich in ihrem Gehirn verankert und ein Teil ihrer Persönlichkeit wird, eine innere Ressource, auf die sie jederzeit zurückgreifen können. Finden Sie heraus, was bei Ihnen am besten funktioniert, und die guten Erfahrungen werden den Weg in Ihr Gehirn finden. Im selben Maße, in dem Sie sich ihm öffnen, wird es in Sie eindringen.

Hier kommt das Beispiel einer Frau, die eine positive Erfahrung wiederholt in sich aufnahm: *»Kürzlich ist eine meiner Katzen krank geworden. Ich nahm die elfjährige Sammy mit zum Tierarzt und dachte, sie würde irgendeine Medizin bekommen und rasch wieder gesund werden. Stattdessen erfuhr ich, dass sich in ihrer Brust viel Flüssigkeit angesammelt hatte, was es ihr sehr schwer machte zu atmen. Sie litt an einer unheilbaren Krankheit. Nachdem ich mich mit dem Tierarzt und meinem Partner beraten hatte, entschied ich mich dazu, Sammy einschläfern zu lassen. Tiere sind sehr kostbar, dennoch musste diese schwere Entscheidung gefällt werden. Sie brach mir fast das Herz. Tagelang habe ich geweint. Nachdem ich einigermaßen darüber hinweggekommen war, versuchte ich es damit, das Gute in mich aufzunehmen. Ich erinnerte mich an die schöne Zeit, die ich zusammen mit Sammy erlebt habe, und hielt jede einzelne Erinnerung für über 30 Sekunden am Leben. Ich spürte, wie diese schönen Erfahrungen in mich eindrangen – wie eine Salbe, die die schrecklichen Wunden der letzten Zeit heilte. Sammy selbst war ein Teil von mir geworden. Und wenn ich nun daran dachte, wie sie auf meinem Schoß gelegen oder ein Wollknäuel gejagt hatte, war dies eine tröstliche Erinnerung.«*

Was auch immer Sie für eine Methode benutzen, um eine Erfahrung in sich aufzunehmen, versuchen Sie, die Bereitschaft und den Mut aufzubringen, sich verändern zu lassen und zu wachsen und am Ende ein wenig anders zu sein als zuvor. Wenn Sie beispielsweise die Erfahrung von Dankbarkeit in sich aufnehmen, dann prüfen Sie, ob Sie selbst tatsächlich ein bisschen dankbarer und verständnisvoller sind als zuvor. Und wenn Sie ein Gefühl von Stärke empfinden, dann versuchen

Sie, daraus tatsächlich ein wenig neue Stärke für sich zu beziehen. Ihr Geist (und Gehirn) lässt sich durch die Summe der positiven Erfahrungen formen, die Sie in sich aufnehmen.

Frieden, Wohlbehagen und Liebe

Lassen Sie uns nun die Fäden zusammenziehen mit einer erweiterten Übung, das Gute in sich aufzunehmen und es mit so fundamentalen Erfahrungen wie Frieden, Wohlbehagen und Liebe zu verknüpfen, um den anpassungsfähigen Modus Ihres Gehirns zu aktivieren, der Ihnen Ruhe und Entspannung schenkt. Nehmen Sie sich für jeden Teil dieser Übung genug Zeit, um einen klaren Eindruck von ihr zu gewinnen. Nach und nach werden Sie immer mehr in der Lage sein, eine geschlossene Empfindung von Frieden, Wohlbehagen und Liebe in sich hervorzurufen. Ich mache diese Übung oft selbst, zum Beispiel direkt nach dem Aufwachen. (Eine Kurzversion finden Sie unter »Eine gute Minute« in Kapitel 10, S. 206.)

Los geht's:

Versuchen Sie, sich allen Gedanken, Sinneswahrnehmungen, Emotionen, Sehnsüchten, Prozessen und Handlungen zu öffnen, die Ihnen zu Bewusstsein kommen. Versuchen Sie nicht, diese zu verändern. Lassen Sie sie einfach kommen und gehen.

Denken Sie an alles, das Sie in diesem Moment schützt, inklusive der Wände und lieben Menschen, die Sie umgeben. Denken Sie an Ihre inneren Ressourcen und Fähigkeiten. Rufen Sie in sich ein Gefühl der Stärke und Entschlossenheit wach. Denken Sie daran, dass es Ihrem Körper in diesem Moment recht gut geht, dass Ihr Herz schlägt und Ihre Atmung funktioniert. Es mag vielleicht nicht alles perfekt sein, aber es ist okay.

Werden Sie sich bewusst, dass kein Anlass besteht, sich bedroht zu fühlen. Sollte dies der Fall sein, dann lassen Sie das Gefühl einfach gehen. Befreien Sie sich von ihm. Sie liegen mit niemandem im Clinch und müssen um nichts kämpfen. Jeder Zorn, jede Verärgerung, Irritation und Verzweiflung lösen sich in Luft auf. Sie haben nicht das Geringste zu befürchten, brauchen weder Schutz noch Verstärkung – trennen Sie sich von all diesen Vorstellungen. Öffnen Sie sich dem Gefühl, sich so sicher wie möglich zu fühlen. Sie werden immer ruhiger und entspannter. Vielleicht spüren Sie eine tiefe innere Ruhe, so still wie ein Bergsee. Es besteht kein Grund zu irgendwelchen Abneigungen. Sie müssen sich gegen nichts sträuben oder zur Wehr setzen, weder in der inneren noch der äußeren Welt. Seien Sie ganz bei sich und empfinden Sie Ruhe und Frieden.

Bewahren Sie das Gefühl des Friedens, genießen Sie es, reichern Sie es an und nehmen Sie es in sich auf. Lassen Sie sich ganz von dem Frieden durchdringen. Kosten Sie diesen Moment aus, so lange, wie Sie wollen.

Schieben Sie das friedvolle Gefühl jetzt in den Hintergrund Ihres Bewusstseins und bringen Sie etwas in den Vordergrund, das Sie dankbar und verständnisvoll macht. Denken Sie an etwas anderes, das Ihnen Freude, Vergnügen und Genuss bereitet. Führen Sie sich etwas vor Augen, das Ihnen gelungen ist. Ziele, die Sie erreicht haben. Erinnern Sie sich an eine Zeit der Erfüllung und Zufriedenheit. Rufen Sie sich weitere Erinnerungen ins Gedächtnis, die Ihnen Lebensfülle und Wohlbehagen *vermitteln. Trennen Sie sich von allen Enttäuschungen, Frustrationen und Misserfolgen. Tun Sie sich einen Gefallen, indem Sie die Realität dieser negativen Erfahrungen akzeptieren und sie einfach gehen lassen. Horchen Sie in sich hinein, ob Sie in diesem Moment eine Empfindung der Genügsamkeit, vielleicht sogar des Überflusses entdecken. Eine Empfindung, die keinen Wunsch nach einer Veränderung entstehen lässt. Alles ist gut, wie es ist. Spüren Sie eine wachsende Zufriedenheit. Es gibt keinen Mangel und Sie brauchen nichts nachzujagen, weder in der inneren noch der äußeren Welt. Sie nehmen die Dinge, wie Sie sind, und sind damit zufrieden.*

Bewahren Sie dieses Gefühl der Zufriedenheit, genießen Sie es, reichern Sie es an und nehmen Sie es in sich auf. Lassen Sie sich davon durchdringen. Bleiben Sie bei ihm, so lange, wie Sie wollen.

Lassen Sie das Gefühl der Zufriedenheit jetzt in den Hintergrund Ihres Bewusstseins gleiten und holen Sie etwas in den Vordergrund, das Ihnen hilft, sich liebevoll und geliebt zu fühlen. Öffnen Sie sich diesem Gefühl und verbinden Sie es mit einer Person, einem Haustier oder einer Gruppe von Leuten. Denken Sie an jemanden, der warmherzig und freundlich zu Ihnen ist. Der Ihnen das Gefühl vermittelt, jemandem am Herzen zu liegen. Erinnern Sie sich an eine Zeit, in der Sie integriert waren, sich im umfassenden Sinn gesehen und verstanden, respektiert und geschätzt, gemocht und geliebt fühlten. Lassen Sie sich von dem Gefühl, jemandem am Herzen zu liegen, ganz ausfüllen. Sie spüren es in den Augen und in der Kehle, Ihre Gesichtszüge werden weicher. Es wärmt und erleichtert Ihnen das Herz. Zurückweisungen, Groll, Missmut und frühere Beziehungsprobleme sind verschwunden. Sie wissen, wie es sich anfühlt, geliebt zu werden. Denken Sie daran, was Sie als Mensch auszeichnet, dass Sie sich um andere sorgen. Denken Sie an Ihre Fähigkeiten und was Sie anderen zu geben haben. Lassen Sie sich von Ihrem Selbstwertgefühl durchdringen. Noch einmal: Verinnerlichen Sie ganz und gar das Gefühl, dass Sie ein guter, wertvoller Mensch sind.

Denken Sie an jemanden, den Sie mögen, der Ihnen etwas bedeutet, den Sie lieben. Mobilisieren Sie Ihr Mitleid – den Wunsch, dass andere nicht leiden – für jemanden, vielleicht für einen Freund, der in Schwierigkeiten steckt, für ein Kind in Nöten oder andere verzweifelte Menschen fern der Heimat oder ganz in der Nähe. Entdecken Sie Ihre innere Freundlichkeit – den Wunsch, anderen möge es gut gehen. Denken Sie an jemanden, der glücklich ist. Erfreuen Sie sich am Glück anderer. Missgunst und Neid sollen Sie nicht mehr belästigen, lassen Sie sie einfach gehen. Spüren Sie eine zunehmende Verbundenheit mit anderen Menschen. Eine Verbundenheit mit allen Dingen, mit dem Leben an sich, unserem Planeten und allem, was darüber hinausgeht. Sie brauchen sich an niemanden zu klammern, weil Sie bereits mit anderen verbunden sind, weil sie lieben und geliebt werden. Die Liebe fließt durch Sie hindurch, macht Sie nachgiebig, großherzig und liebevoll.

Bewahren Sie das Liebevolle in sich, reichern Sie es an und nehmen Sie es in sich auf. Lassen Sie sich ganz von der Liebe durchdringen. Halten Sie an ihr fest, so lange, wie Sie wollen.

Spüren Sie jetzt, wie innerer Friede, Zufriedenheit und Liebe in Ihrem Bewusstsein gegenwärtig sind, sich gegen-

seitig unterstützen und Ihnen ein Gefühl der Ganzheit
vermitteln – Ihr natürliches Grundempfinden. Wenn sich
Ihr Gehirn im anpassungsfähigen Modus befindet, sind
Sie im Gleichgewicht, gelassen und entspannt. Sollten Sie
vor schwierigen Herausforderungen stehen, einen körper-
lichen Schmerz oder Besorgnis empfinden, so werden Sie
davon nicht erschüttert. Ihr Innerstes bleibt unberührt.
Sie empfinden kein Verlangen und keine Getriebenheit.
Sie spüren, dass Ihre Grundbedürfnisse nach Sicherheit,
Zufriedenheit und Zugehörigkeit in diesem Moment ge-
stillt sind.
Sie fühlen sich zu Hause.

Die Aufnahme von Erfahrungen

Mithilfe der Schritte 2 und 3 reichern Sie Erfahrungen an und
nehmen Sie in sich auf, damit sie anschließend in Ihrem Gehirn
installiert werden.

Es gibt fünf maßgebliche Faktoren, die eine Erfahrung anreichern und ihre Umwandlung in neuronale Strukturen fördern:
Dauerhaftigkeit, Intensität, Multiplizität, Neuheit und persönliche Relevanz.

Sie können eine Erfahrung in sich aufnehmen, indem Sie visualisieren, wie diese Erfahrung in Sie eindringt und Sie verändert.
Regelmäßig ein Grundgefühl von Glück, innerem Frieden und
Liebe in sich hervorzurufen, ist eine wunderbare Möglichkeit,
zum anpassungsfähigen Modus zurückzukehren und seine
neuronalen Spuren zu vertiefen. Dieser Modus ist unser natürlicher Ruhezustand. In ihm fühlen wir uns zu Hause.

Kapitel 8
Blumen verdrängen das Unkraut

Die ersten drei Schritte, Gutes in sich aufzunehmen, haben sich ausschließlich mit positiven Dingen beschäftigt. Man mag diese drei Schritte durchführen, um einer Herausforderung zu begegnen oder eine innere Anspannung zu lösen, doch während man dies tut, konzentriert man sich ausschließlich auf positive Erfahrungen. Als sozial unbeholfenes Kind hatte ich eine Reihe peinlicher Erlebnisse, wie zum Beispiel beim Mannschaftssport als Letzter gewählt zu werden. Als ich älter wurde, habe ich mich im Sport ganz gut gemacht, hatte schöne Gemeinschaftserlebnisse beim Football oder beim Bergwandern. In solchen Momenten waren alle unangenehmen Kindheitserinnerungen wie weggeblasen, obwohl mir klar war, dass ich einen Teil meiner späteren Motivation genau aus jenen Erlebnissen bezog.

Beim vierten Schritt, Gutes in sich aufzunehmen, ist es hingegen erforderlich, sich sowohl positiver als auch negativer Dinge fortwährend bewusst zu sein. Doch hegt und pflegt man das Positive dergestalt, dass es in der Lage ist, alles Negative allmählich zu »besänftigen« oder gar zu verdrängen. Mit anderen Worten: Die Blumen, die Sie im Garten Ihres Bewusstseins gepflanzt haben, werden das Unkraut der negativen Gedanken, Gefühle und Sehnsüchte allmählich verdrängen und ausrotten.

Lassen Sie mich zunächst erklären, warum diese Methode funktioniert, um anschließend Vorschläge zu machen, sie möglichst effektiv anzuwenden.

Negatives Material hat seinen Preis

Unangenehme Erfahrungen sind ein normaler Bestandteil des Lebens. Und manche von ihnen sind sogar nützlich. Kummer kann das Herz erweichen, Mühsal uns stärker machen. Zorn kann uns die Stärke verleihen, uns nicht alles gefallen zu lassen. Wenn wir uns außerdem zu sehr gegen negative Erfahrungen sträuben, hindern wir sie daran, durch Körper und Geist zu fließen, mit dem Ergebnis, dass sie eher haften bleiben. Was wir entschieden abwehren, setzt sich oft fest. Wer Negatives mit negativen Mitteln bekämpft, verstärkt es nur.

Wenn unangenehme Erfahrungen jedoch erst einmal im Gehirn verankert sind, erzeugen sie Stress und Unbehagen und fügen uns selbst und anderen Schaden zu. Was nicht gut ist, weil negatives Material negative Konsequenzen hat. Es verdunkelt das Gemüt, fördert Beklemmungen und Reizbarkeit und vermittelt uns das unterschwellige Gefühl der Unzulänglichkeit. So entstehen schmerzliche Gedanken wie »Niemand mag mich«. Sie können uns stumpf und gefühllos machen. Oder uns zu Überreaktionen verleiten, die einen negativen Teufelskreis zwischen uns und anderen auslösen. Negatives Material beeinträchtigt unseren Körper, führt zu langwierigen körperlichen und psychischen Störungen und wirkt sich potenziell lebensverkürzend aus.

Insgesamt kann man das negative Material in unserem Gehirn als starke Strömung betrachten, die uns in Richtung des reaktiven Modus zieht. Indem wir die neuronalen Prozesse verstehen, die dazu führen, dass dieses Material aktiviert und gespeichert wird, können wir Wege finden, dies zu *ändern* beziehungsweise ganz zu vermeiden.

Wie negatives Material in unserem Gehirn arbeitet

Manchmal haben wir negative Gedanken, Empfindungen oder Emotionen, die mit *expliziten* Erinnerungen in Verbindung stehen. Wenn ich daran zurückdenke, wie unser Auto, auf dessen Rückbank die Kinder saßen, nahe des Yosemite-Nationalparks auf schneebedeckter Bergstraße ins Rutschen geriet, wird mir heute noch übel und ich werde von einem Gefühl der Angst und Hilflosigkeit gepackt. Doch normalerweise steht negatives Material mit impliziten Erinnerungen in Verbindung. Nehmen wir an, Sie kaufen sich eine Jeans, die enger sitzt als üblich, was ihre geballte Selbstkritik in Bezug auf Ihr Gewicht in Gang setzt. Oder Sie denken während eines Spaziergangs an Ihre finanzielle Situation, was Ihnen so vorkommt, als hätten Sie den Deckel eines Behälters geöffnet, in dem Ihre Ängste gefangen waren.

Doch ganz gleich, ob das negative Material von Ihrer expliziten oder impliziten Erinnerung stammt, wird es in der Regel nicht auf die gleiche Weise aktiviert, wie Sie eine Computerdatei öffnen. Sofern es sich nicht um die »Blitzlichterinnerung« eines traumatischen Erlebnisses handelt, dessen detailgenaue Erinnerung sich Ihnen eingeprägt hat, wird sie nicht als Ganzes abgerufen, sondern aus unzähligen Bruchstücken neu *zusammengesetzt*. Das Gehirn tut dies so schnell, dass es den Anschein hat, als sei plötzlich eine ganze Mappe mit Unrat aus dem Aktenschrank Ihres Kopfs gezogen worden. In Wahrheit handelt es sich aber um einen aktiven Prozess, in dem sich binnen Zehntelsekunden Millionen, wenn nicht Milliarden von Synapsen synchronisieren, um eine *Gruppe* zu bilden, die die bewusste Erfahrung dieses negativen Materials repräsentiert.

Wenn das negative Material – eine bedrückte Grundstimmung, Angst vor Autoritäten, nervöse Gereiztheit gegenüber dem Partner oder das wachsende Gefühl, abgelehnt zu werden – nicht mehr bewusst aktiv ist, wird es in den Gedächtnis-strukturen allmählich *rekonsolidiert*. Kleine Nanomaschinen brauchen mindestens mehrere Minuten, vermutlich mehrere Stunden, um negatives Material erneut im Gehirn zu veran-kern. Die Tatsache, dass dies ein aktiver Prozess ist, der eine gewisse Zeit in Anspruch nimmt, verschafft uns zwei Mög-lichkeiten, um negatives Material zu besänftigen, zu heilen und eventuell zu ersetzen.

Zwei Möglichkeiten, das Negative zu verändern

Wenn neben dem negativen Material noch etwas anderes im Bewusstsein präsent ist, dann ist dafür eine eigene Gruppe von Synapsen zuständig. Die beiden Gruppen verbinden sich ge-treu dem Grundsatz, dass Neuronen, die gemeinsam aktiv sind, sich durch Synapsen miteinander verbinden. (Neurons that fire together, wire together.) Daher kann man sich des positiven wie des negativen Materials zugleich bewusst sein – vor allem wenn das Positive im Vordergrund des Bewusstseins gegen-wärtig ist –, sodass Positives und Negatives eine Verbindung eingehen. Starke positive Gedanken und Gefühle beginnen da-mit, sich ihren Weg durch das negative Material zu bahnen. Wenn sich das negative Material sodann vom Bewusstsein löst, um in neuronalen Strukturen rekonsolidiert zu werden, ten-diert es dazu, einen Teil dieser positiven Verbindungen mitzu-nehmen. Und wenn das negative Material das nächste Mal re-aktiviert wird, führt es diese positiven Assoziationen mit sich.

Das Negative überschreiben

Nehmen wir an, Sie hatten einen kleinen Disput mit einem Freund oder Ihrer Partnerin. Der Streit hat bei Ihnen ein un-angenehmes Gefühl hinterlassen, doch Ihre Vernunft sagt Ih-nen, dass bald alles wieder in Ordnung sein wird. Dennoch erfüllt Sie die Auseinandersetzung mit einer gewissen Sorge. Was Sie in dieser Situation tun können, ist, sich klarzumachen, dass beides parallel existiert: zum einen Ihre Sorge, zum anderen das Gefühl, jemandem am Herzen zu liegen (dieser andere könnte der Freund oder Ihre Partnerin sein). Während Sie also beides gleichermaßen zur Kenntnis nehmen, sorgen Sie dafür, dass die positiven Gefühle stärker sind als die negativen. Nachdem Sie dies für mindestens 10 bis 15 Sekunden getan haben, lassen Sie die Sorge einfach los und bleiben Sie ganz bei dem Gefühl, einem anderen Menschen am Herzen zu liegen. Auch dies wieder für 10 bis 15 Sekunden. Falls die Sorge um die Partnerschaft wiederkehrt, wird sie aufgrund dieser kurzen Übung wohl ein wenig (oder sehr stark) abgemildert sein. Und für alle mentalen Übungen gilt: Je mehr wir üben, desto größer ist der Einfluss auf unser Gehirn.

Doch so vorteilhaft der Einfluss des Positiven auf das Negative auch ist, so zeigen Studien, dass das negative Material nur »überschrieben«, keineswegs ausgelöscht wird. So wie man ein hässliches Bild mit einem schönen übermalen kann. Vor allem jüngeres positives Material kann sich vor älteres negatives schieben und es verdecken. Ich hatte Menschen bei mir in der Therapie, deren durch eine erfolgreiche Karriere aufgebautes Selbstbewusstsein und Selbstwertgefühl mit aus der Kindheit stammenden Gefühlen der Unzulänglichkeit kollidierte, dieses jedoch nicht beseitigt hatte. Wenn negatives Material nur überdeckt war, kann es abrupt wieder hervorbrechen, sofern der richtige Trigger da ist. Oder in Zukunft umso leichter wieder zum Vorschein kommen.

Auslöschen des Negativen

Um dieser potenziellen Schwäche – der reinen Überschreibung des Negativen durch positives Material – entgegenzuwirken, zeigen Forschungsergebnisse inzwischen einen zweiten Weg auf, um alten Schmerz zu heilen: Gewisse psychologische Protokolle radieren buchstäblich negative Spuren in neuronalen Strukturen aus, statt sie bloß zu überschreiben. Und so funktioniert's: Negatives Material ist in der Regel mit einem neutralen Trigger verbunden. Stellen Sie sich vor, Sie hätten in Ihrer Kindheit einen lauten, kritischen und Furcht einflößenden Fußballtrainer gehabt, der Sie regelrecht eingeschüchtert hat. In diesem Fall wäre eine männliche Autorität – also ein neutraler Trigger, weil männliche Autorität nicht per se etwas Schlechtes ist – mit der Erfahrung von Demütigung und Angst (negatives Material) verbunden. Dies kann dazu führen, dass Sie heute noch ein beklemmendes Gefühl haben, wenn Sie bei der Arbeit mit einer männlichen Autorität konfrontiert werden, obwohl Sie genau wissen, dass dieser Mann Sie nicht so behandeln wird wie der Fußballtrainer in Ihrer Kindheit. Wie können Sie die Kette durchbrechen, die den neutralen Trigger mit dem negativen Material verbindet?

In unserem Gehirn gibt es ein »Fenster der Rekonsolidierung«, das uns genau dies tun lässt. Für ungefähr eine Stunde, nachdem das negative Material aktiviert wurde und das Bewusstsein verlassen hat, sorgen verschiedene neutrale oder positive Erfahrungen, die mit dem neutralen Trigger des negativen Materials in Verbindung stehen, dafür, dass die Rekonsolidierung des Negativen in neuronalen Strukturen unterbrochen wird. Eine Studie hat gezeigt, dass die Aktivierung der Amygdala, die mit dem neutralen Trigger verbunden ist, reduziert wird.

Bezogen auf das Beispiel autoritärer männlicher Figuren können Sie nun beide Möglichkeiten beziehungsweise Methoden nutzen, um das negative Material einzuschränken. Rufen Sie sich zuerst ein starkes Selbstwertgefühl ins Bewusstsein und stellen Sie es der demütigenden Kindheitserfahrung an die Seite, die im Hintergrund Ihres Bewusstseins wirksam ist. Indem Sie dies tun, verbinden Sie bewusst negatives und positives Material. Nachdem Sie die schmerzhafte Erinnerung freigegeben haben, denken Sie in der nächsten Stunde nur an neutrale oder positive Dinge – zum Beispiel an Ihr Selbstwertgefühl –, während Sie zugleich an der Vorstellung einer männlichen Autorität oder an dem Bild einer konkreten Autorität, die Sie kennen, festhalten (der neutrale Trigger).

Sie können diese Methode auch in Ihrem Alltag anwenden. Kurz bevor Sie einer männlichen Autorität begegnen – beispielsweise in einem Meeting –, rufen Sie sich sowohl Ihr eigenes Selbstwertgefühl als auch die schmerzhafte Erinnerung an Ihren Fußballtrainer ins Gedächtnis. Während des Meetings greifen Sie dann mehrfach auf Ihr Selbstwertgefühl zu, ohne eine Verbindung zu Ihrem ehemaligen Fußballtrainer herzustellen. Sie können dies auch im kleineren Maßstab durchführen, indem Sie die Autorität, die sich mit Ihnen im selben Raum befindet, ruhig beobachten, während Sie Ihr Selbstwertgefühl wiederholt aktivieren und erneuern.

Wirkungsvolle Möglichkeiten

Zusammenfassend lässt sich sagen, dass sich die neuronalen Muster, die dem negativen Material zugrunde liegen, in der Phase der Rekonstruktion und Rekonsolidierung *ändern* lassen, indem man sie auf zwei verschiedene Arten mit positivem Material verbindet. Als Erstes können Sie das negative Material positiv beeinflussen. Somit rücken Sie es bereits in eine realistischere und hoffnungsvollere Perspektive und schwächen die betreffenden Gefühle, Sinneswahrnehmungen und Sehnsüchte ab. Als Zweites können Sie die Rekonsolidierung des Negativen in neuronale Strukturen unterbrechen und allmählich auslöschen.

Das sind wirkungsvolle Werkzeuge, um negatives Material zu reduzieren und zu beseitigen. Sie pflanzen also nicht nur neue

Blumen im Garten Ihres Bewusstseins oder benutzen die Blumen, um zu verhindern, dass sich neues Unkraut verwurzelt – es sind quasi die Blumen selbst, die das Unkraut beseitigen und neue Blumen hervorbringen. Hier kommt eines meiner Lieblingsbeispiele: »*Ich passte einmal auf die beiden Welsh Corgi Cardigans meiner Tochter auf. Ich kenne die Hunde schon lange und wir kommen gut miteinander aus. Ich legte mich still auf den Boden und wartete, was passieren würde. Nach wenigen Sekunden kamen die Hunde zu mir, setzten mir ihre Vorderpfoten auf die Brust, leckten mir Gesicht und Lippen ab, zwickten mich sanft in Nase und Ohren und schnüffelten an meinem Hals. Dann liefen sie einmal um mich herum, und alles begann wieder von vorn. Überflüssig zu betonen, wie sehr ich gekichert und gelacht habe. Es war so ein wundervolles Erlebnis von bedingungsloser Liebe. Dann fiel mir plötzlich ein, dass ich diese Erfahrung nutzen könnte, um eine schmerzhafte Kindheitserinnerung zu lindern. Ich war damals drei oder vier Jahre alt. Meine Großmutter war grausam und gemein zu mir. Sie hatte mich nach draußen gelockt, um mir weiszumachen, dass die Kühe auf der Weide nebenan mich fressen würden. Sie erzählte mir oft solche verrückten Sachen, die mich in Angst und Schrecken versetzten. Ich hielt das wundervolle Erlebnis bedingungsloser Liebe, das mir die beiden Hunde geschenkt hatten, in mir lebendig, während ich mich an die schmerzlichen Erlebnisse mit meiner Großmutter erinnerte. Und es funktionierte. Jetzt kann ich nicht mehr an meine Großmutter denken, ohne zugleich auch an die beiden Hunde denken zu müssen. Die alte Erinnerung verblasst zusehends und weicht der Freude.*«

Das ist der vierte Schritt, Gutes in sich aufzunehmen: Indem Sie Positives und Negatives miteinander verbinden, injizieren Sie die »Medizin« gegen alles, was Sie schmerzt, direkt in die neuronalen Netzwerke, wo Schmerz, Leid und funktionale Störungen verankert sind.

Diese Verbindung mag Ihnen seltsam oder riskant erscheinen, dabei ist sie etwas äußerst Natürliches. Ich bin sicher, dass Sie im Geiste Positives und Negatives schon lange miteinander verknüpfen. Vielleicht denken Sie an die Unterstützung eines Freundes, wenn Sie sich wegen Ihres Kindes Sorgen machen; reden beruhigend auf sich ein, wenn Sie erregt sind; gehen spazieren, wenn Sie eine innere Unruhe verspüren; beten angesichts von Krankheit und Tod oder versuchen, einem chronischen Schmerz eine gelassene Haltung entgegenzusetzen.

Die Verknüpfung positiver und negativer Erfahrungen kann eine praktische Alltagsübung sein oder in verschiedenen psychotherapeutischen Behandlungsformen zum Einsatz kommen. In der Psychoanalyse werden neurotische Symptome mit einer neuen Interpretation in Verbindung gebracht. In der klientenzentrierten Gesprächstherapie nach Carl Rogers vertraut der Klient seinen Schmerz dem bedingungslosen Verständnis seines Beraters an. In der von Bruce Ecker und seinen Kollegen entwickelten Kohärenz-Therapie werden ebenfalls systematisch positives und negatives Material miteinander verbunden.

Der vierte Schritt

Lassen Sie uns nun effektive Wege erkunden, wie der vierte Schritt, Gutes in sich aufzunehmen, vollzogen werden kann. Sie beginnen wie üblich mit den ersten drei Schritten – Erfahrungen *machen*, *anreichern* und *aufnehmen*. Wenn Sie die positive Erfahrungen derart in sich aufgenommen haben, verbinden Sie diese mit negativem Material. Sie können am positiven wie am negativen Material so lange festhalten, wie Sie wollen. Wenn Sie dies getan haben, trennen Sie sich von dem negativen Material und verweilen Sie im positiven mindestens für einige weitere Sekunden. Versuchen Sie im Laufe der nächsten Stunde – während nichts Negatives mehr in Ihrem Bewusstsein gegenwärtig ist – mehrmals, sich neutrale oder positive Dinge bewusst zu machen und sie gemeinsam mit den neutralen Situationen, Handlungen, Beziehungen und Sehnsüchten – den Triggern – zu betrachten, an die das negative Material in Ihrer Vorstellung gebunden war.

An zwei Dinge gleichzeitig denken

Es mag Ihnen zunächst etwas seltsam erscheinen, sich zwei Dingen gleichzeitig zu widmen, doch gibt es für diese Praxis zahlreiche Beispiele aus Ihrem eigenen Alltag: Musik hören, während man sich Notizen macht; ein Kind auf dem Rücksitz bei Laune halten, während man es zur Schule fährt. Je mehr Übung wir darin haben, desto besser werden wir.

Halten Sie das negative Material im Hintergrund Ihres Bewusstseins, wo es matt, klein und unscheinbar ist. Das positive Material befindet sich zur selben Zeit im Vordergrund Ihres Bewusstseins, wo es groß, hell und intensiv ist. Wird das negative Material zu stark, dann lassen Sie es fallen wie eine heiße Kartoffel. Stehen Sie sich selbst zur Seite. Sie sind *für* das Positive. Sie wollen, dass es gewinnt. Es ist nützlich, sich Verbündete vorzustellen, die Sie unterstützen, bestärken und anfeuern. Mein innerer Fanklub besteht aus einer fürsorglichen Patentante, guten Freunden, engagierten Sporttrainern und einem erfahrenen Bergführer. Stellen Sie sich Ihren eigenen Fanklub ganz nach Ihren Bedürfnissen zusammen.

Falls das Negative besonders intensiv oder bedrängend ist, reicht es, sich seiner *Idee* bewusst zu werden, mehr nicht, während Sie sich ganz dem Positiven widmen. Oder Sie gewinnen einen detaillierteren Eindruck vom Negativen, halten es aber am äußersten Rand Ihres Bewusstseins, während der Scheinwerfer das positive Material erfasst hat. Eine große, doch lohnenswerte Herausforderung besteht darin, das Positive direkten Kontakt mit dem Negativen aufnehmen zu lassen. Sie können sich beispielsweise vorstellen, wie das positive Material das negative durchdringt wie ein warmer, sanfter Regen oder wie ein wohltuender Balsam, der sich auf die alten, immer noch schmerzenden Wunden legt, oder wie Wasser, das alte Hohlräume füllt.

Verbindungen herstellen

Sie können sich auch vorstellen, dass sich das positive Material mit jüngeren Schichten Ihres Bewusstseins verbindet, wie es diese Person getan hat: »*Meine Mutter hat unsere Familie an meinem dritten Geburtstag verlassen. Normalerweise nehme ich das Gute in mich auf, während ich einen Pfad entlangspaziere, der eine Lagune säumt. Jeden Tag mache ich dort wunderbare Entdeckungen, sehe eine große Vogelschar anmutig über mich hinwegsegeln oder betrachte das zarte Grün junger Blätter an einem Busch. Wenn ich solche Dinge beobachte, dann halte ich für vielleicht 30 Sekunden inne, um die Eindrücke aufzusaugen. Ich atme tief durch und spüre, wie die großartige Erfahrung von mir Besitz ergreift. Auch die Vorstellung des Schatzkästleins in meiner Brust, das ich mit solchen Erfahrungen anfülle, gefällt mir sehr gut. Irgendwann begann ich damit, solche Erlebnisse mit dem Weggang meiner Mutter zu verbinden. Zunächst verwirrte es mich fast, an sie zu denken. Doch nachdem ich dies ein paar Monate lang getan hatte, konnte ich mich an sie erinnern, ohne einen Schmerz zu empfinden.*«

Man kann sich auch der Vorstellung hingeben, dass das Kind in unserem Innern – denn in jeder Psyche gibt es jüngere Schichten – endlich bekommt, was es schon immer gebraucht hat. Manche von uns finden auch Trost darin, sich in Gedanken selbst den Trost zuzusprechen, der ihnen in der Kindheit versagt blieb. Eine Frau erzählt: »*Kürzlich stieg aus dem schwarzen Loch meiner Erinnerung ein schmerzliches Kindheitser-*

lebnis auf. Früher hätte es mir den Boden unter den Füßen weggezogen. Aber diesmal fragte ich mich: Was braucht dieses einsame, verängstigte kleine Mädchen? Die Antwort lautete: Jemand, der ihr all seine Liebe gibt und der ihre Traurigkeit sieht. Ich konzentrierte mich also ganz auf mein fürsorgliches, liebevolles Gefühl dem Mädchen gegenüber, wollte ihr die Traurigkeit nicht ausreden, sondern war bereit, sie mit ihr zu teilen. Nach so vielen Jahren war das kleine Mädchen endlich gesehen, gehört, anerkennt und getröstet worden. Der Schmerz kehrte hin und wieder zurück, wurde jedoch immer schwächer.«

Wenn es für Sie in Betracht kommt, stellen Sie sich vor, dass altes negatives Material von neuem positiven durchdrungen und auf diese Weise »besänftigt« wird. Oder dass jüngere Teile Ihres Selbst zumindest ein wenig von dem bekommen, wonach Sie sich immer gesehnt haben. Dies erfordert gewissermaßen eine doppelte Perspektive: Ein Teil von Ihnen macht die Erfahrung, eine positive Erfahrung anzubieten, während der andere sie empfängt.

Drei Voraussetzungen

Insgesamt sind zum vierten Schritt drei Voraussetzungen nötig: Erstens müssen Sie in der Lage sein, sich zwei Dinge gleichzeitig ins Bewusstsein zu rufen. Kleine Kinder sind dazu ebenso wenig in der Lage wie Erwachsene, deren exekutive Funktionen durch Demenz oder Psychose beeinträchtigt sind. Zweitens dürfen Sie dem negativen Material nicht gestatten, Sie in Geiselhaft zu nehmen. Deshalb möchte ich Ihnen abraten, diese Methode auf das schwarze Loch eines Traumas anzuwenden (das sollte erfahrenen Therapeuten vorbehalten bleiben). Drittens müssen Sie das positive Material in den Vordergrund rücken. Ansonsten könnte es vom negativen angesteckt werden.

Das alles scheint zunächst ein wenig kompliziert zu sein, doch wenn Sie sich erst einmal eingehend mit dem vierten Schritt vertraut gemacht haben, wird Ihnen seine Anwendung wie ein Kinderspiel erscheinen.

Erfahrungen als Gegenmittel

Der vierte Schritt, Gutes in sich aufzunehmen, ist eine effektive Methode, mit Schlüsselerfahrungen – die wir in Kapitel 4 erkundet haben – auf individuelle Probleme und Bedürfnisse zu reagieren. Sie können der Angst beispielsweise Ihr Wohlgefühl entgegensetzen, der Reizbarkeit Entspannung, der Trauer Freude und Dankbarkeit, der Einsamkeit Verbundenheit oder der Erschöpfung und inneren Leere das Gefühl der Begabung und Leistungsfähigkeit. Sie benutzen also bestimmte positive Erfahrungen als eine Art Gegenmittel für konkretes negatives Material. Weitere Beispiele finden Sie in Schema V (S. 166 f.): »Positive Erfahrungen als Gegenmittel für negatives Material«. Hier stehen sich positive und negative Erfahrungen in Bezug auf Ihre drei Grundbedürfnisse – Sicherheit, Zufriedenheit und Zugehörigkeit – gegenüber.

Eine Frau hat ihre Erinnerungen an einen geliebten Menschen genutzt, um den Schmerz über dessen Tod zu lindern: *» Vor acht Monaten habe ich einen nahen Freund verloren. Er war ein wunderbarer Mensch, der mich sehr geliebt hat. Wenn ich den enormen Schmerz des Verlusts spüre, dann denke ich an einen der vielen wunderbaren Momente, die wir gemeinsam erlebt haben. Ich versuche diesen Moment so intensiv wie möglich noch einmal zu durchleben und das Glück jener Tage tief in mich aufzunehmen. Das nimmt der Trauer die Spitze und erfüllt mich mit einer Liebe, die unserer gemeinsamen Zeit gleichkommt.«*

Wenn Sie kürzlich bedrückt oder verärgert waren oder aber versucht haben, einen alten Schmerz zu heilen, dann hält der

Alltag für Sie genügend Möglichkeiten bereit, sich mit dem vierten Schritt vertraut zu machen. Wenn Sie wissen, woran Sie derzeit arbeiten, können Sie gezielt nach Schlüsselerfahrungen Ausschau halten, die das negative Material allmählich ersetzen. Beachten Sie außerdem die Anleitungen in Kapitel 10. Von allen psychologischen Werkzeugen und Methoden, die ich im Laufe der Zeit kennengelernt habe, ist mir die bewusste Nutzung von Gegenmitteln für alten Schmerz stets eine besondere Hilfe gewesen. Ihr habe ich es hauptsächlich zu verdanken, dass sich das Loch in meinem Herzen allmählich schließen konnte.

V. Positive Erfahrungen als Gegenmittel für negatives Material	
Unglück vermeiden	
Negatives Material	**Positive Erfahrung**
Schwäche	Stärke
Hilflosigkeit, andere verantwortlich machen	Tatkraft, selbst Verantwortung übernehmen
Alarm	Schutz, Sicherheit, Ruhe
Bedrückung, Angst, Sorge	Beruhigung, Entspannung, Wissen um die eigene Stärke
sich belastet/beschmutzt fühlen	Reinigung; erspüren, dass Körper und Geist gesund sind
Überempfindlichkeit, schnelle Aktivierung der Kampf- oder Fluchtreaktion des Sympathikus	Besänftigung der Empfindungen, Aktivierung des parasympathischen Ruhemodus
Antriebslosigkeit, Erstarrung	physische Aktivität, Druckentlastung, Durchsetzungsvermögen

Belohnungen erhalten	
Negatives Material	**Positive Erfahrung**
Enttäuschung, Trauer, Verlust	Dankbarkeit, Freude, Schönheit, Vergnügen
Frustration	Aufgaben erfüllen, Ziele erreichen
Misserfolg	Erfolg
Getriebenheit	Zufriedenheit, Erfüllung
Langeweile, Apathie	Die Fülle des Lebens spüren

Soziale Zugehörigkeit	
Negatives Material	**Positive Erfahrung**
Verlassenheit, Missachtung	sich geliebt fühlen
sich ignoriert, missverstanden fühlen	sich gesehen und geachtet fühlen
sich verlassen, ausgeschlossen fühlen	sich zugehörig und gewollt fühlen
Unzulänglichkeit, Scham, Wertlosigkeit	Wertschätzung, Beachtung
Einsamkeit	Freundschaft, Freundlichkeit, Fürsorge für sich selbst
Fassadenhaftigkeit, »Hochstapler-Syndrom«	sich akzeptiert fühlen, sich selbst akzeptieren, Aufrichtigkeit
Missgunst, Zorn	Durchsetzungskraft, Unterstützung von anderen, Selbstwertgefühl

Mit dem Negativen beginnen

Wenn Sie den vierten Schritt durchführen, beginnen Sie in der Regel mit dem positiven Material, und zwar in der Reihenfolge, die ich bis jetzt beschrieben habe. Sie können jedoch auch das negative Material als Ausgangspunkt nehmen.

Nehmen wir an, etwas Negatives sei in Ihnen reaktiviert worden. In Bezug auf die drei grundlegenden Arten, die eigene Psyche zu beeinflussen, beginnen Sie mit der ersten: dem *Sein-Lassen* beziehungsweise dem *Anerkennen des Status quo*. Sie treten einen Schritt vom negativen Material zurück, um es zu beobachten. Nach einer Weile wird es Ihnen richtig vorkommen, zur zweiten Art überzuwechseln: *Verminderung des Negativen*. Sie benutzen also die vier Schritte und richten einen besonderen Fokus auf Schlüsselerfahrungen, die für das negative Material, das den Prozess ausgelöst hat, ein Gegenmittel bereithalten.

Besonders bei gemäßigt negativen Ereignissen halte ich mich oft an diese Reihenfolge. Sagen wir, das Schreiben einer E-Mail geht mir auf die Nerven. Dann nehme ich zuerst meine Reaktion zur Kenntnis und versuche das herauszufiltern, was mich besonders stört. Vielleicht fühle ich mich gestresst, weil ich möglichst viel in möglichst kurzer Zeit erledigen will. Als Nächstes befreie ich mich vom gefühlten Stress, indem ich langsam ausatme und aus dem Fenster blicke. Wenn mein innerer Stresslevel von der Ampelfarbe Orange zu Gelb und sogar zu Gelbgrün gesunken ist, beginne ich damit, mir ein paar gute Gefühle zu vergegenwärtigen, zum Beispiel die Zufriedenheit über das, was ich an diesem Tag bereits erreicht habe. Oder die Erkenntnis, dass alles in Ordnung ist, selbst wenn ich die E-Mail heute nicht mehr beende. Dann – indem ich den vierten Schritt bei der Aufnahme des Guten beherzige – helfe ich diesen positiven Gefühlen, Kontakt zu verstreuten Teilen meines Bewusstseins aufzunehmen, in sie einzudringen und sie zu besänftigen, damit es mich nächstes Mal weniger aus der Ruhe bringt, wenn mein elektronisches Postfach mal wieder überquillt.

Wer gestresst, besorgt oder frustriert ist, bedient sich für gewöhnlich der ersten beiden Arten, die eigene Psyche zu beeinflussen: sein lassen und loslassen. Die dritte Möglichkeit des Zulassens wird meist außer Acht gelassen. Was den inneren Garten betrifft, versäumen wir es somit, neue Blumen anzupflanzen – innere Stärke aufzubauen –, und zwar genau dort, wo sich vorher das Unkraut befunden hat. Dabei weiß doch jeder Gärtner, dass Unkraut rasch wiederkommt, wenn man es nicht durch Blumen ersetzt. Wenn sich die schlechten Gefühle verabschiedet haben, zumindest einige von Ihnen, dann denken Sie daran, die guten in sich aufzunehmen.

Positives Material und negative Situationen miteinander verbinden

Eine Variante von Schritt 4 besteht darin, sich in einer schwierigen Situation oder in Gegenwart von Menschen, zu denen Sie ein schwieriges Verhältnis haben, eine äußerst positive Erfahrung ins Gedächtnis zu rufen. Im Laufe der Zeit wird das wiederholt aufgenommene positive Material – in Form von neuer innerer Stärke – von selbst aktiviert werden, wenn man sich wieder einmal in einer ähnlich herausfordernden Situation befindet. Dergestalt lassen sich Körper und Geist in angespannten Situationen beruhigen.

Beginnen Sie mit den unkompliziertesten Situationen und arbeiteten Sie sich auf der Skala der Herausforderungen von 1 bis 10 nach oben. Vielleicht stehen Sie in der Mittagspause irgendwo an, um sich etwas zu essen zu kaufen, und befürchten, nicht rechtzeitig zurück an Ihrem Arbeitsplatz zu sein.

Das könnte eine 1 auf der Skala sein. Während Sie Schlange stehen, wenden Sie also Entspannungsübungen an (Sie atmen tief durch, erinnern sich an schöne Erlebnisse) und fühlen sich allmählich besser. Dann stellen Sie sich eine größere Herausforderung vor, die eine 2 bis 4 auf der Skala rechtfertigt. Vielleicht haben Sie heute ein wichtiges Meeting oder Sie zerbrechen sich unnötig lange den Kopf darüber, welchen Rock oder welche Krawatte Sie tragen sollen. Versuchen Sie Ihren Körper zu beruhigen, bis Sie mehr bei sich sind. Dann orientieren Sie sich auf der Skala weiter nach oben. Eine 6 mag dem Streit mit einem Kollegen entsprechen, eine 8 der Auseinandersetzung mit Ihrem Chef. Versuchen Sie, auch in dieser Situation Ihren Körper zu beruhigen. Das muss nicht perfekt gelingen. Bei 6, noch mehr bei 8 bis 10, ist es ganz normal, dass Sie nervös und erregt sind. Wenn Sie bereit sind, können Sie auf Stufe 10 versuchen, mit einer für Sie wichtigen Person ein äußerst heikles Gespräch über Ihre wahren Gefühle zu führen.

Sie können diese Methode auch anwenden, wenn Ihnen eine bestimmte Situation permanent zu schaffen macht. Die Frau im folgenden Beispiel hat gelernt, Ihre chronischen Schmerzen mit positiven Gefühlen zu verbinden: »*Ich leide an starken Rückenschmerzen, die durch meine Angst vor den Schmerzen noch verschlimmert werden. Um sie zu bekämpfen, begann ich mich auf die Momente zu konzentrieren, in denen mein Rücken nicht schmerzte. Wenn ich von der Arbeit nach Hause kam und es mir gut ging, dann verbrachte ich mehrere Minuten damit, mir dieses Gefühl einzuprägen. Ich stellte mir eine Form der Wärme vor, zum Beispiel das wärmende Licht der Sonne, oder eine zähe warme Flüssigkeit, wie geschmolzene Schokolade, die in jede Zelle meines Körpers, vor allem meines Rückens, eindrang. Ich spürte tatsächlich, wie die Wärme meinem Körper guttat – als wären die quietschenden Scharniere einer Tür geölt worden. Wenn ich diese schönen Erlebnisse*

hatte, drehte ich stets eine Art mentalen Videofilm davon. In-
zwischen existieren wohl Hunderte dieser Videofilme, die mich
als entspannte, unbeschwerte Person zeigen. Im Laufe der Zeit
entsprach dieser entspannte Zustand meiner Erwartungshal-
tung, statt, wie bisher, mit quälendem Schmerz zu rechnen. Als
hätte die größere geistige Flexibilität dazu geführt, dass auch
mein Körper flexibler wurde.«

Die Einübung des vierten Schritts

Die folgende Übung widmet sich Schlüsselerlebnissen, die mit
dem Belohnungssystem in Verbindung stehen. Wir beginnen
mit einer positiven Erfahrung, die als Gegenmittel zu negativen
Gefühlen fungiert, die entstehen, wenn persönliche Ziele ver-
fehlt werden, wir uns enttäuscht, frustriert und unzulänglich
fühlen. Als Gegenmittel gegen solche Gefühle dienen Erfahrungen, die das negative Material durch Erfolg, Befriedigung
oder den Eindruck, geschätzt und geliebt zu werden, ersetzen.
Um die Übung durchzuführen, müssen Sie sowohl das negative Material, das Sie heilen wollen, als auch sein positives Gegenmittel kennen. Diese Klarheit wird Ihnen zugutekommen,
weil Sie dann besser wissen, nach welchen positiven Erfahrungen Sie Ausschau halten beziehungsweise welche Sie kreieren
müssen.

Zunächst sollten Sie vielleicht negatives Material aussuchen,
dessen Intensität nicht allzu groß ist. Versuchen Sie, einen neutralen Trigger zu identifizieren, der mit dem negativen Material in Verbindung steht (zum Beispiel eine männliche Autorität). Wenn Sie jetzt Gefahr laufen, sich in diesem Material zu
verlieren, dann lassen Sie es fallen und halten Sie sich ganz an
das positive Material. Sobald Sie im Positiven Stabilität gewon-
nen haben, können Sie sich das Negative wieder ins Gedächtnis rufen.

Erfahrung machen – Denken Sie an Momente, in denen es Ihnen gelungen ist, ein persönliches Ziel zu erreichen. Das kann ein singuläres Ereignis sein oder mehrere kleinere Begebenheiten. Vielleicht zieht auch ein Film an Ihrem inneren Auge vorbei, in dem die Meilensteine Ihres Lebens vorkommen. Dinge, die Sie gelernt oder vollbracht haben oder die Ihnen anderweitig Erfolg bescherten.

Betrachten Sie diese Erfahrungen als besonders wertvoll für sich, weil sie Ihnen das intensive Gefühl vermitteln, Ihren Aufgaben gewachsen, kompetent und erfolgreich zu sein.

Erfahrung anreichern – Öffnen Sie sich dieser Erfahrung und halten Sie sie lebendig. Lassen Sie sich von ihr durchdringen. Lassen Sie sie in sich anwachsen. Erkunden Sie ihre verschiedenen Aspekte, finden Sie Details, die neu und frisch sind. Überlegen Sie, inwiefern die Erfahrung, erfolgreich zu sein, für Sie relevant ist.

Erfahrung aufnehmen – Spüren Sie, wie die Erfahrung von Ihnen Besitz ergreift. Lassen Sie sich von ihr durchdringen, so, wie Sie die Erfahrung durchdringen. Wenn Sie sich durch und durch erfolgreich und kompetent fühlen, trennen Sie sich von dem Gefühl der Getriebenheit, verabschieden Sie sich von allem Wünschen und Wollen und allem Bestreben nach Belohnungen.

Erfahrungen verbinden – Versuchen Sie sich an dem vierten Schritt, wenn Sie dazu bereit sind. Vergegenwärtigen Sie sich das negative Material, das sich im Hintergrund Ihres Bewusstseins befindet. Es reicht, wenn es sich um eine vage Ahnung oder einen flüchtigen Eindruck handelt. Vielleicht erinnern Sie sich auch an das Gefühl, das das negative Material in Ihrem Körper hervorgerufen hat. Achten Sie darauf, dass das positive Material weiterhin die Hauptrolle spielt. Schenken Sie beiden zugleich Beachtung, während sich das Positive im Scheinwerferlicht, das Negative unscheinbar am hinteren Bühnenrand befindet.

Spüren Sie dem Gefühl nach, wie sich das Positive mit dem Negativen verbindet, es durchdringt, in sich aufnimmt und sich wie ein lindernder Balsam auf alte Wunden legt. Sie können auch Goldstaub imaginieren, der auf Sie niedergeht, Licht, das den Schatten erhellt, oder eine heilende Flüssigkeit, die Hohlräume in Ihrem Innern ausfüllt. Vielleicht wollen Sie sich auch wunderschöne Steine oder edle Juwelen vorstellen oder andere Dinge, die in der Lage sind, das Loch in Ihrem Herzen zu schließen.

Möglicherweise haben Sie das Gefühl, dass ein jüngerer Teil Ihres Selbst endlich das bekommt, wonach er sich immer gesehnt hat. Dies könnte von einem Bild oder dem Gefühl begleitet werden, dass sich jemand liebevoll um eine jüngere Version von Ihnen kümmert.

Wenn Sie sich zu sehr in das Negative hineingezogen fühlen, dann rücken Sie das Positive noch mehr in den Vordergrund. Wenn das immer noch nichts nützt, lassen Sie das Negative einfach fallen. Bringen Sie sich im Positiven wieder ins Gleichgewicht. Wenn Sie sich bereit fühlen, können Sie das Negative erneut im Hintergrund Ihres Bewusstseins wahrnehmen, nun jedoch infiziert mit dem positiven Material.

Wenn es Ihnen realistisch erscheint, versuchen Sie ein Gefühl dafür zu entwickeln, wie es ist, das positive Material zu empfangen, wie es allmählich die jungen, empfindlichen, verletzten, hungrigen, bedürftigen und sehnsüchtigen Orte in Ihnen durchdringt.

Dann trennen Sie sich vom gesamten negativen Material und halten nur noch am positiven Material fest. Falls Ihnen das schwierig oder unnatürlich vorkommt, sagen Sie sich selbst, dass es vollkommen in Ordnung ist, für das Positive zu sein, dass Sie es dürfen, dass es Ihnen und anderen guttun wird. Stehen Sie sich selbst zur Seite und bleiben Sie entschlossen ganz bei der positiven Erfahrung.

Richten Sie Ihre Aufmerksamkeit im Laufe der nächsten Stunde mehrmals auf neutrale oder positive Dinge, vielleicht mit dem Grundgefühl, etwas geleistet oder vollbracht zu haben, während Sie auch neutrale Trigger (Leute, Situationen, Ideen) für ein Gefühl des Scheiterns in sich wachrufen.

* * *

Um den vierten Schritt auszuführen, braucht man ein wenig Courage. Seien Sie also besonders freundlich zu sich selbst und denken Sie an den Mut, den es erfordert, sich dem Negativen zu öffnen. Verinnerlichen Sie den Gedanken, dass Sie sich vom Negativen nicht überwältigen lassen und es rasch an Ihnen vorbeiziehen wird. Diese Tatsache ist an sich schon eine gute Nachricht.

Die Aufnahme von Erfahrung

Unangenehme Erfahrungen sind Bestandteil des Lebens und haben Ihren eigenen Wert. Doch gemäß der negativen Verzerrung werden diese im Gehirn leicht als negatives Material verankert, was für uns selbst und andere negative Folgen hat.
Wenn negatives Material aktiviert wird, was für gewöhnlich vom impliziten Gedächtnis aus geschieht, dann wird es nicht als Ganzes abgefragt, sondern wird in einem dynamischen Prozess rekonstruiert. Sobald es ins Bewusstsein gelangt, beginnt es, sich mit anderen Bestandteilen des Bewusstseins zu verbinden. Wenn die Aktivierung beendet ist, wird es im Gedächtnis rekonsolidiert, auch dies in einem dynamischen Prozess.
Der dynamische Prozess der Gedächtnisaktivierung und – rekonsolidierung verschafft Ihnen zwei Möglichkeiten, das negative Material zu verändern. Zum einen muss man sich des hervorragenden positiven Materials bewusst sein, das alles Negative besänftigen, ausgleichen und manchmal überschreiben

kann. Zum anderen kann der Prozess der Rekonsolidierung unterbrochen und negatives Material gar gelöscht werden, indem Sie sich im »Fenster der Rekonsolidierung« (das vermutlich stundenlang offen steht) nicht nur neutrale Trigger, die mit dem negativen Material verknüpft sind, bewusst machen, sondern auch neutrales oder positives Material.

Um den vierten Schritt auszuführen, nämlich positives und negatives Material zu verknüpfen, müssen Sie in der Lage sein, Positives wie Negatives gleichermaßen wahrzunehmen, das Positive jedoch im Vordergrund zu halten und sich vom Negativen nicht in Geiselhaft nehmen zu lassen.

Sobald Sie Ihre positiven Schlüsselerfahrungen identifiziert haben, können Sie mittels Schritt 4 alten Schmerz oder andere Störungen heilen. Halten Sie nach Möglichkeiten für diese guten Erfahrungen Ausschau und helfen Sie ihnen – sobald diese aktiviert sind –, sich mit dem negativen Material als Gegenmittel zu verbinden.

Sie können den vierten Schritt auch in Situationen durchführen, die mit einer negativen Erfahrung beginnen. Nehmen Sie erstens die schwierige Erfahrung mit Selbstempathie zur Kenntnis. Zweitens: Lassen Sie sie gehen, wenn Sie das Gefühl haben, dass es an der Zeit ist. Und rufen Sie sich drittens eine entsprechende positive Erfahrung ins Gedächtnis und verbinden diese mit dem ursprünglichen negativen Material.

Verknüpfen Sie positive Erfahrungen mit negativen Situationen (die real oder Ihrer Vorstellung entsprungen sein können). Mit der Zeit wird Ihnen das helfen, solchen Situationen besser gewachsen zu sein.

Kapitel 9
Gute Anwendung

Nachdem wir nun die vier Schritte, Gutes in sich aufzunehmen, erkundet haben, lassen Sie uns überlegen, wie Sie diese Übung auf verschiedene Situationen und Themen anwenden können.

Lektionen annehmen

Der Alltag birgt viele Gelegenheiten, wichtige Dinge zu lernen und sich ein wenig zu verändern. Meine Frau hat mir neulich erzählt, dass ich sie öfter warten lasse, wenn wir zusammen mit dem Auto wegfahren oder gemeinsam eine Fernsehserie ansehen wollen. Nach meiner üblichen spontanen Abwehrreaktion – »Ach komm!« – ging ich in mich und beschloss, sie in Zukunft nicht mehr warten zu lassen. Indem ich mich ganz diesem Gefühl hingegeben habe, stehen die Chancen nicht schlecht, nächstes Mal pünktlich vor dem Fernseher zu erscheinen.

Formal betrachtet, können Sie verschiedene strukturierte Tätigkeiten ausführen: Personal Training, Gebet, Yoga, Achtsamkeitstraining oder Psychotherapie. Wenn Sie etwas berührt oder Ihnen wirklich wichtig erscheint, während Sie diese Tätigkeiten ausführen, dann nehmen Sie sich die Zeit, es in sich aufzunehmen. Ist die Tätigkeit abgeschlossen, so bleiben Sie noch für eine Weile bei dieser Erfahrung, um sie in sich zu verankern. Um neue Fähigkeiten zu erlangen – ein Fahrzeug mit Schaltgetriebe zu fahren oder ruhig zu bleiben, wenn Ihre halbwüchsige Tochter aus der Haut fährt –, können Sie jederzeit die vier Schritte durchführen. Je stärker die Empfindungen und Emotionen sind, die mit dieser Fähigkeit verbunden sind, und je öfter Sie diese Empfindungen in sich abrufen, desto tiefer wird sich die Erinnerungsspur in Ihr Gehirn eingraben und desto schneller werden Sie lernen.

Wollen, was gut für uns ist

Ein Schlüssel zu einem guten Leben besteht darin, Dinge zu wollen, die gut für uns sind, obwohl wir sie eigentlich *nicht* wollen. Ich persönlich bin beispielsweise nicht sonderlich scharf darauf, mich eine halbe Stunde auf dem Laufband abzumühen, aber es ist gut für mich. Vielleicht fällt es uns schwer, in der Öffentlichkeit zu sprechen, doch könnte dies unsere Karriere voranbringen. Vielleicht wollen Sie sich einen bestimmten Wunsch erfüllen – das Klavierspiel erlernen –, doch merken Sie, dass Sie sich mit dem Üben schwertun.

Natürlich kann man auch die Zähne zusammenbeißen und Willensstärke beweisen, doch erfordert das einen kräftezehrenden Einsatz, der nur schwer durchzuhalten ist. Außerdem haben manche Menschen von Natur aus weniger effektive Dopaminrezeptoren, also brauchen sie stärkere Belohnungsanreize, um sich motivieren zu können. Wenn Sie Ihre persönlichen Ziele hingegen an Belohnungsvorstellungen koppeln, wird auch Ihr Gehirn zu diesem Ziel neigen – wie der sprichwörtliche Esel zur Karotte.

Kehren wir zum Beispiel des Klavierspielens zurück. Wenn Sie ans Üben denken, sollten Sie sich Gefühle wie Freude und Befriedigung ins Gedächtnis rufen. Nehmen Sie während des Übens wahr, was Ihnen daran Freude bereitet, und lassen Sie diese Empfindung in Ihr Bewusstsein einsinken. Geben Sie sich, nachdem Sie mit dem Üben fertig sind, noch eine Zeit lang Gefühlen wie Stolz, Dank, ästhetischem Genuss und Selbstwertgefühl hin. Versuchen Sie, sich zwei Dinge gleichzeitig bewusst zu machen: zum einen Ihren Wunsch, Klavier zu spielen, zum anderen die Belohnungen, die Ihnen das tatsächliche Spielen gewährt. Auf diese Weise werden sich Wunsch und Belohnung miteinander verbinden.

Diese Methode ist auch nützlich, wenn Sie von problematischen Wünschen oder Begierden gepackt werden – Alkohol und Drogen, Fressgier, Spielsucht etc. –, die Sie daran hindern, ein höheres Ziel zu erreichen. Die intensiven Belohnungen des sofortigen Genusses erschweren es oft, die umfassendere Befriedigung eines höheren Ziels zu erreichen. Wenn ein Kind jede Menge Süßigkeiten isst, wird es den Apfel nicht mehr als süß empfinden. Nutzen Sie die Aufnahme des Guten neben anderen Dingen (Ehrlichkeit einem engen Freund gegenüber, Therapie, Anonyme Alkoholiker) auch dazu, das Gefühl des Belohntwerdens zu intensivieren und somit die Attraktivität der höheren Ziele zu steigern. Nehmen wir an, Sie wollen in Zukunft nur noch moderat oder gar nicht mehr trinken. Dann achten Sie darauf, dass es Ihnen im Kreis von Freunden auch dann gut geht, wenn Sie nur ein einziges Glas Wein trinken. Nehmen Sie wahr, wie schön es ist, einen klaren Kopf zu behalten. Empfinden Sie Stolz darauf, Ihr Vorhaben in die Tat umzusetzen. Nehmen Sie die positiven Reaktionen anderer zur Kenntnis und genießen Sie ihren Respekt. Wenn Sie am Morgen erwachen, dann freuen Sie sich darüber, es bei einem Glas belassen zu haben. Einem Sprichwort zufolge zieht der Weise das höhere Glück einem geringeren vor. Je länger Sie die Belohnungen verinnerlichen, die das höhere Glück für Sie bereithält, desto mehr wird auch Ihr Gehirn in diese Richtung tendieren.

Wenn Sie wollen, können Sie sich mithilfe einer simplen Checkliste an Ihre persönlichen Ziele erinnern. Tragen Sie in die Spaltenüberschriften die Erfahrungen ein, die Sie gern machen würden – die Ihnen helfen, das Gute für sich zu wollen, oder etwas anderes, das Ihnen wichtig ist, beispielsweise innere Stärke, Entspannung, Begeisterungsfähigkeit, das Gefühl, geschätzt und geliebt zu werden. Ich habe die Spaltenüberschriften leer gelassen, damit Sie die Tabelle kopieren und für Ihre eigenen Zwecke nutzen können. Scheuen Sie sich nicht, die Tabelle mit anderen zu teilen (mit Arbeitskollegen, Kindern etc.).

Das Glück festschreiben

Tragen Sie als Spaltenüberschriften die Erfahrungen ein, die Sie machen möchten. Sie können die Tabelle zum eigenen Gebrauch kopieren.

An den jeweiligen Wochentagen können Sie jeweils markieren, wie oft Sie die Übung absolviert haben.

Montag				
Dienstag				
Mittwoch				
Donnerstag				
Freitag				
Samstag				
Sonntag				

Ein Stück Kuchen

Im Alltag sind wir oft mit unseren *Lebensumständen*, Situationen und Ereignissen beschäftigt – genug Geld zu haben, rechtzeitig zur Arbeit zu kommen, gemocht zu werden –, doch helfen uns diese Umstände, Erfahrungen zu sammeln und vor allem zu lernen, was wir *ändern* wollen.

Angenommen, Sie wünschen sich einen romantischen Partner. Ich will die Wichtigkeit solch einer Partnerschaft nicht herunterspielen und auch nicht den Schmerz, einen solchen Partner entbehren zu müssen. Doch es gibt noch andere Wege, zumindest einen Teil der Erfahrungen zu sammeln, die eine romantische Partnerschaft gewährt: Spaß, Warmherzigkeit, Sicherheit, körperliche Freuden und Freundschaft. Wenn ein romantischer Partner Ihnen das Gefühl vermitteln würde, geliebt zu werden, wie können Sie diese Erfahrung dann auf einem anderen Weg machen? Indem Sie sich vergegenwärtigen, dass die Liebe von Freunden, Eltern und Kindern teils dieselben Aspekte wie die Liebe des Partners hat. Das ist vielleicht nicht alles, aber immerhin etwas. Dieses Wissen bietet die Chance, sich in mancher Hinsicht geliebt zu fühlen. Auch wenn wir nicht den ganzen Kuchen haben können, sollten wir uns doch ein Stück davon schmecken lassen.

Leider verschließen sich viele Menschen dieser Möglichkeit, weil sie nicht alles von dem haben können, was sie wollen. Ein Stück Kuchen zu essen, so fürchten sie, wird sie davon abhalten, je den ganzen Kuchen zu bekommen. Aber das ist nicht wahr. Warum sollten uns ein respektvoller Kollege, ein warmherziger Freund oder liebender Vater davon abhalten, einen romantischen Partner zu finden? In Wahrheit tut man sich leichter bei der Suche, wenn man zumindest weiß, wie der Kuchen schmeckt. Manche denken auch, der Genuss eines Kuchenstücks würde andere, die ihnen bis jetzt den Kuchen verwehrt haben, aus der Verantwortung entlassen. Und natürlich hätten die betreffenden Eltern, Lehrer, Geschwister, Mitschüler, Geliebte oder Lebensgefährten den ganzen Kuchen servieren sollen. Der Kuchenvergleich soll nicht dazu dienen, erlittenen Schmerz und Verlust oder gar Abhängigkeit zu bagatellisieren. Schlechte Erfahrungen bleiben schlechte Erfahrungen. Ich habe nie jemanden kennengelernt, der negative Erfahrungen, zumal wenn sie aus der Kindheit stammten, zusätzlich hochgespielt hätte. Die meisten Menschen neigen hingegen dazu, erfahrenes Leid herunterzuspielen und zu relativieren. Ein verfügbares Kuchenstück abzulehnen, erinnert mich an einen Spruch der Anonymen Alkoholiker: Verbitterung ist, als würde man Gift nehmen, aber darauf warten, dass andere sterben.

Was ist wichtiger? Sich gekränkt und benachteiligt oder geliebt zu fühlen? Außerdem kann man sich durchaus der eigenen Kränkungen bewusst sein und sich dennoch zumindest einen Teil der Erfahrungen gönnen, die geeignet wären, das Loch in unserem Herzen zu schließen.

Das Loch im Herzen schließen

Ich habe in meiner Kindheit viel Löwenzahn gejätet und dabei gelernt, dass er rasch wiederkommt, wenn man ihn nicht mit der gesamten Wurzel entfernt. Ebenso hilft es Ihnen, Ihre Schlüsselerlebnisse, die das Gegenmittel für negatives Material sind, so weit in sich einsinken zu lassen, dass sie auch tiefe Schichten Ihres Bewusstseins erreichen und dort wirksam werden können. Manche Menschen können auf eine rundum glückliche Kindheit zurückblicken, doch meiner Erfahrung nach ist das selten. Was das Vermeidungssystem betrifft, haben Sie sich als Kind vielleicht unsicher und ungeschützt gefühlt, haben unter Ängsten und Phobien gelitten. Vielleicht wurden sie auch gehänselt. In Bezug auf das Belohnungssystem haben Sie womöglich einen schockartigen Verlust erlitten oder verfügten nicht über die Möglichkeit einer erfolgreichen Schullaufbahn. Was das Bindungssystem betrifft, wurden Sie möglicherweise von älteren Geschwistern unterdrückt, fühlten sich als Außenseiter, wurden von Ihrem ersten festen Freund betrogen und erniedrigt oder aus ethnischen beziehungsweise sozialen Gründen ausgeschlossen.

Vielen Menschen ist es peinlich, immer noch »die Vergangenheit mit sich herumzuschleppen«. Sie fragen sich: *Warum bin ich darüber immer noch nicht hinweggekommen? Was ist bloß los mit mir?* Doch unser Gehirn ist so beschaffen, dass sich seine dauerhaften Strukturen durch unsere Erfahrungen umformen lassen. Und wenn uns das Leben zum Besseren verändern kann, muss dies auch zum Schlechteren möglich sein – die negative Verzerrung unseres Gehirns macht uns für negative Erfahrungen ja tatsächlich besonders empfänglich. Außerdem ist unser Gehirn in der Kindheit besonders »lernfähig«, weshalb negative Erlebnisse aus dieser Zeit – Missbrauch, Zurückweisung, Erniedrigung, Diskriminierung, Armut, Verletzungen, Krankheiten, Behinderungen etc. – einen langen Schatten werfen. Selbst moderate Erfahrungen wie das Gefühl der sozialen Unbeholfenheit machen sich später bemerkbar. Auch die individuelle Veranlagung beeinflusst die Art und Weise unserer Erfahrungen. Was für den einen erträglich ist, kann den anderen zutiefst verletzen. Normalerweise werden wir von den negativen Vorfällen unserer Kindheit geprägt sowie von den positiven, die sich *nicht* ereignet haben. Es kommt auf unsere persönliche Geschichte an. Sie hat konkrete Folgen und kann ein Loch in unserem Herzen zurücklassen.

Unsere Vergangenheit können wir nicht ändern, doch können wir Schlüsselerfahrungen dazu nutzen, das Loch in unserem Herzen zu schließen. Denken Sie an ein prägendes Erlebnis Ihrer Kindheit. Welches der drei Betriebssysteme – Vermeidung, Belohnung und Zugehörigkeit – spielt hierbei eine entscheidende Rolle? Werfen Sie einen Blick auf die Gegenüberstellung von positiven Erfahrungen als Gegenmittel für negatives Material in Kapitel 8. Finden Sie bestimmte positive Erfahrungen, die auf Sie zutreffen? Sie können sich auch fragen: *Was wäre in meiner Kindheit der entscheidende Unterschied gewesen? Wonach sehne ich mich – tief in meinem Innern – am meisten?* Als

Antwort werden Sie eine oder mehrere Schlüsselerfahrungen entdecken. Versuchen Sie als Nächstes, diese Erfahrungen wiederholt in sich aufzunehmen.

Es geht nicht darum, die Vergangenheit zu leugnen oder sich gegen schmerzhafte Gefühle der Gegenwart zu sträuben. Sie aktivieren vielmehr Ihre Ressourcen, um Ihre Möglichkeiten auszuschöpfen und das Unmögliche zu akzeptieren. Im Laufe der Zeit versorgen Sie sich selbst mit dem – zumindest mit einem Teil davon –, was Ihnen in Ihrer Kindheit vorenthalten wurde. Dasselbe habe ich getan, wenn Sie an die Geschichte denken, die ich am Anfang dieses Buches erzählt habe. Ich habe die Erfahrung, integriert und gewollt zu sein, dazu benutzt, das Loch in meinem Herzen zu schließen.

Niedergeschlagenheit überwinden

Sowohl Mitglieder meiner Familie als auch Patienten von mir litten an Depressionen, was leider keine Seltenheit ist. Viele psychologische Behandlungsformen gegen chronische oder zeitweise Depressionen setzen auf Anregung und Zuspruch, um dem Gefühl der Isolation und Ausweglosigkeit entgegenzuwirken. Die Patienten werden zu genussvollen Tätigkeiten und gemeinsamer Zeit mit Freunden ermuntert. Abwertende und kritische Gedanken sollen durch realistische und unterstützende ersetzt werden. Daher kann es sinnvoll sein, solch eine Behandlungsmethode durch die vier Schritte, Gutes in sich aufzunehmen, zu unterstützen – generell werden sie Ihnen dabei helfen, Ihrem Gehirn und Ihrem Leben mehr Gutes zuzuführen. Bei schweren Depressionen hingegen, bei denen es kaum möglich ist, positive Erfahrungen zu kreieren, sollte man darauf verzichten. Und der Versuch, sich selbst oder mittels eines Freundes (in der Rolle des Therapeuten) zu helfen, kann nur zu weiteren Frustrationen oder Schlimmerem führen.

Eine mögliche Ausnahme stellen einfache körperliche Freuden dar – einen Keks zu essen oder sich aufzuwärmen, wenn man ausgekühlt ist. Auch ein Mensch, der unter schweren Depressionen leidet, ist in der Regel für kurze angenehme Momente empfänglich. Die in Kapitel 7 beschriebenen Methoden, Erfahrungen anzureichern und aufzunehmen, können dazu beitragen, dass eine Person die Fähigkeit wiedererlangt, Freude zu empfinden.

Erholung von einem Trauma

Ob es sich um einen Autounfall, einen Raubüberfall, Vergewaltigung, Kampfverletzungen oder Kindesmissbrauch handelt – zu jedem Trauma gehört das Unvermögen, einen furchtbaren Prozess aufzuhalten. Natürlich trägt an diesem Unvermögen nicht derjenige die Schuld, der an dem Trauma leidet. Folglich gehört es zu jeder Traumatherapie, die inneren Ressourcen und Stärken des Patienten zu fördern. In dieser Hinsicht kann es für ihn von Vorteil sein, das Gute in sich aufzunehmen, sei es gemeinsam mit seinem Therapeuten oder allein. Zu den grundlegenden Merkmalen eines Traumes zählen Gefühle der Ausweglosigkeit, der inneren Starre und Hilflosigkeit, denen der Patient nicht entfliehen kann. Es kann also helfen, die Erfahrung von Handlungsfähigkeit (siehe Kapitel 10, S. 228) zu machen, in der Lage zu sein, zumindest im Innern etwas zu bewegen. Ein weiteres Merkmal von Traumata ist die Hemmung, über die Ursache des Traumas zu sprechen – in dieser Hinsicht könnte die Erfahrung von Selbstbehauptung und Durchsetzungsfähigkeit (siehe Kapitel 10, S. 248) von Nutzen sein. Doch seien Sie auf der Hut: Schon das Wissen, dass positive Erfahrungen zu den gezielten Behandlungsmethoden gehören, kann zu einer Reaktivierung des Traumas führen. Man darf also vor allem keinen weiteren Schaden anrichten.

Ein Trauma ist wie ein schwarzes Loch, das einen verschlucken kann, wenn man nicht aufpasst – ein Vorgang, der den Patienten das Trauma noch einmal erleben lässt, was zu einer Retraumatisierung führen kann. Da es der vierte Schritt erfordert, sich negatives Material zu Bewusstsein zu bringen, empfehle ich, diesen Schritt nicht allein durchzuführen, wenn es um die Bewusstmachung des Traumas an sich geht. Diesen Schritt sollte man einem erfahrenen Therapeuten überlassen (viele Traumatherapien stellen Verbindungen zwischen positivem und negativem Material her). Sie sollten jedoch in der Lage sein, den vierten Schritt allein durchzuführen, wenn Sie sich sozusagen an den Rändern des Traumas aufhalten. Eine Person könnte beispielsweise die Erfahrung der Selbstachtung (siehe Kapitel 10, S. 244) mit dem Schmerz verbinden, von Betreuern im Stich gelassen worden zu sein. Als Beispiel könnte hier ein Betreuer dienen, der vor Kindesmissbrauch in seinem nahen Umfeld die Augen verschlossen hat. Wenn Sie mehr über die Behandlungsmöglichkeiten von Traumata erfahren möchten, empfehle ich Ihnen die Arbeiten von Judith Herman, Peter Levine, Pat Ogden und Bessel van der Kolk.

Beziehungen nähren

Weder zu Hause noch bei der Arbeit oder in anderen Situationen gleicht eine persönliche Beziehung einem dekorativen Bilderteppich. Die Geschäftigkeit sowie die unvermeidlichen Anfechtungen des Alltags tragen zu seiner Abnutzung bei. Wenn nicht beide Partner darauf bedacht sind, gute Erfahrungen in die Beziehung einzubringen, wird er irgendwann fadenscheinig und löchrig. Ich will nicht dazu aufrufen, die großen Probleme zu ignorieren, doch sollten wir uns *auch* auf die positiven Qualitäten des anderen besinnen, auf seine Vorzüge und sein wahres Ich. Die scheinbar so kleinen Dinge haben oft die größte Wirkung, wie diese Frau schrieb: *»Jeden Morgen nehme ich mir einen Moment Zeit, um Dankbarkeit für meinen Ehemann zu empfinden. Dann denke ich an Dinge, die ich an ihm schätze, wie er zum Beispiel den Salat mit kleinen Paprikaringen und Karottenstreifen dekoriert. Er ist zwar kein Koch, möchte aber so gerne etwas tun, das mir gefällt. Dann lächle ich und sonne mich in der Liebe meines Mannes. Wenn ich mich über etwas ärgere – zum Beispiel darüber, dass er seine Kleider nicht in den Wäschekorb, sondern daneben auf den Boden wirft –, kehre ich rasch zu dem Gedanken daran zurück, wie er mir Gutes tun will. Diese kleine Übung der Wertschätzung meines Mannes hat wirklich mein Leben und meine Ehe verändert.«*

Die guten Aspekte einer Beziehung schätzen zu können, wärmt unser Herz, bereitet uns ein gutes Gefühl und rückt Irritationen und Streitereien in die richtige Perspektive. Außerdem wird Sie der andere vermutlich besser behandeln, wenn Sie ihm mehr Achtung und Wertschätzung entgegenbringen.

Wenn Sie eine Partnerschaft »reparieren« wollen, ist es umso wichtiger, sich auf die positiven Aspekte der Beziehung zu besinnen. Ansonsten laufen Sie Gefahr, nur noch das Negative zu sehen und alles Positive gering zu schätzen oder zu ignorieren. Das entmutigt Ihren Partner und hält ihn davon ab, sich positiv für die Beziehung zu engagieren. Wenn Sie es für angebracht halten, können Sie Ihren Partner auch bitten, sich der positiven Erfahrungen mit Ihnen zu erinnern und sich diesen nicht zu verschließen.

Anderen helfen

Manchmal scheint es geboten zu sein, anderen Erwachsenen zu helfen, das Gute in sich aufzunehmen, vor allem wenn Sie im Gesundheitswesen arbeiten, Personal- und Führungskräftetraining anbieten, Yogaunterricht geben, Fitnesstrainer, Achtsamkeitslehrer oder Psychotherapeut sind. Auf www.RickHanson.net finden Sie viele Angebote dazu (beachten Sie den Abschnitt zur Durchführung der vier Schritte mit Kindern, wenn Sie Eltern oder Lehrer sind).

Sie können die Methode, das Gute in sich aufzunehmen, auch mit anderen Leuten teilen, und zwar auf verschiedene Weise. Erstens können Sie dies implizit tun, indem Sie die abirrende Aufmerksamkeit einer anderen Person wieder auf den Gegenstand der Aufmerksamkeit lenken. Zweitens können Sie die Methode einem anderen beschreiben, es dieser Person jedoch selbst überlassen, ob sie die Methode anwenden will oder nicht. Drittens können Sie mit einer anderen Person gemeinsam die vier Schritte zur Aufnahme des Guten durchführen (wobei Sie den vierten Schritt gegebenenfalls weglassen). Und viertens können Sie eine andere Person ermutigen, die vier Schritte allein durchzuführen, dies mitverfolgen und sehen, was geschieht.

Ich kenne viele Menschen, die auf diese Methode ausgezeichnet reagiert haben, ganz gleich, ob sie mit allgemeinen oder besonderen Intentionen angewandt wurde. Stellen Sie sich vor, Sie wollten als Vorgesetzter einen Mitarbeiter zu mehr Kreativität motivieren. Welche inneren Stärken kommen dafür infrage? Man hat natürlich weniger Angst, Fehler zu machen, wenn man sich wertgeschätzt fühlt. Sie könnten diese Person also auffordern, sich an Situationen zu erinnern, in denen sie sich tatsächlich wertgeschätzt fühlte, um diese Erfahrung zu verinnerlichen. Oder stellen Sie sich vor, als Psychotherapeut mit jemandem zu arbeiten, der von emotional distanzierten Eltern aufgezogen wurde. Welches Gefühl würde diesem Mann oder dieser Frau helfen? Vielleicht das Gefühl, ein besonderer Mensch zu sein? Also sollten sie ihm oder ihr vorschlagen, sich an Momente zu erinnern, an denen er/sie sich geschätzt, geliebt und gewollt gefühlt hat, und diese Erfahrung möglichst intensiv in sich aufzunehmen.

Ich habe die Erfahrung gemacht, dass die Methode, Gutes in sich aufzunehmen, die Ergebnisse von Achtsamkeitstraining und psychotherapeutischer Behandlung verbessern kann. In gleicher Weise unterstützt sie unsere informellen Bemühungen, anderen Menschen zu helfen. Die »Rendite« in Form von positiven Befindlichkeiten fällt umso höher aus, je mehr flüchtige Erfahrungen in dauerhafte neuronale Strukturen umgesetzt werden. (Wenn Sie selbst lernen wollen, anderen mithilfe meiner Methode zu helfen, oder sich zum Trainer ausbilden zu lassen, beachten Sie die Zertifizierungsprogramme auf meiner Homepage.)

Kinder heilen

Ich habe die Methode in meiner psychoanalytischen Praxis bei jungen Leuten durchgeführt und mit Eltern und Lehrern gesprochen, die sie an ihren eigenen Kindern und Schülern angewandt haben. Wie bei Erwachsenen gibt es auch bei Kindern vier Möglichkeiten, diese Methode anzuwenden – wobei man dies natürlich dem Alter und der individuellen Situation eines Kindes anpassen muss.

Erstens kann man ein Kind durch die verschiedenen Schritte leiten, ohne seine Aufmerksamkeit darauf zu lenken. Sie können zunächst eine positive Erfahrung stärken oder diese, sofern sie sich gerade ereignet hat, am Leben erhalten und das Kind ermutigen, sie in sich einsinken zu lassen. Oder stellen Sie sich vor, Sie helfen einem kleinen Mädchen, ein stärkeres Gefühl dafür aufzubauen, beruhigt und besänftigt zu werden, damit es ihr besser geht und sie sich nicht mehr so aufregen muss. Wenn sie sich beruhigt fühlt, nehmen Sie sich mindestens zehn Sekunden Zeit und murmeln Sie: »So ist es gut…

jetzt geht's dir besser… es ist schön, sich gut zu fühlen… Susi geht es besser… du bist ganz ruhig.« Oder stellen Sie sich vor, Ihr Sohn, der in die sechste Klasse geht, glaubt, er sei unbeliebt. Wenn er Ihnen nun erzählt, er hätte beim Mittagessen mit anderen Kindern zusammengesessen und viel Spaß gehabt, dann können Sie diese Erzählung ausdehnen und ihn fragen, was genau so viel Spaß gemacht hat. Sie brauchen nicht so zu tun, als wären Sie sein Therapeut, und müssen auch nicht Ihre Besorgnis über seine soziale Integration zum Ausdruck bringen. Seien Sie einfach ein interessierter Zuhörer. Falls erforderlich, bieten Sie ihm Worte für seine Erfahrungen an oder spiegeln Sie seine Worte, um ihm zu helfen, an den guten Gefühlen festzuhalten, statt seine Aufmerksamkeit abirren zu lassen. Unter Umständen können Sie erwähnen, dass das Gefühl, gemocht zu werden, alle negativen Gefühle in seinem Innern auslöschen kann (womit Sie ihn zu Schritt 4 hinführen). Sie können die Situation auch dazu nutzen, bestimmte Charaktereigenschaften zu stärken. Vielleicht wollen Sie Ihrer Tochter helfen, ein bisschen weniger besitzergreifend in Bezug auf ihr Spielzeug und ihren jüngeren Bruder zu werden. Wenn er ein Spielzeug von ihr wohlbehalten zurückbringt, können Sie ihre Erleichterung unterstützen und ihre Großzügigkeit loben. Zweitens können Sie die vier Schritte erwähnen, es jedoch dem Kind selbst überlassen, ob es sie benutzen will. Ich finde diesen Ansatz besonders wertvoll bei Kindern und Jugendlichen, die viel Wert auf ihre Unabhängigkeit legen. Kinder mögen die Aufnahme des Guten, weil sie schnell funktioniert und ein gutes Gefühl beschert. Es steht Ihnen frei, Dinge zu erläutern, Beispiele zu geben und Ihre eigenen Erfahrungen mit dem Kind zu teilen. Sie können ihm raten, das Gute zu bestimmten Gelegenheiten in sich aufzunehmen, zum Beispiel wenn ein anderes Kind nett zu ihm ist oder es eine Aufgabe erledigt hat. Kindern ab sechs Jahren erkläre ich in wenigen Worten, dass das Gehirn wie Klett für das Schlechte, aber wie Teflon für das Gute ist. In der Regel leuchtet dies Kindern unmittelbar ein, worauf sie nichts Schlechtes mehr wollen, das sich in ihrem Gehirn festsetzt. Wenn es sich anbietet, sage ich ihnen, dass ihr Gehirn sie kontrolliert und herumkommandiert – was ihnen nicht gefällt –, sie jedoch in der Lage sind, die Sache selbst in die Hand zu nehmen, wenn sie das wollen.

Drittens können Sie Kinder explizit durch die Schritte begleiten. So wie wir Kindern das Lesen beibringen, können wir ihnen auch beibringen, ihre emotionale Intelligenz zu stärken, indem sie das Gute in sich aufnehmen. Wenn wir großen Wert auf innere Fertigkeiten legen – wovon jeder ein Leben lang profitiert –, dann können wir ihnen diese genauso beibringen, wie wir sie das Einmaleins lehren. Wenn Sie ein Kind ins Bett bringen, dann nehmen Sie sich etwas Zeit, um den Tag Revue passieren zu lassen und an die guten Erfahrungen zu denken, die sie heute gemacht haben. Vielleicht hat Ihre Tochter an diesem Tag etwas Neues gelernt oder gut Basketball gespielt. Und vielleicht weiß sie auch, dass ihre Großmutter sie liebt. Sobald diese positive Erfahrung aktiviert worden ist, können Sie ihr vorschlagen, sie anzureichern und in ihrem Innern wachsen zu lassen. Danach kann sie die Erfahrung aufnehmen, indem sie das Schätzkästlein ihres Herzens mit den neuen Juwelen füllt. Sie können ihr auch vorschlagen, die gute Erfahrung mit einer inneren Trauer oder einem Schmerz zu verbinden. Auf diese Weise wird das Gute allmählich das Schlechte verdrängen und ersetzen – so wie Blumen das Unkraut verdrängen. Im Klassenzimmer können Sie zu Beginn des Tages eine Minute darauf verwenden, die ersten drei Schritte durchzuführen und die Kinder zu ermuntern, Spaß am Lernen zu haben, und diese Erfahrung in sich aufzunehmen. Am Ende des Tages können Sie gleichermaßen das Gefühl verinnerlichen, etwas geleistet zu haben.

Viertens können Sie Kinder fragen, ob sie die vier Schritte selbstständig durchführen wollen – vielleicht in bestimmten Situationen, wenn ein anderes Kind nett zu ihnen war oder sie eine Aufgabe erledigt haben. Machen Sie dann weiter wie gehabt. Nach der Schule oder am Ende des Tages können Sie Ihr Kind fragen, ob es Gutes in sich aufgenommen hat. Ist das der Fall, können Sie sich erkundigen, wie es sich angefühlt hat. Falls nicht, erforschen Sie den Grund. Natürlich lassen sich Kinder genauso ungern ausfragen wie Erwachsene. Gehen Sie also behutsam vor.

Ein entspannter und rationaler Zugang funktioniert stets am besten. Kinder führen die einzelnen Schritte meist schneller aus als Erwachsene – fünf oder zehn Sekunden dürften jeweils genügen. Junge Menschen empfinden Dinge oft sehr genau, ohne die richtigen Worte für ihre Erfahrung zu haben. Wenn wir sie bitten, sie zu beschreiben, bringen wir sie oft in Verlegenheit und halten sie davon ab, das Gute in sich aufzunehmen. Es ist jedoch eine gute Idee, ihnen behutsam eigene Wörter für das anzubieten, was sie gefühlt haben. Wenn Sie eine Vorstellung von den Schlüsselerfahrungen besitzen, die ein Kind braucht – das Gefühl, irgendwo erfolgreich zu sein; die Fähigkeit, Gefühle der Unzulänglichkeit und des Scheiterns in der Schule zu überwinden –, dann halten Sie nach natürlichen Gelegenheiten Ausschau, damit das Kind diese Erfahrungen in sich aufnehmen kann. Suchen Sie in Schema V (S. 166) des vorherigen Kapitels nach potenziellen Erfahrungen, die ein Gegenmittel darstellen können.

Gutes in sich aufzunehmen ist für alle jungen Menschen ein Gewinn, für manche ist es jedoch besonders hilfreich. Kinder, die ängstlich und unbeholfen sind, neigen dazu, das Positive des Alltags zu übersehen. Außerdem müssen sie innere Stärke aufbauen, zum Beispiel ein Gefühl für Sicherheit und Entschlossenheit entwickeln. Äußerst lebhafte Kinder, die im

Verdacht stehen, an ADHS zu leiden, gehen oft so schnell vor, dass selbst guten Erfahrungen keine Zeit bleibt, in sie einzusinken. Außerdem müssen sie mehr Selbstkontrolle entwickeln. Hinzu kommt, dass Letztere häufig eine genetische Disposition zu weniger effektiven Dopaminrezeptoren besitzen. Sie benötigen also mehr und häufigere Belohnungserfahrungen, um sich auf eine Sache konzentrieren zu können. Kinder, die mit Problemen und Herausforderungen wie Lernstörungen oder dem Tod eines Familienmitglieds zu kämpfen haben, profitieren von Schlüsselerfahrungen, die auf ihre individuellen Bedürfnisse zugeschnitten sind – sich von jemandem geliebt zu fühlen, obwohl die geliebte Großmutter gestorben ist. Die meisten Teenager sind sehr an sich selbst interessiert und haben (leider) häufig negative Erfahrungen gemacht. Deshalb sind sie oft extrem motiviert, das Gute in sich aufzunehmen, vor allem in Verbindung mit den Schlüsselerfahrungen, sich attraktiv und gemocht zu finden.

Fragen Sie sich selbst, welche Erfahrungen für Sie als Kind einen Unterschied ausgemacht hätten. Lassen Sie sich von diesem Wissen und Ihrer Intuition leiten, um den Kindern in Ihrem Leben zu helfen, Erfahrungen zu sammeln und aufzunehmen, die für sie den Unterschied ausmachen.

Umgang mit Blockaden

Wenn Sie versuchen, Gutes in sich aufzunehmen, haben Sie es manchmal mit Blockaden – etwa ablenkenden Gedanken – zu tun. Blockaden sind ganz normal. Sie sind weder gut noch schlecht – doch sie sind definitiv im Weg. Es hilft, sie selbstgewiss zu erforschen und zu sehen, ob sich etwas aus ihnen lernen lässt.

Ein wertvoller Aspekt der Aufnahme des Guten ist die Tatsache, dass oft neue Erkenntnisse entstehen. Manche Menschen verspüren beispielsweise einen unterschwelligen Widerwillen, sich selbst gut zu fühlen. Dann können Sie diese neuen Erkenntnisse anhand der unten stehenden Vorschläge überprüfen. Mit Übung und Geduld lassen sich die Blockaden meist überwinden.

Blockaden gegen jede Form der mentalen Übung

Ablenkbarkeit: Konzentrieren Sie sich auf die stimulierenden Aspekte positiver Erfahrungen, was Ihre Aufmerksamkeit bindet.

Sie spüren keinen Kontakt zu Ihrem Körper oder Ihren Gefühlen: Erkunden und gewöhnen Sie sich an simple Genüsse. An den Geschmack von Pfannkuchen mit Ahornsirup, das Gefühl warmen Wassers an den Händen oder die Wohltat des tiefen Ausatmens.

Sie spüren ein Unbehagen, wenn Sie Ihren eigenen Erfahrungen auf den Grund gehen: Suchen Sie sich eine behagliche Ausgangssituation und sagen Sie sich, dass Sie nach außen hin nicht besonders wachsam sein müssen. Sehen Sie sich nach Dingen und Leuten um, die ihnen ein Gefühl von Schutz und Geborgenheit vermitteln. Denken Sie daran, wie es ist, mit jemandem zusammen zu sein, dem Sie am Herzen liegen. Erinnern Sie sich, dass Sie Ihre Aufmerksamkeit jederzeit von Ihrer gegenwärtigen Erfahrung lösen können. Nehmen Sie etwas Angenehmes an Ihrer Umgebung wahr, einen hübschen Anblick oder ein angenehmes Geräusch, und registrieren Sie ein ums andere Mal, dass diese Wahrnehmung für Sie in Ordnung ist und Ihnen kein Unheil zufügt.

Übermäßiges Analysieren, Verlust der Erfahrung: Richten Sie Ihre Aufmerksamkeit erneut auf Ihren Körper und Ihre Emotionen. Folgen Sie einem Atemzug vom Anfang bis zum Ende. Oder sprechen Sie leise aus, was Sie fühlen (ruhelos … entnervt … ruhiger … besser).

Spezifische Blockaden, Gutes in sich aufzunehmen

Etwas entgegenzunehmen fällt Ihnen schwer, selbst wenn es sich um eine gute Erfahrung handelt: Atmen Sie tief ein. Spüren Sie, dass es okay ist, etwas in sich einzulassen. Suchen Sie sich ein einfaches Gefühl wie Freude oder Erleichterung, öffnen Sie sich ihm, nehmen Sie es in sich auf und registrieren Sie, dass es Ihnen immer noch gut geht.

Sie befürchten, im Beruf oder im Leben den Anschluss zu verlieren, wenn Sie sich nicht mehr »hungrig« fühlen: Machen Sie sich klar, dass der Aufbau innerer Ressourcen wie Selbstvertrauen und Glück Ihre Erfolgschancen nur erhöhen kann. Auf der Grundlage dieses Wohlbefindens können Sie auch weiterhin Ehrgeiz und Entschlossenheit an den Tag legen. Außerdem trainiert Sie die Aufnahme des Guten darin, das *ganze* Bild zu sehen, was Ihnen hilft, mehr Möglichkeiten zu erblicken.

Sie fürchten, buchstäblich aus der Deckung zu kommen, wenn Sie sich besser fühlen. Und wer aus der Deckung geht, der wird schnell umgehauen: Denken Sie daran, dass man auch wachsam sein kann, wenn man sich gut fühlt. Besinnen Sie sich darauf, innere Stärken aufzubauen, wie Entschlossenheit, Widerstandskraft, Selbstvertrauen und das Gefühl, jemandem am Herzen zu liegen. Dann brauchen Sie weniger Angst davor zu haben, angreifbar zu sein.

Sie glauben, nach Wohlgefühl zu streben, sei egozentrisch, eingebildet und sündhaft. Sie halten es für unfair und illoyal gegenüber Menschen in Not, oder Sie glauben, es nicht verdient zu haben: Es ist moralisch absolut vertretbar, nach dem Wohlergehen aller Lebewesen zu streben, was Ihr eigenes Wohlergehen mit einschließt. Auch Sie sind wichtig. Und Ihr eigenes Wohlergehen zu fördern, heißt nicht, das Leid anderer zu verstärken. Umgekehrt macht Ihr eigenes Leid andere Menschen nicht glücklicher. Im Gegenteil: Wenn Sie Ihre inneren Ressourcen wie Ruhe und Zufriedenheit ausbauen, werden Sie anderen Menschen umso mehr zu geben haben. Lob zu erhalten oder Stolz auf geleistete Arbeit zu empfinden, macht Sie nicht eingebildet. Im Gegenteil: Menschen mit einem intakten Selbstwertgefühl haben es nicht nötig, sich aufgeblasen und arrogant zu verhalten.

Sie befürchten, bald noch mehr des Guten zu wollen und enttäuscht zu werden: Wenn Sie sich heute gut fühlen, stehen die Chancen nicht schlecht, dass Sie sich auch morgen gut fühlen und somit nicht enttäuscht werden. Und falls Sie doch einmal eine Enttäuschung verspüren, müssen Sie wissen, dass diese Erfahrung zwar unangenehm, aber nicht überwältigend ist. Versuchen Sie, die Gefahr, enttäuscht zu werden, in richtigen Relationen zu sehen: Was ist wichtiger? Den Preis für gelegentliche Enttäuschungen zu zahlen oder der Vorteil, sich gut zu fühlen und innere Ressourcen aufzubauen?

Als Frau sind Sie dazu erzogen worden, andere glücklich zu machen, nicht sich selbst: Ihre Wünsche und Bedürfnisse sind genauso wichtig wie die anderer Menschen. Und wer sich um andere kümmern will, muss erst einmal gut zu sich selbst sein.

Als Mann sind Sie dazu erzogen worden, alles stoisch zu ertragen und den eigenen Empfindungen nicht viel Beachtung zu schenken: Sie müssen Ihre Energiereserven auffüllen, sonst wird Ihr Tank bald leer sein. Ihre inneren »Muskeln« zu trainieren, macht Sie stärker, nicht schwächer.

Positive Erfahrungen aktivieren negative: Obwohl diese Ansicht unlogisch erscheint, ist sie weitverbreitet. Einem Menschen am Herzen zu liegen, kann Gefühle aufrühren, nicht von der *richtigen* Person geliebt zu werden. Wenn Sie selbst so etwas erleben, sollten Sie wissen, dass weder Negatives noch Positives die Wahrheit verändern kann. Nachdem Sie das erkannt haben, richten Sie Ihre Aufmerksamkeit wieder auf die positive Erfahrung, vor allem auf deren erfreulichsten Aspekte (was Ihre Aufmerksamkeit nicht abschweifen lässt).

Sich nicht gut zu fühlen, hat auch Vorteile: Manchmal – seien wir ehrlich – kann eine gewisse Befriedigung darin liegen, empört, gekränkt, verletzt, beleidigt, nachtragend, ja geradezu entrüstet zu sein. Auch Trauer und Melancholie haben ihre eigenen Qualitäten. Doch was ist letztlich besser für uns? Diese »Vorzüge« wahrzunehmen oder sich wirklich gut zu fühlen?

Sie sind früher dafür bestraft worden, energiegeladen und glücklich zu sein: Machen Sie sich bewusst, dass Sie Ihre Zeit heutzutage mit anderen Personen verbringen als damals in Ihrer Kindheit. Bemerken Sie die Leute, die sich freuen, wenn es Ihnen gut geht. Hätten Sie sich nicht gefreut, wäre dies schon in Ihrer Kindheit der Fall gewesen? Sie können jetzt diese Person sein.

Sie glauben, dass nichts Gutes in Ihnen steckt: Das Gute, das andere in Ihnen sehen, ist keine Einbildung. Es ist so real wie die Existenz Ihrer Hände. Halten Sie an der Gewissheit fest, gute Absichten und fürsorgliche Empfindungen zu haben sowie anderen eine Hilfe zu sein. Wenn Menschen Sie in der Vergangenheit abgewertet und gering geschätzt haben, dann machen Sie sich klar, dass das Bewusstsein Ihres eigenen Werts ein Weg für Sie ist, sich selbst gut zu behandeln. (Näheres darüber, das Gute in sich selbst zu erkennen, finden Sie in Kapitel 6 sowie in der in Kapitel 9 beschriebenen Übung, sich als einen guten Menschen zu empfinden.)

Sie glauben, es hat keinen Zweck, sich gut zu fühlen, weil es immer etwas gibt, das schlecht ist: Begreifen Sie, dass die Existenz des Schlechten das Gute nicht beseitigt. Der Donut existiert trotz des Lochs in Ihrem Herzen. Außerdem können wir das Schlechte am wirkungsvollsten bekämpfen, indem wir das Gute hegen und pflegen. Ich liebe dieses Sprichwort: *Lieber eine einzige Kerze anzünden, als die Dunkelheit zu verfluchen.*

Auf anpassungsfähige Weise mit Herausforderungen umgehen

Das Leben ist voller Widrigkeiten, von nervtötenden Verwandten bis hin zu ernsten Krankheiten. Man kann diese Umstände auch im Lichte unserer eigenen Grundbedürfnisse – Sicherheit, Zufriedenheit und Zugehörigkeit – betrachten. Um mit einem schwierigen Umstand möglichst anpassungsfähig (nicht reaktiv) umzugehen, sollten wir versuchen, die inneren Stärken und die mit ihnen verbundenen Erfahrungen zu mobilisieren, die unser Grundbedürfnis, das herausgefordert ist, am ehesten befriedigen.

Nehmen wir einmal an, Sie sind mit einer Person konfrontiert, die aggressiv ist und Sie – vielleicht auf subtile Weise – bedroht; dann würde dieser Jemand das Vermeidungssystem in Ihrem Gehirn aktivieren. Jemand, dem gegenüber Sie sich nicht sicher fühlen. Reaktive Erfahrungen Ihrerseits würden Gefühle von Furcht (von Beklommenheit bis zu starker Angst), Zorn (von Verärgerung bis zu Empörung) und Betäubung umfassen. Reaktive Verhaltensweisen wären Kampf (Auseinandersetzung), Flucht (Rückzug) und Erstarren (Bewegungsunfähigkeit). So verständlich dieses »Rot-sehen« auch ist, so zahlen Sie und andere doch den Preis dafür.

Die Alternative besteht in einem anpassungsfähigen Zugang zu dieser Person, der auf innerer Stärke und dementsprechenden Erfahrungen des Vermeidungssystems beruht. Sie können damit anfangen, sich Ihrer eigenen Loyalität zu versichern, sich selbst zu achten und sich genug Zeit zu nehmen, um zu verstehen, was eigentlich vor sich geht, sowie einen gewissen Handlungsplan zu entwerfen. Rufen Sie sich Ihre eigenen Ressourcen sowie Schutzmechanismen in Erinnerung, die sich in Ihrem Leben bewährt haben. Aktivieren Sie Gefühle von Entschlossenheit und Stärke. Überprüfen Sie Ihre Annahmen und Schlussfolgerungen genau und vergewissern Sie sich, dass Sie nicht dem üblichen Fehler erliegen, die Bedrohung zu überschätzen und die eigenen Ressourcen zu unterschätzen. Rücken Sie die Bedrohung in eine realistische Perspektive. Atmen Sie tief durch oder tun Sie andere Dinge, die Sie entspannen, beruhigen und zu sich selbst bringen. Mobilisieren Sie Ihre Ressourcen. Führen Sie sich vor Augen, wie Sie andere Menschen unterstützen, und scharen Sie im Geiste Ihre Verbündeten um sich. Wenn Sie zum Handeln übergehen, seien Sie entsprechend umsichtig, doch weder schüchtern noch ängstlich. Handeln Sie wohlüberlegt und ernsthaft, lassen Sie sich nicht zu impulsiven Handlungen hinreißen, widerstehen Sie insbesondre Impulsen, sich selbst herabzuwürdigen oder vorschnell die Flinte ins Korn zu werfen. Führen Sie sich die wahrscheinlichen Folgen vor Augen, wenn Ihr Gehirn »auf Grün schaltet«. Dieser Zugang ist keine Erfolgsgarantie, aber die vielversprechendste Strategie.

Sie können denselben Zugang wählen, wenn Ihre Bedürfnisse nach Zufriedenheit und Zugehörigkeit missachtet werden. Werfen Sie einen Blick auf die Tabelle »Positive Erfahrungen als Gegenmittel für negatives Material« (S. 166) des vorigen Kapitels und sehen Sie, welche Schlüsselerfahrungen und inneren Stärken Ihnen helfen, auf schwierige Umstände in der Gegenwart möglichst anpassungsfähig zu reagieren. Es ist natürlich eine Möglichkeit, sich diese Erfahrungen und Stärken ein ums andere Mal ins Gedächtnis zu rufen, sie wiederholt in sich aufzunehmen, um sie noch tiefer in Ihrem Gehirn zu verankern.

Neben der Möglichkeit, den Widrigkeiten des Alltags mit positiven Schlüsselerfahrungen zu begegnen, können Sie sich im Geiste auch vorstellen, wie »anpassungsfähig« Sie in Zukunft reagieren werden. Diese Methode nennt sich »mentales Training« und ist nachweislich in der Lage, unser Verhalten in verschiedenen Situationen zu optimieren. Probieren Sie die folgende Übung aus und passen Sie sie Ihren Bedürfnissen an. Sie verleiht

Ihren drei Grundbedürfnissen innere Stärke. Suchen Sie sich dasjenige aus, das für Sie angesichts einer bestimmten Herausforderung von zentraler Bedeutung ist. Die Übung im nächsten Kapitel erklärt im Detail, was es mit den verschiedenen Qualitäten, die unsere innere Stärke ausmachen, auf sich hat. Los geht's:

Kommen Sie zur Ruhe, atmen Sie tief durch, finden Sie Ihre Mitte. Wählen Sie eine Herausforderung aus und betrachten Sie sie aus der Vogelperspektive. Bedenken Sie die Reaktionen, die diese Herausforderung bisher bei Ihnen ausgelöst hat, und wie Sie ihr in Zukunft begegnen wollen.

Rufen Sie zunächst das Gefühl in sich wach, sich selbst zur Seite zu stehen, ein Gefühl der Achtung und des Mitgefühls angesichts dessen, was schmerzhaft für Sie ist. Spüren Sie Stärke und Entschlossenheit. Verinnerlichen Sie ganz und gar das Gefühl, in diesem Moment gut und richtig zu sein.

Beachten Sie die Herausforderung. Wissen Sie, dass Sie Schutz und Unterstützung genießen. Atmen Sie langsam aus und entspannen Sie sich. Stellen Sie sich vor, der Herausforderung zu begegnen, während Sie weiterhin vollkommen ruhig und gefasst sind. Bewahren Sie die Ruhe, auch wenn Sie entschieden auftreten. Es gibt keinen Grund, sich mit irgendjemandem anzulegen oder gegen irgendjemanden in den Krieg zu ziehen. Atmen Sie durch und entspannen Sie sich weiter. Rufen Sie in Verbindung mit der Herausforderung ein Gefühl von Ruhe und Frieden in sich wach.

Entwickeln Sie Gefühle von Freude und Dankbarkeit für Ihr Leben als Ganzes. Werden Sie sich der vielen schönen

Dinge darin bewusst, die unabhängig von der Herausforderung existieren. Genießen Sie die Fülle des Augenblicks. Konzentrieren Sie sich auf das, was in Ihrer Macht steht, um der Herausforderung zu begegnen. Beginnen Sie, realistische Handlungspläne zu entwerfen. Denken Sie an die vielen Dinge in Ihrem Leben, die Ihnen geglückt sind. Stellen Sie sich vor, wie Sie dieser Herausforderung auf der Basis innerer Befriedigung und Erfüllung gewachsen sind.

Fühlen Sie sich geerdet – indem Sie wissen, dass Sie anderen am Herzen liegen –, wenn Sie der Herausforderung begegnen. Fühlen Sie sich von diesen anderen, die Ihnen Empathie und Unterstützung zukommen lassen, ermutigt. Nehmen Sie ihre Liebe wahr und füllen Sie Ihr Herz damit an. Lassen Sie ihnen Ihrerseits Fürsorge, Freundschaft und Liebe zukommen. Spüren Sie der neuen Warmherzigkeit in sich nach, damit Sie Schwierigkeiten auf der Grundlage von Achtung und Selbstachtung bewältigen können. Wünschen Sie sich und anderen nur das Beste, obwohl Sie für sich selbst eintreten. Empfangen und geben Sie Liebe.

Lassen Sie sich von Gefühlen der Liebe, der Ruhe und Zufriedenheit durchdringen, während Sie sich der Herausforderung stellen. Bewahren Sie alle negativen Erfahrungen in einem stillen Winkel Ihres Bewusstseins. Vergegenwärtigen Sie sich einige der guten Ergebnisse, die Sie erzielt haben, indem Sie der Herausforderung zufrieden und gelassen begegnet sind. Diese guten Ergebnisse sollen Sie motivieren, derselben Herausforderung in den nächsten Tagen möglichst »anpassungsfähig« zu begegnen.

Die Aufnahme

Ganz gleich, ob Sie private oder professionelle Beratung in Anspruch nehmen – die vier Schritte, Gutes in sich aufzunehmen, helfen Ihnen dabei, die Ergebnisse in Ihrem Bewusstsein zu verankern. Dies verbessert substanziell die Arbeit von Führungskräftetrainern, Psychotherapeuten, Achtsamkeitslehrern etc.

- Nehmen Sie belohnende Erfahrungen in sich auf, die mit Verhaltensweisen zu tun haben, die Sie bei sich selbst stärken möchten. Bei problematischen (Sehn-)Süchten wie verschiedenen Abhängigkeiten können Sie sich entscheidend helfen, indem Sie größeres Glück dem kleineren vorziehen.

- Seien Sie nachgiebig und verständnisvoll sich selbst gegenüber, wenn Sie nach Schlüsselerfahrungen Ausschau halten. Auch wenn Sie nicht den ganzen Kuchen haben können, lassen Sie sich so viel von ihm schmecken wie möglich.

- Es ist normal, dass Schmerzen und empfundene Unzulänglichkeiten der Vergangenheit nicht spurlos an uns vorübergehen. Sie können Schlüsselerfahrungen nutzen, um das Loch in Ihrem Herzen zu schließen.

- Wenn Sie an Depressionen oder Traumata leiden, können Sie die Wirkung der therapeutischen Interventionen erhöhen, indem Sie Gutes in sich aufnehmen.

- In zwischenmenschlichen Beziehungen hilft es beiden Partnern, die Vorzüge des anderen anzuerkennen und zu verinnerlichen. Dies stärkt auch das gegenseitige Gefühl der Zugehörigkeit.

- Sowohl auf privater als auch auf professioneller Ebene können Sie die vier Schritte anwenden, um anderen, auch Kindern, zu helfen.

- Innere Blockaden bei der Aufnahme des Guten sind keine Seltenheit. Diese Blockaden eröffnen uns die Chance, etwas über uns zu lernen. Man kann auf verschiedene Art und Weise mit ihnen umgehen.

- Wenn Sie mit schwierigen Umständen konfrontiert sind, werden Ihnen Schlüsselerfahrungen der inneren Stärke helfen, ihnen »anpassungsfähig« oder flexibel zu begegnen. Je öfter Sie diese Erfahrungen in sich aufnehmen, desto besser werden Sie in der Lage sein, zunehmend schwierige Herausforderungen zu meistern.

Kapitel 10
21 Edelsteine

Dieses Kapitel umfasst eine Reihe praktischer Übungen, um Schlüsselerfahrungen in Ihrem Inneren zu stärken. Ich möchte diese Übungen als *21 Edelsteine für das Schatzkästlein Ihres Herzens* bezeichnen. Sie beinhalten ein Gefühl für Sicherheit, Entspannung, Vergnügen, Begeisterung, Selbstachtung sowie die Gewissheit, ein guter Mensch zu sein. Außerdem die Kennzeichen eines anpassungsfähigen Gehirns: Frieden, Zufriedenheit und Liebe. Das sind die fundamentalen inneren Stärken, die mein eigenes Leben und das vieler anderer verändert haben. Halten Sie nach Möglichkeiten Ausschau, diese Erfahrungen im Alltag zu sammeln, und nutzen Sie die folgenden Übungen, um die neue innere Stärke in die Textur Ihres Gehirns einzuweben.

Wie man dieses Kapitel benutzt

Die Schlüsselstärken werden jeweils unseren drei Grundbedürfnissen nach Sicherheit, Zufriedenheit und Zugehörigkeit zugeordnet, stets sieben an der Zahl. Jede Übung beginnt mit einer Einführung und führt dann durch die vier Schritte, Gutes in sich aufzunehmen. Da Sie mit diesen Schritten bereits vertraut sind, werden meine Empfehlungen kurz und direkt sein. Denken Sie daran, dass der vierte Schritt optional ist. Da jede Übung für sich steht, wird es zu einigen unvermeidlichen Wiederholungen kommen. Scheuen Sie sich nicht, die Übungen so anzupassen, dass sie Ihren eigenen Bedürfnissen entsprechen. Wenn ich beispielsweise darüber spreche, eine bestimmte Stärke in sich aufzunehmen, dann können Sie diese natürlich durch eine andere ersetzen, von der Sie sich mehr angesprochen fühlen.

Ein einzelnes Thema oder Bedürfnis

Wenn Sie sich mit einer bestimmten Situation, Beziehung oder Gemütsverfassung herumschlagen, mit einer kraftraubenden, aber unvermeidbaren Arbeit, einem launischen Teenager oder der eigenen Melancholie, dann gibt es für Sie genau die Stärke, von der Sie im einzelnen Fall profitieren werden. Genau auf diese Stärke sollten Sie sich also eine Zeit lang konzentrieren. Die Fähigkeit, Schutz zu suchen (S. 209) hilft gegen das Gefühl der Erschöpfung, empathische Selbstbehauptung (S. 244/248) ist bei Beziehungsschwierigkeiten nützlich, Dankbarkeit und Freude sind gut bei Melancholie. Für Stärken, die bei bestimmten Herausforderungen nützlich sind, beachten Sie die Tabelle »Positive Erfahrungen als Gegenmittel für negatives Material« in Kapitel 8 (S. 166).

Die Konzentration auf ein Grundbedürfnis

Oder vielleicht gefällt es Ihnen ja, alle sieben Stärken in Bezug auf ein einzelnes Grundbedürfnis zu entwickeln. Wenn Sie an Angst und Bedrückung leiden, dann nehmen Sie die zugehörigen Stärken wie Beruhigung und Entspannung in sich auf. Geht es um Enttäuschung, Trauer oder Verlust, ist Ihnen mit Dankbarkeit und Freude gedient usw. Wenn Sie mögen, konzentrieren Sie sich an jedem Tag der Woche auf eine neue Stärke und sehen Sie am Ende, wie sich das anfühlt. Oder aber Sie behalten den Überblick über alle sieben Stärken und entscheiden im Einzelfall, welche am besten zu einer bestimmten Situation passt. Sie können auch die Tabelle »Das Glück festschreiben« (S. 179) aus dem vorigen Kapitel benutzen, um die Stärken nachzuverfolgen, die Sie jeden Tag kultiviert haben.

Die Top Ten

Alle in diesem Kapitel aufgelisteten Stärken oder Erfahrungen sind wertvoll. Doch wenn ich zehn von ihnen auswählen müsste, wären es diese: Schutz suchen, sich in diesem Moment okay fühlen, Frieden (Bedürfnis nach Sicherheit), Begeisterung, ein momentanes Gefühl der Fülle, Wohlbehagen (Bedürfnis nach Zufriedenheit), das Gefühl, jemandem am Herzen zu liegen, sich als guter Mensch fühlen, Liebe (Bedürfnis nach Zugehörigkeit) sowie ein ganzheitliches Gefühl für Frieden, Wohlbehagen und Liebe, dessen Aspekte sich vermischen (siehe auch die Übung am Ende von Kapitel 7). Stellen Sie gern Ihre eigene Top Ten zusammen.

Sie können sich über zehn Tage hinweg jeden Tag an einer anderen Stärke versuchen oder sich zwei, drei Eigenschaften täglich widmen. Wenn Sie drei Tage lang in die Tiefe gehen wollen, können Sie die drei Stärken für Sicherheit an Tag 1, die drei für Zufriedenheit an Tag 2 und die drei für Zugehörigkeit an Tag 3 erforschen. Führen sie sie dann als die Eine-Minute-Übung jeweils morgens und abends durch.

21 Tage des Guten

Wenn Sie wirklich großen Einsatz zeigen wollen, warum nehmen Sie sich nicht einfach drei Wochen Zeit, um Ihren Geist, Ihr Gehirn und Ihr Leben zu nie gekannten Höhenflügen zu animieren? Suchen Sie sich jeden Tag eine neue Stärke aus und spüren Sie sie in sich wachsen. Sie können die hier vorgestellten 21 Stärken der Reihe nach erkunden. Oder sich ihnen jeweils in Dreitageszyklen widmen: eine Übung für jedes Bedürfnis (Sicherheit, Zufriedenheit, Zugehörigkeit) an fortlaufenden Tagen. Aus Spaß können Sie sich auch nach dem Popcorn-Prinzip jeden Tag eine Stärke auf gut Glück herausgreifen und sie aus der Liste streichen, bis nur noch eine übrig ist. Wenn Sie mögen, können Sie die Stärken auch durch andere ersetzen, zum Beispiel durch Wissbegier und Großzügigkeit.

Um diesen Prozess zu beflügeln, können Sie ihn auch schriftlich festhalten, ihn gemeinsam mit einem Freund oder Fami-

EINE GUTE MINUTE

Falls Ihnen diese Möglichkeiten zu kompliziert erscheint, machen Sie sich keine Sorgen. Nehmen Sie sich nur einen kurzen Moment Zeit für das, was ich immer tue, nachdem ich aufwache, bevor ich zu Bett gehe, zu meditieren beginne oder einer großen Herausforderung ins Gesicht blicke:

Atmen Sie mehrmals tief durch und machen Sie sich bewusst, was ganz allgemein in Ihrem Körper und Geist vor sich geht, ohne dies ändern zu wollen. Kommen Sie zu sich selbst.

Entspannen Sie sich. Ihre Atmung wird langsam und leicht. Alle Sorgen verfliegen. Anspannungen lösen sich. Spüren Sie die Stärke in sich und denken Sie an jemanden, der Sie beschützt, zum Beispiel nahe Freunde. Registrieren Sie, wie gut es Ihnen geht. Ruhen Sie in einem wachsenden Zustand inneren Friedens.

Rufen Sie sich eines oder mehrere Dinge ins Bewusstsein, für die Sie dankbar und froh sind. Denken Sie an etwas, das Sie glücklich macht. Spüren Sie die Fülle dieses Augenblicks. Ruhen Sie in wachsender Zufriedenheit.

Denken Sie an einen oder mehrere Menschen (oder ein Haustier), dem oder denen Sie am Herzen liegen. Spüren Sie, dass Sie gemocht, geschätzt und geliebt werden. Erkennen Sie Ihre eigene Liebe und Fürsorge. Ruhen Sie in wachsender Liebe.

Spüren Sie, wie sich innerer Frieden, Wohlbehagen und Liebe in Ihrem Innern vereinen, drei Aspekte der allumfas-

> *senden Erfahrung, nach Hause zu kommen. Ruhen Sie im*
> *anpassungsfähigen Modus.*
> *Sie können sich gern vorstellen, wie Sie auf diese Weise*
> *durch den Tag gleiten.*
> *Beenden Sie diese Übung mit ein, zwei tiefen Atemzügen*
> *und spüren Sie, wie innerer Frieden, Wohlbehagen und*
> *Liebe in Sie einsinken.*

lienmitglied durchführen oder in Ihre Therapie einfließen lassen. Betrachten Sie dies als Möglichkeit des Rückzugs oder, wenn Ihnen das zu spartanisch vorkommt: als luxuriösen Wellnessurlaub, bei dem keine schwefelhaltigen Schlammpackungen, sondern wohltuende heilende Bäder auf dem Programm stehen. Am Ende dieser drei Wochen sollten Sie stolz auf Ihren Erfolg sein und ihn ausgiebig feiern.

Wenn Sie sich 21 Tage lang Zeit nehmen, um diese Stärken zu genießen und zu vertiefen, können Sie sichergehen, dass Ihren drei Grundbedürfnissen nach Sicherheit, Zufriedenheit und Zugehörigkeit mehr Beachtung geschenkt wird und Sie sicher im »grünen« anpassungsfähigen Modus Ihres Gehirns verweilen. Nebenbei werden Sie sich selbst zum guten Freund geworden sein, der sich aus eigenem Antrieb »auf Glück programmiert« hat.

Sicherheit

Wenn Sie das Gefühl der Sicherheit erleben, steht Ihr Vermeidungssystem auf »Grün«. Indem Sie regelmäßig Empfindungen wie *Sicherheit, Stärke, Entspannung, Rückzug, klares Einschätzen von Bedrohungen und Möglichkeiten, sich gut und richtig zu fühlen* sowie *inneren Frieden* in sich aufnehmen, können Sie sowohl Ihre Fähigkeit, sicher zu *sein*, als auch Ihr *Gefühl* für Sicherheit ausbauen. (Schlüsselerfahrungen des Bindungssystems helfen Ihnen ebenfalls, sich sicher zu fühlen, was im Abschnitt über Zugehörigkeit näher erläutert wird.) Dies wird Ihnen eine größere Leichtigkeit im Leben bescheren. Sie werden es immer weniger nötig haben, mit unangenehmen Erfahrungen zu kämpfen oder diese beiseitezuschieben.

Das Vermeidungssystem wurzelt in uralten Schaltkreisen im Hirnstamm und limbischen System, die zwar schnell (gut fürs Überleben), aber starr (schlecht für die Lebensqualität und Heilung alter Wunden) sind. Leider lernen diese Schaltkreise nur sehr langsam, da Hirnstamm und limbisches System weniger Neuroplastizität besitzen als der Kortex. Man muss diese älteren Teile des Gehirns vielmehr nachhaltig »besänftigen«, um seine Ruhe zu haben. Lassen Sie uns also möglichst viele Gelegenheiten nutzen, um die folgenden Schlüsselerfahrungen in uns aufzunehmen.

Abgesehen von den generellen Vorteilen sollen die Übungen dieses Kapitels Ihre Stresstoleranz erhöhen sowie Ihre Fähigkeit, ebenso gelassen wie offen im anpassungsfähigen Modus zu verweilen, während Sie mit unangenehmen Erfahrungen konfrontiert sind. Stresstoleranz ist wie ein Stoßdämpfer, der die Stöße und Schläge des Alltags abmildert, ohne deshalb aversiv zu werden und reaktiv auf sie zu reagieren. Obwohl diese Schläge schmerzen und Sie gut und gerne auf sie verzichten könnten, sind Sie in der Lage, sie ohne Überreaktion zu ertragen. Deshalb belegen viele Studien, dass Stresstoleranz eine primäre Quelle für Widerstandskraft, Glück und Erfolg ist.

Schutz

Das Gefühl, geschützt zu sein, vermindert unsere Alarmbereitschaft. Wer sich geschützt fühlt, braucht sich nicht vor potenziellen Gefahren zu ängstigen oder sich gegen sie zu wappnen – als würde man vom sicheren Hafen aus einen Sturm auf See beobachten, der einem nichts anhaben kann.

Erfahrung machen – Registrieren Sie Gefühle des Schutzes, die bereits im Vordergrund oder Hintergrund Ihres Bewusstseins gegenwärtig sind. Vielleicht haben Sie die Vorstellung, von starken Mauern oder verschlossenen Türen umgeben zu sein, oder von verlässlichen Freunden in Ihrer Nähe.

Sie können das Gefühl, geschützt zu sein, auch hervorrufen, indem Sie sich Ressourcen vergegenwärtigen, die Sie der Außenwelt wie einen Schild entgegenhalten: Fähigkeiten, Tugenden, Zuschreibungen, Freunde und Familienmitglieder. Oder Sie denken an konkrete Personen oder eine ganze Gruppe, die Sie schützt – Menschen, denen Sie am Herzen liegen. Vielleicht mögen Sie sich vorstellen, sich inmitten eines Kraftfelds zu befinden, in das nichts Böses eindringen kann.

Erfahrung anreichern – Öffnen Sie sich dem Gefühl, geschützt zu sein. Erkunden Sie diese Erfahrung. Füllen Sie Körper und Geist damit. Intensivieren Sie die Erfahrung. Bleiben Sie bei ihr, halten Sie an ihr fest. Öffnen Sie sich Empfindungen wie Ungezwungenheit und Erleichterung, während Sie sich geschützt fühlen. Sie können die Erfahrung bereichern, indem Sie sich Fotos von Personen ansehen (Verkörperung), denen Sie am Herzen liegen. Oder indem Sie über den Griff einer verschlossenen Tür streichen beziehungsweise sich an eine Wand lehnen und deren Solidität empfinden.

Erfahrung in sich aufnehmen – Spüren Sie, wie die Erfahrung, geschützt zu sein, in Sie einsinkt, und Sie gleichermaßen in die Erfahrung einsinken. Seien Sie sich gewiss, dass diese

Erfahrung ein Teil von Ihnen wird, eine Ressource, auf die Sie jederzeit zugreifen können. Je mehr die Erfahrung in Sie einsinkt, desto weniger haben Sie das Bedürfnis, gegen Dinge der inneren und äußeren Welt anzugehen und sie zu bekämpfen. Sie fühlen sich weder bedroht noch in Alarmbereitschaft. Somit können Sie sich auch von Ängsten und allzu großer Wachsamkeit trennen.

Erfahrungen verbinden – Registrieren Sie *sowohl* das Gefühl, geschützt zu sein, *als auch* Gefühle der Furcht und Verletzlichkeit. Schenken Sie vor allem der positiven Erfahrung Beachtung. Wenn das negative Material Sie in Geiselhaft nehmen will, lassen Sie es einfach fallen. Spüren Sie, wie gut Ihnen das Gefühl tut, geschützt zu sein, und wie es alten Schmerz lindert. Vielleicht haben Sie das Bild vor Augen, wie eine schützende Instanz junge, fragile Teile Ihres Selbst vor Gefahr bewahrt. Das Gefühl, Schutz zu genießen, dringt in verängstigte Teile von Ihnen ein, versichert Sie der Hilfe und beschert Ihnen ein besseres Gefühl. Wenn Sie mögen, trennen Sie sich nun von sämtlichem negativen Material und konzentrieren Sie sich ganz auf das Gefühl des Schutzes. Besinnen Sie sich im Laufe der nächsten Stunde wiederholt auf neutrales und positives Material – wie das Gefühl, geschützt zu sein –, während Sie sich zugleich einen neutralen Trigger (Leute, Situationen, Ideen) für das Gefühl, bedroht zu sein, ins Bewusstsein rücken.

Stärke

Furcht entspringt der wahrgenommenen Kluft zwischen unseren inneren Stärken und äußeren Herausforderungen. Je ausgeprägter Ihr Gefühl für die eigenen Stärken wird, desto mehr wird diese Kluft schrumpfen oder sich gar in Luft auflösen. Danach werden Sie in der Lage sein, dem Leben nicht angstvoll, sondern selbstbewusst gegenüberzutreten. Stärke empfinden bedeutet nicht, sich künstlich aufzublasen oder ein aggressives Verhalten an den Tag zu legen. Entschlossenheit, Hartnäckigkeit, Flexibilität und Integrität sind Zeichen der Stärke. Ebenso harte Zeiten durchzustehen und schreckliche zu überleben.

Erfahrung machen – Nehmen Sie Gefühle von Stärke zur Kenntnis, die im Vordergrund oder Hintergrund Ihres Bewusstseins bereits präsent sind: die Vitalität Ihres Körpers, Ihren beständigen Herzschlag und unerschütterlichen Einsatz für andere. Dieses Bewusstsein ist umfassend und in der Lage, jedes Detail Ihrer Erfahrungen festzuhalten.
Kreieren Sie selbst ein Gefühl der Stärke. Suchen Sie in jüngerer und ferner Vergangenheit nach Erlebnissen der eigenen Stärke. Vielleicht konnten Sie sich während eines langen Arbeitstages oder beim Training auf Ihren Körper verlassen. Vielleicht haben Sie sich für jemand anderes oder für sich selbst eingesetzt. Vielleicht haben Sie etwas durchgehalten, das Sie schon aufgeben wollten. Verwandeln Sie diese Vorstellungen und Erinnerungen in gefühlte Stärke.
Erfahrung anreichern – Öffnen Sie sich dem Gefühl der Stärke. Erkunden Sie diese Erfahrung. Füllen Sie Körper und Geist damit. Intensivieren Sie die Erfahrung. Bleiben Sie bei ihr, halten Sie an ihr fest. Schaffen Sie ihr einen festen Platz in Ihrem Innern. Kehren Sie zu ihr zurück, falls Ihre Aufmerksamkeit abirrt. Je stärker Sie sich fühlen, desto ruhiger und selbstgewisser werden Sie. Sie wissen, dass Sie den Anforderungen des Lebens gewachsen sind. Entdecken Sie neue und frische Aspekte an der Erfahrung der Stärke. Spüren Sie, wie sich Stärke anfühlt, die ohne Zorn ist. Rufen Sie sich eine Zeit ins Gedächtnis, in der Sie entschlossen und durchsetzungsfähig, doch ohne jede Gereiztheit oder Aggressivität waren. Sie können der Stärke auf verschiedene Weise ein körperliches Ge-

fühl geben: Sie können verschiedene Muskeln anspannen, um Ihre Kraft zu spüren, den Rücken durchdrücken oder Ihr entschlossenes Gesicht im Spiegel betrachten. Machen Sie sich klar, was Stärke Ihnen persönlich bedeutet, welchen Stellenwert sie für Sie hat.

Erfahrung aufnehmen – Spüren Sie, wie die Erfahrung der Stärke in Sie einsinkt, und Sie gleichermaßen in die Erfahrung einsinken. Spüren Sie, wie die Stärke Sie mit neuer Energie erfüllt. Lassen Sie zu, dass Sie ein wenig verändert werden. Dass Sie stärker werden. Sie wissen, dass die Stärke zu einem Teil von Ihnen wird, zu einer inneren Ressource, auf die Sie jederzeit zugreifen können. Je mehr die Stärke von Ihnen Besitz ergreift, desto weniger fühlen Sie sich gezwungen, mit der inneren oder äußeren Welt Kämpfe auszutragen. Sie müssen sich gegen nichts und niemanden sträuben.

Erfahrungen verbinden – Registrieren Sie *sowohl* Gefühle der Stärke *als auch* der Schwäche. Schenken Sie vor allem der positiven Erfahrung der Stärke Beachtung. Wenn das negative Material Sie in Geiselhaft nehmen will, lassen Sie es einfach fallen. Die Stärke unterstützt Sie und lindert alten Schmerz – vielleicht sind Sie als Kind herumkommandiert und drangsaliert worden. Jetzt fühlen Sie sich so stark wie ein tief verwurzelter mächtiger Baum, den auch die Stürme des Lebens nicht umwerfen können. Trennen Sie sich von allem negativen Material, wenn Sie mögen, und bewahren Sie ausschließlich das Gefühl der Stärke in sich. Besinnen Sie sich im Laufe der nächsten Stunde wiederholt auf neutrales und positives Material – wie das Gefühl der Stärke –, während Sie sich zugleich einen neutralen Trigger für das Gefühl der Schwäche ins Bewusstsein rücken.

Entspannung

Wenn Sie sich entspannen, wird Ihr parasympathisches Nervensystem aktiver, was den Kampf-oder-Flucht-Sympathikus Ihres Nervensystems beruhigt. Die Anspannung Ihres Körpers lässt nach, Herzschlag und Atmung werden langsamer, die Verdauung funktioniert besser. Das alles vermindert interne Bedrohungssignale und Sie entspannen noch mehr.

Erfahrung machen – Nehmen Sie Gefühle von Entspannung zur Kenntnis, die in Ihrem Bewusstseins bereits präsent sind. In Ihrer Atmung oder Teilen Ihres Körpers könnten Sie Ungezwungenheit und Leichtigkeit finden. Sie können Gefühle der Entspannung aber auch selbst kreieren. Atmen Sie ein paarmal tief durch, wobei das Ausatmen jeweils etwa doppelt so lang ist wie das Einatmen. Entspannen Sie zentrale Stellen wie Kiefer, Zunge, Mund und Augen. Atmen Sie ins Zwerchfell hinein. Spüren Sie, wie sich alle Spannungen Ihres Körpers lösen. Stellen Sie sich entspannte Situationen vor, zum Beispiel am Strand zu sein und sich von der Sonne wärmen zu lassen. Sie können auch nacheinander verschiedene Körperteile entspannen und dabei von den Füßen bis zum Kopf vorgehen.

Erfahrung anreichern – Öffnen Sie sich dem Gefühl der Entspannung und spüren Sie ihm nach. Lassen Sie sich davon ganz ausfüllen und intensivieren Sie es. Bleiben Sie bei ihm, halten Sie an ihm fest. Je mehr Sie sich entspannen, desto eher können Sie anderes loslassen. Geben Sie sich dem wunderbaren Gefühl absoluter Ruhe hin. Registrieren Sie verschiedene Aspekte dieser Erfahrung, die dadurch ihre Frische bewahrt. Spüren Sie eine wachsende Gelassenheit. Lassen Sie Ihren Körper diese Gelassenheit spüren, indem Sie sich auf den Boden legen und sich sanft hin und her wiegen. Ihre Gesichtszüge sind vollkommen entspannt. Denken Sie daran, wie Ihnen eine größere Entspanntheit zu Hause wie bei der Arbeit zugutekommt.

Erfahrung aufnehmen – Spüren Sie, wie die Entspannung in Sie einsinkt und ein Teil von Ihnen wird. Je entspannter Sie werden, desto mehr Spannung und Widerstand fallen von Ihnen ab.

Erfahrungen verbinden – Registrieren Sie *sowohl* Gefühle der Entspannung *als auch* der Anspannung. Schenken Sie vor allem der Entspannung Beachtung. Wenn das negative Material Sie in Geiselhaft nehmen will, lassen Sie es einfach fallen. Die Entspannung sinkt in Sie ein und lindert alten Schmerz – all das, was verschlossen oder verkrampft war. Spannungen lösen sich, indem die Entspannung wie ein sanfter Regen auf Sie niedergeht. Trennen Sie sich von allem negativen Material, wenn Sie mögen, und bewahren Sie ausschließlich das Gefühl der Entspannung in sich. Besinnen Sie sich im Laufe der nächsten Stunde wiederholt auf neutrales und positives Material – wie das Gefühl der Entspannung –, während Sie sich zugleich einen neutralen Trigger für das Gefühl der Anspannung ins Bewusstsein rücken.

Zuflucht

Als Zuflucht kann alles bezeichnet werden, das Ihnen Gefühle eines geschützten Raums, des Auftankens, der Unverletzlichkeit und Erhebung vermittelt. Auch in Zeiten von Leid und Schmerz können Sie in dieser Erfahrung ruhen und Ihre Batterien wieder aufladen.

Erfahrung machen – Nehmen Sie das Gefühl einer Zuflucht zur Kenntnis, das in Ihrem Bewusstsein bereits präsent ist. Vielleicht liegen Sie zu Hause im Bett oder in der Badewanne oder Sie kuscheln mit Ihrem Partner. Vielleicht stehen Sie auch unter einem Baum oder unter dem Sternenhimmel. Womöglich meditieren oder beten Sie. Sie können das Gefühl einer Zuflucht auch kreieren, indem Sie an einen geliebten Ort denken, beispielsweise das an einem See gelegene Holzhaus, in dem Ihre Familie früher den Sommer verbracht hat. Selbst bestimmte Lehrer oder Lehrinhalte können eine Art Zuflucht sein. Manche Menschen finden Zuflucht, indem Sie ständig arbeiten, die Zähne zusammenbeißen und niemals aufgeben. Andere in ihrer Fähigkeit, die Wahrheit zu sehen und die Spreu vom Weizen trennen zu können. Zuflucht finden können Sie auch in der Vernunft und darin, Dingen auf den Grund zu gehen. In der Spiritualität oder Religion oder anderen Gotteserfahrungen.

Erfahrung anreichern – Erkunden Sie die Qualitäten bestimmter Zufluchtsarten, die mit Plätzen oder Personen zusammenhängen. Dann öffnen Sie sich dem generellen Gefühl, eine Zuflucht zu haben. Was für ein Gefühl ist es, in einem sicheren Hafen zu sein? Dass man gut aufgehoben und geborgen ist und bedingungsloses Vertrauen haben kann? Lassen Sie sich von dieser Erfahrung ganz ausfüllen und intensivieren Sie sie. Bleiben Sie bei ihr, halten Sie an ihr fest. Sie können ihr eine konkrete Bedeutung verleihen, indem Sie an persönliche Rückzugsorte denken: an einen gemütlichen Sessel im Wohnzimmer, an die Kirche oder Synagoge.

Erfahrung aufnehmen – Spüren Sie, wie die Erfahrung, eine Zuflucht zu haben, in Sie einsinkt und ein Teil von Ihnen wird. Betrachten Sie dieses Gefühl als etwas, »von dem Sie kommen« – nicht als etwas, »das Sie aufsuchen«. Je mehr Sie sich in Ihrer Zuflucht zu Hause fühlen, desto weniger müssen Sie mit irgendetwas kämpfen.

Erfahrungen verbinden – Registrieren Sie *sowohl* die Erfahrung der Zuflucht *als auch* Gefühle von Bedrängnis und Erschöpfung. Bleiben Sie ganz in Ihrer Zuflucht, während die Herausforderungen vorbeiziehen. Lassen Sie das Wissen in sich einsinken, dass Schwierigkeiten und Schmerzen kommen und gehen, ohne Sie zu überwältigen. Vielleicht spüren

Sie, dass Gefühle, eine Zuflucht zu haben, mit Kindheitserlebnissen der Bedrängung und Unsicherheit in Verbindung stehen. Trennen Sie sich von allem negativen Material, wenn Sie mögen, und bewahren Sie ausschließlich das Gefühl der Zuflucht in sich. Besinnen Sie sich im Laufe der nächsten Stunde wiederholt auf neutrales und positives Material – wie das Gefühl der Zuflucht –, während Sie sich zugleich einen neutralen Trigger für das Gefühl, bedrängt oder erschöpft zu sein, ins Bewusstsein rücken.

Bedrohungen und Ressourcen klar erkennen

Der Papiertiger-Paranoia (Kapitel 2) zufolge neigt unser Gehirn dazu, drohende Gefahren zu überschätzen, die eigenen Möglichkeiten, mit ihnen fertigzuwerden, jedoch zu unterschätzen. Wenn Sie diese Verschiebung erst einmal erkannt haben, können Sie alles in neuen und angemesseneren Relationen betrachten.

Erfahrung machen – Registrieren Sie es, wenn eine Besorgnis künstlich aufgeblasen wird oder Sie eine verfügbare Ressource übersehen haben. Nehmen Sie es zur Kenntnis, wenn andere Ihnen Angst einjagen, womöglich zu ihrem eigenen Vorteil. Denken Sie auch an gängige Überzeugungen in Ihrer Familie, was Gefahren in der Welt und Ihre persönlichen Schwächen betrifft. Halten Sie nach Hinweisen Ausschau, dass diese Zuschreibungen nicht zutreffen. Sprechen Sie darüber vielleicht mit anderen oder erwägen Sie alles für sich selbst. Sie können beispielsweise drei oder mehr Gründe auflisten, warum bestimmte Ängste nicht berechtigt sind. Denken Sie an reale Bedrohungen, ohne Ihre inneren und äußeren Ressourcen zu überschätzen. Bilden Sie sich aber auch einen durchdachten, realistischen Standpunkt, der Bedrohungen nicht aufbläst und Ressourcen nicht übersieht.

Erfahrung anreichern – Öffnen Sie sich dieser realistischen Einschätzung von Bedrohungen und Ressourcen. Lassen Sie diese in Ihrem Bewusstsein wachsen und kommen Sie immer wieder auf sie zurück. Öffnen Sie sich verwandten Gefühlen der Beruhigung und des Selbstvertrauens. Sie können diese Erfahrung körperlich erfahrbar machen, indem Sie Ihre realistischen Einschätzungen von Bedrohungen und Ressourcen laut aussprechen oder aufschreiben.

Erfahrung aufnehmen – Spüren Sie, wie die realistische Einschätzung ein Teil von Ihnen wird. Gewinnen Sie die Überzeugung, dass sie wahr ist. Entwickeln Sie ein Gefühl dafür, wie es sich anfühlt, diese Haltung auch in Zukunft einzunehmen. Indem Sie Bedrohungen und Ressourcen klar erkennen, ohne verzerrte Wahrnehmung, schwinden diffuse Gefühle der Beunruhigung, weil Sie genau wissen, dass Sie der Realität gewachsen sind. Es besteht kein Grund zur Angst.

Erfahrungen verbinden – Seien Sie sich *sowohl* Ihrer realistischen Sicht bewusst *als auch* der irrationalen Annahmen, die Bedrohungen überschätzen und Ressourcen unterschätzen. Halten Sie an Ihrer realistischen Sicht sowie an dem Wissen fest, dass die irrationalen Annahmen falsch sind. Stellen Sie sich eine starke und kluge Person vor, die die realistische Sicht vertritt und die sich mit einer anderen (vielleicht überspannten und albernen) Person streitet, die irrationale Annahmen vertritt. Stellen Sie sicher, dass die realistische Person gewinnt. Trennen Sie sich von allem negativen Material, wenn Sie mögen, und bewahren Sie ausschließlich die realistische Sicht. Besinnen Sie sich im Laufe der nächsten Stunde wiederholt auf neutrales und positives Material – wie die Überzeugung der realistischen Sicht –, während Sie sich zugleich einen neutralen Trigger für die irrationalen Annahmen ins Bewusstsein rücken.

Sich im Moment okay fühlen

Die meisten Signale für das Gehirn kommen aus dem Inneren des Körpers, nicht von außerhalb. Dafür gibt es eine einfache Erklärung: Das Gehirn muss in jedem Augenblick wissen, wie es den einzelnen Organen geht, um sich zu vergewissern, dass alles in Ordnung ist. Die meisten Informationen rauschen durch den Hypothalamus, und wenn nur der geringste Verdacht besteht, dass etwas faul ist, schrillt ein Alarm, der den »roten« reaktiven Modus des Gehirns in Gang setzt. Schon kleine Änderungen, wie wir Atmung, Herzschlag, Verdauung und Mimik empfinden, können große Veränderungen unserer Gedanken und Gefühle bewirken. Diese enge Koppelung von Geist und Körper verschafft uns eine wirkungsvolle Möglichkeit, ein wachsendes Gefühl von Ruhe und Entspannung zu entwickeln, da es unserem Körper meistens ziemlich gut geht. Seine Botschaften an das Gehirn entsprechen meist denen eines Nachtwächters: »Alles in Ordnung, keine besonderen Vorkommnisse.« Vielleicht war in der Vergangenheit nicht immer alles in Ordnung und vielleicht wird auch in der Zukunft nicht immer alles in Ordnung sein, doch im Moment gibt es keinen Grund zur Klage.

Leider sind die guten Nachrichten manchmal nur schwer verständlich, was an der negativen Verzerrung liegt, die im Hintergrund unseres Bewusstseins ständig ihre Kassandrarufe anstimmt, um uns wachsam zu halten und das Überleben zu sichern. Meistens handelt es sich tatsächlich um falschen Alarm. Indem wir zum einen unseren Vorteil aus den »Alles okay«-Botschaften ziehen, die von unserem Körper an unser Gehirn gesendet werden, und uns zum anderen ganz auf die Tatsache konzentrieren, dass tatsächlich alles okay ist, können wir in jedem Augenblick unseres Lebens die fantastische Möglichkeit nutzen, die Angst hinter uns zu lassen und uns Frieden und Entspannung hinzugeben. Und nach und nach wird diese

Übung, verbunden mit anderen wie der Aufnahme von Entspannung, das beständige angstvolle Murmeln verstummen lassen.

Erfahrung machen – Lauschen Sie aufmerksam den Signalen Ihres Körpers, dass alles in Ordnung ist. Bemerken Sie, dass es jede Menge Luft zum Atmen gibt und Ihre Atmung einwandfrei funktioniert. Fühlen Sie am Hals Ihren Puls und wissen Sie, dass auch Ihr Herzschlag okay ist. Hören Sie in Ihren Körper hinein und nehmen Sie seine fundamentale Vitalität wahr – mögen Sie auch hin und wieder von Schmerzen und Krankheiten behelligt werden. Besinnen Sie sich auch dann auf Teile Ihres Körpers, denen es gut geht, wenn andere beeinträchtigt sind. Verschaffen Sie sich einen Eindruck von Ihrer gegenwärtigen Umgebung und sagen Sie sich, dass Sie in diesem Moment weder angegriffen noch getötet werden. Das allein ist eine positive Erkenntnis, die auch nicht von hypothetischen Bedrohungen gefährdet wird. Denn Sie wissen inzwischen, dass Sie auch unangenehmen Herausforderungen begegnen können, ohne von ihnen überwältigt zu werden. Nehmen Sie ein ums andere Mal zur Kenntnis, dass es Ihnen in *diesem* Moment gut geht.

Erfahrung anreichern – Öffnen Sie sich dem Gefühl, dass im Moment alles okay ist. Erneuern Sie dieses Gefühl immer wieder und lassen Sie keinerlei Angst aufkommen. Öffnen Sie sich verwandten Gefühlen wie Ruhe, Behaglichkeit, Erleichterung, Entspannung. Geben Sie sich ganz dem Gefühl hin, dass alles in bester Ordnung ist, *jetzt*. Schenken Sie dem konstanten Hintergrundgefühl Ihres Bewusstseins Beachtung und machen Sie sich klar, dass dies ein verlässlicher Zustand ist, auf den Sie sich verlassen können. Wie fühlt es sich an, dass alles in Ordnung ist? Sie können diese Erfahrung körperlich erfahrbar machen, indem Sie das Ausatmen von Zufriedenheit und Erleichterung begleiten lassen. Verschaffen Sie sich kleine Annehmlichkeiten. Schlingen Sie sich einen Schal um den Hals, wenn Sie frösteln, und nehmen Sie das Wohlgefühl dieses Moments in sich auf.

Erfahrung aufnehmen – Spüren Sie, wie das Gefühl, dass alles okay ist, ein Teil von Ihnen wird. Sie ruhen in diesem Gefühl, das Ihr neues Zentrum ist. Sie brauchen nichts zu verdrängen oder zu fürchten, keine Kämpfe mehr auszutragen und keinen Sehnsüchten nachzujagen.

Erfahrungen verbinden – Seien Sie sich *sowohl* der Erfahrung, dass alles okay ist, *als auch* Gefühlen wie Zorn und Angst bewusst. Die neue Erfahrung dringt tief in Sie ein, lindert die Angst und macht Ihnen die wirklichen Relationen klar. Sie wissen jetzt, dass auch dann alles okay ist, wenn Sie mit schwierigen Herausforderungen konfrontiert sind. Trennen Sie sich von allem negativen Material, wenn Sie mögen, und bewahren Sie ausschließlich das Gefühl, dass derzeit alles okay ist. Besinnen Sie sich im Laufe der nächsten Stunde wiederholt auf neutrales und positives Material – wie die Überzeugung, dass derzeit alles okay ist –, während Sie sich zugleich einen neutralen Trigger für Gefühle des Zorns und der Angst ins Bewusstsein rücken.

Frieden

Frieden ist ein globales Gefühl von Ruhe und Entspannung, das alle inneren und äußeren Kämpfe überflüssig macht. Sie mögen sich Herausforderungen und Gefahren bewusst sein, denken jedoch weder an Kampf noch Flucht, spüren weder Zorn noch Angst.

Erfahrung machen – Registrieren Sie Empfindungen des Friedens, die in Körper und Geist bereits gegenwärtig sind. Das Bewusstsein selbst ist voller Frieden – der Rhythmus unseres Atems, der Anblick schöner Dinge, der sich uns von selbst offenbart, sowie verlässliche Erfahrungen wie die Stabilität von Tisch und Stühlen. Sie können Friedlichkeit selbst hervorbringen, indem Sie sich irgendetwas vorstellen, das Sie beruhigt und entspannt. Vielleicht der Anblick eines schlafenden Babys, das Rauschen des Windes in den Kiefern, die Erinnerungen an eine Zeit, in der Sie vollkommen mit sich im Reinen waren. Sie können Gefühle des Friedens auch hervorrufen, indem Sie die bereits behandelten Schlüsselverfahren – Entspannung oder das Gefühl, dass alles okay ist – heranziehen.

Erfahrung anreichern – Sobald Sie ein Gefühl des inneren Friedens wahrnehmen, öffnen Sie ihm Ihr Herz und nehmen Sie es ganz in sich auf. Helfen Sie ihm, so stark und anhaltend wie möglich zu werden. Erforschen Sie Nuancen verwandter Gefühle wie Ruhe, Entspannung und Gelassenheit. Wohnen Sie in diesem inneren Frieden oder meditieren Sie im Bewusstsein dieses Zustands. In der Art, wie Sie gehen, sprechen oder andere Menschen ansehen, können Sie dieses Erlebnis körperlich erfahrbar machen.

Erfahrung aufnehmen – Spüren Sie, wie die Erfahrung des inneren Friedens in Sie einsinkt und ein Teil von Ihnen wird. Spüren Sie die Ruhe Ihres Atems, atmen Sie Ruhe und Frieden. Es gibt nicht den geringsten Anlass, der inneren oder äußeren Welt Widerstand zu leisten.

Erfahrungen verbinden – Achten Sie ebenso auf friedliche Empfindungen im Vordergrund Ihres Bewusstseins wie auf unangenehme Empfindungen im Hintergrund. Spüren Sie, wie der innere Frieden auf alles ausstrahlt, was noch nicht zur Ruhe gekommen ist. Er durchdringt jüngere Teile Ihres Selbst, die ängstlich und verschreckt waren. Trennen Sie sich von allem negativen Material, wenn Sie mögen, und bewahren Sie ausschließlich das Gefühl des inneren Friedens. Besinnen Sie sich im Laufe der nächsten Stunde wiederholt auf neutrales oder positives Material – wie das Gefühl des inneren Friedens –, während Sie sich zugleich einen neutralen Trigger für unangenehme Gefühle ins Bewusstsein holen.

Befriedigung

Wenn Sie Befriedigung erfahren, schaltet ihr Vermeidungssystem in den anpassungsfähigen Modus. Indem Sie regelmäßig Gefühle wie *Vergnügen*, *Dank*, *Freude*, *Stolz*, *Begeisterung* und *Zufriedenheit* in sich aufnehmen, können Sie sowohl Ihre Fähigkeit, Befriedigung zu *empfinden,* als auch die Fähigkeit, befriedigt zu *sein*, entwickeln. Wenn Sie dies regelmäßig tun, werden Sie im täglichen Leben wie in der nachfolgenden Übung mehr Dankbarkeit und Erfüllung empfinden, statt sich mit Frustration und Enttäuschung herumschlagen zu müssen. Sie genießen die Fülle und haben keinen Grund, vergnüglichen Erfahrungen nachzujagen.

Vergnügen

Bei der Freude an getoastetem Rosinenbrot oder dem Vergnügen, einen lustigen Cartoon zu betrachten, mag es sich um recht einfache Genüsse handeln, doch fördern sie fraglos das Wohlbefinden, heben die Laune und bereichern das Leben. Sie haben auch einen gesundheitlichen Nutzen, weil sie Endorphine und natürliche Opioide freisetzen, die uns weniger erschöpft, dafür umso fröhlicher und unbeschwerter machen. Manche Vergnügungen – Tanzen, Sex, über einen lustigen Film lachen, eine Sportmannschaft anfeuern – vitalisieren uns zudem auf eine Weise, die unserer Gesundheit langfristig zugutekommt. Möglichkeiten, sich zu vergnügen, finden sich überall – vor allem wenn man die changierenden Farben des feinen Sands dazuzählt, der sich in den Ritzen des Bürgersteigs befindet, das Geräusch des rauschenden Wassers, das allmählich die Badewanne füllt, die Freude an einem gemeinsamen Spiel mit Freunden oder einfach den Luxus eines funktionierenden Toasters.

Unser Gehirn versucht, an angenehmen Dingen festzuhalten, doch bereitet uns gerade dies eine gewisse Mühe, da die angenehmen Erfahrungen oft flüchtig und wenig substanziell sind. In dieser Übung erhalten Sie das Beste aus beiden Welten: Sie genießen kleine Freuden, ohne krampfhaft an ihnen festhalten zu wollen, was den Genuss erhöht. Außerdem lernen Sie, wie angenehme Erfahrungen Ihr Bewusstsein durchdringen, ohne eine beschwerliche Reaktivität hervorzurufen.

Erfahrung machen – Nehmen Sie jede Art des Vergnügens zur Kenntnis, das in Ihrem Bewusstsein bereits gegenwärtig ist. Prüfen Sie, ob Ihre Sinneseindrücke im Vorder- und Hintergrund Ihres Bewusstseins mit Annehmlichkeiten verbunden sind. Durchforsten Sie Ihren Geist nach lustigen, interessanten oder ästhetisch befriedigenden Dingen. Bereiten Sie sich Vergnügen, indem Sie gut zu Ihrem Körper sind, nach Schönheit Ausschau halten, scherzen, tischlern, schöne Fotos machen oder Ihren Hobbys nachgehen. Verwenden Sie eine Weile oder auch einen ganzen Tag darauf, nach Dingen Ausschau zu halten, die Ihnen Vergnügen bereiten. Gehen Sie Ihren Lieblingsbeschäftigungen auf den Grund, seien Sie langsam und gründlich und konzentrieren Sie sich ganz auf diese Erfahrung.

Erfahrung anreichern – Öffnen Sie sich dem Vergnügen und halten Sie an ihm fest. Trennen Sie sich von allen Gedanken, die Ihnen jedes Vergnügen verbieten wollen. Kosten Sie diesen Zustand ganz aus, als würden Sie sich einen köstlichen Schokoladentrüffel auf der Zunge zergehen lassen. Lassen Sie sich von dem Vergnügen durchströmen, ohne krampfhaft an ihm festhalten zu wollen. Sie können dieses Gefühl körperlich erfahrbar machen, indem Sie sich der Quelle des Vergnügens entgegenbewegen oder auch leise vor sich hin murmeln. Denken

Sie kurz darüber nach, was Ihnen Vergnügungen bedeuten und welche Rolle sie in Ihrem Leben spielen.

Erfahrung aufnehmen – Nehmen Sie das Vergnügen ganz bewusst in sich auf, wie das Vergnügen auch Sie in sich aufnimmt. Wie Regenwasser, das ins Erdreich eindringt, wird das Vergnügen ein Teil von Ihnen – eine Ressource, die Ihnen von nun an stets zur Verfügung steht. Spüren Sie, wie das Vergnügen in Ihnen Wurzeln schlägt, ohne es festhalten zu wollen. Da das Vergnügen Sie vollkommen ausfüllt, sind Sie wunschlos glücklich.

Erfahrungen verbinden – Seien Sie sich *sowohl* angenehmer *als auch* schmerzhafter Erfahrungen bewusst, legen Sie aber größeres Gewicht auf das Angenehme. Spüren Sie, dass sich das Angenehme wie ein lindernder Balsam auf das Schmerzhafte legt. Trennen Sie sich von allem negativen Material, wenn Sie mögen, und bewahren Sie ausschließlich das Gefühl des Angenehmen. Besinnen Sie sich im Laufe der nächsten Stunde wiederholt auf neutrales oder positives Material – wie jedes Gefühl des Vergnügens –, während Sie sich zugleich einen neutralen Trigger (Leute, Situationen, Ideen) für schmerzhafte Gefühle ins Bewusstsein holen.

Freude und Dankbarkeit

Dankbarkeit ist ein Gefühl der Erkenntlichkeit, etwas empfangen zu haben. Freude bringt ein allgemeineres Gefühl des Glücks, Vergnügens oder Genusses zum Ausdruck, wobei wir nicht unbedingt etwas empfangen haben müssen. Oft verschmelzen diese beiden wunderbaren Gefühle zu einer Einheit, weshalb wir sie hier zusammen betrachten. Freude und Dankbarkeit sowie verwandte Gefühle wie Wertschätzung mögen so einfach und vertraut sein, dass wir sie leicht unterschätzen, doch Studien zeigen, dass sie von anhaltendem positiven Einfluss sind: dass sie unsere Laune verbessern, unsere Lebenszufriedenheit sowie unsere Widerstandskraft erhöhen.

Erfahrung machen – Registrieren Sie Gefühle von Freude und Dankbarkeit, die in Ihrem Bewusstsein bereits gegenwärtig sind. Vielleicht empfinden Sie im Hintergrund eine gewisse Freude über Ihren Wohnort oder Sie erfreuen sich an der guten Laune Ihres Kindes. Achten Sie im Laufe des Tages besonders auf Gefühle von Freude und Dankbarkeit, die sich von selbst einstellen. Schaffen Sie diese Gefühle, indem Sie nach Dingen Ausschau halten, die Sie mit Freude und Dankbarkeit erfüllen – mögen diese Dinge auch klein und unscheinbar sein. Vielleicht haben Sie kürzlich etwas Schönes erlebt, einen vollen Kühlschrank oder ein Treffen mit einem guten Freund. Sie können dankbar für ein Haustier, blühende Pflanzen, das Schicksal, helfende Hände oder für das Geschenk des Lebens sein. Denken Sie in verschiedener Weise über Vergangenheit und Zukunft nach. Entdecken Sie Dinge im Leben anderer, die Sie mit Dankbarkeit und Freude erfüllen. Machen Sie das Wissen um diese Tatsachen zu Erfahrungen von Freude und Dankbarkeit.

Erfahrung anreichern – Öffnen Sie sich Freude und Dankbarkeit. Erkunden Sie diese Gefühle und halten Sie sie am Leben. Lassen Sie sie so intensiv und reich wie möglich werden, damit Ihr Körper ganz damit angefüllt wird. Öffnen Sie sich verwandten Gefühlen wie Verzückung, Ungezwungenheit und Erfüllung. Sie können dies körperlich erfahren, indem Sie lächeln, fröhlich auf und ab hüpfen, Ihre Gesichtszüge entspannen oder der Welt Ihre Arme entgegenstrecken.

Erfahrung aufnehmen – Lassen Sie Freude und Dankbarkeit in sich einsinken. Indem Sie sich diesen Gefühlen ganz hingeben, verspüren Sie eine tiefe Zufriedenheit und die Fülle des Augenblicks. Sie sind wunschlos glücklich.

Erfahrungen verbinden – Seien Sie sich *sowohl* Freude und Dankbarkeit *als auch* Gefühlen wie Verlust und Enttäuschung bewusst. Schenken Sie insbesondere Freude und Dankbarkeit

Beachtung und lassen Sie das negative Material fallen, wenn Sie sich von ihm bedrängt fühlen. Spüren Sie, wie sich Freude und Dankbarkeit mit Verlust und Enttäuschung verbinden. Stellen Sie sich vor, wie manches von dem, was Sie mit Freude und Dankbarkeit erfüllt, wie ein sanfter Regen in Sie eindringt und alle Hohlräume der inneren Leere allmählich anfüllt. Vielleicht nehmen Freude und Dankbarkeit zu früheren, unglücklichen Teilen Ihres Selbst Kontakt auf. Trennen Sie sich von allem negativen Material, wenn Sie mögen, und bewahren Sie ausschließlich das Gefühl von Freude und Dankbarkeit. Besinnen Sie sich im Laufe der nächsten Stunde wiederholt auf neutrales oder positives Material – wie jedes freudvolle und dankbare Gefühl –, während Sie sich zugleich einen neutralen Trigger für Enttäuschung und Verlust ins Bewusstsein holen.

Positive Emotionen

Jede positive Emotion ist eine Möglichkeit, das Leben zu genießen und zufrieden im Hier und Jetzt zu sein. Positive Emotionen haben viele positive Effekte auf die körperliche Gesundheit. Sie stärken die Immunabwehr, schützen das Herz-Kreislauf-System und erhöhen die Chance auf ein langes Leben.

Es ist einfach wunderbar, so viele gute Gefühle erforschen zu können – wie die beeindruckenden Fahrgeschäfte eines Vergnügungsparks. Das Belohnungssystem beispielsweise hält Interesse, Eifer, Inspiration, Erfolg, Überfluss und Fröhlichkeit für uns bereit, ebenso wie Heiterkeit, Sorglosigkeit, Glückseligkeit, Unbeschwertheit, Ausgelassenheit sowie das Gefühl, vom Glück begünstigt oder gesegnet zu sein. Positive Gefühle wie Friedlichkeit oder Liebe stehen auch mit dem Vermeidungs- oder Bindungssystem in Verbindung. Weil es viele positive Emotionen gibt, bezeichne ich sie in der nachfolgenden Übung einfach als »gute Gefühle«. Sie können dies durch jedes

Wort ersetzen, das Ihnen gefällt – meine Vorschläge sind einfach und unbegrenzt.

Erfahrung machen – Registrieren Sie jedes gute Gefühl, das im Vorder- oder Hintergrund Ihres Bewusstseins bereits präsent ist – oder verschaffen Sie sich selbst gute Gefühle mittels der in Kapitel 6 beschriebenen Methoden. Denken Sie zum Beispiel an etwas in der Vergangenheit oder Gegenwart Ihres Lebens, das Sie glücklich macht.

Erfahrung anreichern – Öffnen Sie sich dem guten Gefühl. Lassen Sie sich von ihm ausfüllen, intensivieren Sie es. Halten Sie es fest und schaffen Sie ihm einen Raum in Ihrem Innern. Finden Sie Wege, dieses Gefühl körperlich zu erfahren. Passen Sie Ihr Mienenspiel diesem Gefühl an, verändern Sie Ihre Körperhaltung und -sprache, um diesem Gefühl Ausdruck zu geben. Machen Sie sich bewusst, inwiefern dieses gute Gefühl für Sie relevant ist.

Erfahrung aufnehmen – Lassen Sie das gute Gefühl in sich einsinken. Spüren Sie seine Wärme, als würde eine Tasse Tee langsam Ihre Hände wärmen. Leiten Sie aus dieser Empfindung eine Zufriedenheit und Erfüllung ab, die keine Sehnsüchte und Wünsche mehr offenlässt.

Erfahrungen verbinden – Seien Sie sich *sowohl* des guten Gefühls *als auch* eines verwandten schlechten Gefühls bewusst. Sie können beispielsweise gleichzeitig Heiterkeit und Verdruss empfinden, Selbstbewusstsein und Selbstzweifel, Glück und Trauer, Mangel und Überfluss. Konzentrieren Sie sich vor allem auf das Positive und halten Sie das Negative im Hintergrund. Spüren Sie, wie sich das Positive mit dem Negativen verbindet, sich vielleicht wie ein lindernder Balsam auf das Negative legt und es allmählich vergessen macht. Trennen Sie sich von dem negativen Gefühl, wenn Sie mögen, und bewahren Sie ausschließlich das positive. Besinnen Sie sich im Laufe der nächsten Stunde wiederholt auf neutrales oder positives Material – wie das gute Gefühl –, während Sie sich zugleich einen neutralen Trigger für das schlechte Gefühl bewusst machen.

Aufgabenerfüllung und Handlungsfähigkeit

Aufgabenerfüllung ist das Bewusstsein, etwas durchgeführt zu haben; Handlungsfähigkeit ist das Wissen, selbst gesteckte Ziele erreichen zu können. Diese Erfahrungen treten in der Regel gemeinsam auf, also werden wir sie zusammen erkunden.

Wir erledigen jeden Tag eine Reihe von Aufgaben, die oft wenig spektakulär erscheinen. Wir bringen die Kinder zur Schule, beenden eine Schicht bei der Arbeit, machen Einkäufe und führen Telefongespräche. Wir erledigen auch Dinge, indem wir uns zurückhalten, anderen das Wort überlassen und Rückenschmerzen erdulden. Jede dieser erfüllten Aufgaben birgt die Chance, uns zufrieden zu machen, weil sie einen kleinen Erfolg, keinen Misserfolg darstellt. Diese positiven Erfahrungen in sich aufzunehmen, kann uns das Gefühl vermitteln, in diesem Moment »angekommen« zu sein, das Anrecht auf Genugtuung und Erholung zu haben.

Handlungsfähigkeit – das Bewusstsein, Dinge erreichen zu können – ist das Gegenteil von Hilflosigkeit. Vermutlich kennen Sie das Gefühl, gefangen, handlungsunfähig, besiegt und verzweifelt zu sein. Diese Erfahrung der Vergeblichkeit unsers Tuns kann rasch zu einer *erworbenen Hilflosigkeit* werden, die schwer wieder loszuwerden ist und ein großes Risiko für Depressionen darstellt. Um dieses zu vermeiden beziehungsweise rückgängig zu machen, sollten wir regelmäßig die Erfahrung der Handlungsfähigkeit machen – uns also als Hammer, nicht als Nagel fühlen.

Erfahrung machen – Prüfen Sie, ob Sie bereits das gute Gefühl in sich tragen, ein selbst gestecktes Ziel erreicht zu haben.

Machen Sie sich Ihre Entscheidungen und eingeleiteten Handlungen bewusst, vor allem wenn es sich um scheinbar unbedeutende Dinge handelt – was Sie über ein bestimmtes Thema denken, dass Sie Ihre Sitzhaltung ändern oder Ihre Hand nach dem Salzstreuer ausstrecken.

Rufen Sie das Bewusstsein von Aufgabenerfüllung und Handlungsfähigkeit in sich wach, indem Sie sich vor Augen führen, was Sie im Laufe eines Tages alles erledigt haben. Denken Sie auch an erreichte große Ziele sowie die vielen kleinen Schritte, die dorthin geführt haben. Lassen Sie Ihr bisheriges Leben Revue passieren und denken Sie an alles, was bereits erfolgreich hinter Ihnen liegt: Sie haben laufen gelernt, die Schule beendet etc. Denken Sie daran, wie Sie Situationen oder andere Leute bereichert haben. Erinnern Sie sich daran, wann Sie Menschen beeinflusst oder eine führende Rolle gespielt haben. Führen Sie sich Ihre Entscheidungen vor Augen. Leiten Sie aus diesem Wissen die Erfahrung von Aufgabenerfüllung und Handlungsfähigkeit ab.

Erfahrung anreichern – Wenn Sie bereits eine Erfahrung von Aufgabenerfüllung und Handlungsfähigkeit in sich tragen, öffnen Sie sich dieser Erfahrung und lassen Sie sie in sich eindringen. Halten Sie an ihr fest und intensivieren Sie sie. Lassen Sie die Überzeugung in sich wachsen, dass Ihnen schon vieles gelungen ist, dass Sie kompetent und effektiv sind und das auch in Zukunft sein werden. Suchen Sie in sich nach verwandten Empfindungen wie Würde, Stolz, Potenz, Selbstachtung und Freiheit. Nehmen Sie etwaige Widerstände gegen diese Empfindungen zur Kenntnis und schaffen Sie einen eigenen Raum für die guten Gefühle. Lassen Sie frühere Leistungen und Auszeichnungen Revue passieren und kosten Sie diese Erinnerungen aus. Entwickeln Sie ein Gefühl dafür, »angekommen« zu sein, atmen Sie tief durch und überblicken Sie das große Feld, das Sie bereits bestellt haben.

Erfahrung aufnehmen – Spüren Sie, wie das Gefühl von Aufgabenerfüllung und Handlungsfähigkeit in Sie einsinkt – eine Ressource, auf die Sie von nun an jederzeit zugreifen können. Stellen Sie sich vor, wie es ist, dieses Gefühl stets in sich zu tragen, und prüfen Sie, ob Sie Kontakt zu ihm herstellen können. Was immer Sie in Zukunft tun werden, wird auf der Grundlage dieses Gefühls geschehen. Körper und Geist werden von einer neuen Leichtigkeit erfüllt, innerer Druck und Getriebenheit verflüchtigen sich.

Erfahrungen verbinden – Seien Sie sich des Gefühls von Aufgabenerfüllung und Handlungsfähigkeit im Vordergrund *ebenso* bewusst wie Empfindungen des Scheiterns und der Frustration im Hintergrund. Das Scheitern mag eine flüchtige Erinnerung sein oder auch nur die Erinnerung an ein Körpergefühl, das damit einhergeht. Stellen Sie sich vor, wie das Gefühl von Aufgabenerfüllung und Handlungsfähigkeit, ergänzt durch ähnliche Gefühle wie Erfolg und Selbstwert, sich allmählich vor die Empfindungen des Scheiterns und der Frustration schieben – so wie die Sonne allmählich den Schatten verdeckt und auflöst. Stellen Sie sich vor, wie jüngere Teile oder Schichten Ihres Selbst die Wahrheit all dessen aufnehmen, was Ihnen bereits gelungen ist. Vielleicht imaginieren Sie ein fürsorgliches Wesen, das Sie als Kind im Arm hält und Ihnen versichert, dass Sie Ihre Aufgaben erfüllen Ihre Ziele erreichen werden. Trennen Sie sich nun von allem Negativen und verweilen Sie für mehrere Sekunden ausschließlich bei der positiven Erfahrung. Besinnen Sie sich im Laufe der nächsten Stunde wiederholt auf neutrales oder positives Material – wie das Gefühl von Aufgabenerfüllung und Handlungsfähigkeit –, während Sie sich zugleich einen neutralen Trigger für Gefühle des Scheiterns und der Frustration ins Bewusstsein holen.

Enthusiasmus

Ich glaube, es gehört zu den schönsten Dingen des Lebens, von ganzem Herzen seinen Leidenschaften nachzugehen und für andere Menschen da zu sein, ohne darauf fixiert zu sein oder sich gestresst zu fühlen. Nutzen Sie die vielfältigen Möglichkeiten, die der Alltag in dieser Hinsicht bereithält. Die nachfolgende Übung behandelt die verschiedenen Aspekte dieser Begeisterung unter dem Sammelbegriff »Enthusiasmus«.

Erfahrung machen – Registrieren Sie Ihre Begeisterung und Energie, ein bestimmtes Ziel zu erreichen, ohne sich erschöpft oder gestresst zu fühlen. Vielleicht freuen Sie sich auf das Treffen mit einem Freund, über das gemeinsame Frühstück mit Ihren Kindern oder auf Ihre nächste Trainingseinheit. Womöglich wollen Sie auch den Dingen auf den Grund gehen, die Ihren Partner derzeit beschäftigt, wollen Ihr Kind mit wilder Entschlossenheit vor einer Gefahr schützen, ein spannendes Arbeitsprojekt planen, mit Leidenschaft musizieren oder die Teamarbeit mit geschätzten Kollegen genießen. Sie können Ihren Enthusiasmus aktivieren, indem Sie sich an solche Momente der Leidenschaft in Ihrer Vergangenheit erinnern. Halten Sie nach Möglichkeiten in Ihrem Alltag Ausschau, sich mit Energie und Leidenschaft auch scheinbar unbedeutenden Tätigkeiten zu widmen. Registrieren Sie innere Sperren – alles, was Sie daran hindert, dynamisch, schwungvoll und intensiv zu sein. Vielleicht fürchten Sie, für andere zu laut und aufdringlich zu sein? Prüfen Sie, wie Sie diese Hemmungen überwinden und Ihren Enthusiasmus freisetzen können.

Erfahrung anreichern – Öffnen Sie sich Ihrem Enthusiasmus. Erforschen Sie, wie er sich anfühlt, und halten Sie ihn am Leben. Intensivieren Sie ihn und spüren Sie ihn im ganzen Körper. Genießen Sie dieses Gefühl. Prüfen Sie, ob Sie ein Ziel ansteuern können, ohne sich getrieben zu fühlen. Erkunden

Sie das Gefühl, hart für etwas zu arbeiten, doch innerlich vollkommen ruhig zu sein, im Wissen, dass Sie alles tun, was in Ihrer Macht steht – unabhängig davon, ob Sie Ihr Ziel erreichen. Geben Sie Ihrem Enthusiasmus einen körperlichen Ausdruck, teilen Sie ihn mit anderen, strahlen Sie gern über das ganze Gesicht. Scheuen Sie sich nicht davor, sich temperamentvoller zu bewegen und schneller zu sprechen.

Erfahrung aufnehmen – Spüren Sie, wie der Enthusiasmus von Ihnen Besitz ergreift und Sie als Person verändert. Spüren Sie dem wundervollen Gefühl nach, sich mit ganzem Herzen für etwas einzusetzen, ohne sich getrieben oder gestresst zu fühlen. Verinnerlichen Sie das Wissen um Ihre Leidenschaft in der Gegenwart, die keinen Gedanken an die Zukunft kennt. Fühlen Sie sich erfüllt *und* lebendig.

Erfahrungen verbinden – Spüren Sie *sowohl* Ihren Enthusiasmus *als auch* Gefühle der Antriebslosigkeit, Stumpfheit und Langeweile. (Ein anderes Mal kann Ihr Enthusiasmus durch Getriebenheit, innere Unruhe und Besorgnis ergänzt werden.) Sorgen Sie stets dafür, dass der Enthusiasmus das dominierende Gefühl ist. Spüren Sie, wie er die negativen Empfindungen belebt und wachrüttelt – vielleicht indem er einem Teil von Ihnen, der sich stumpf und bedrückt fühlt, neue Energie zuführt. Spüren Sie, wie der Enthusiasmus sich in Ihnen ausbreitet und allmählich zu Ihrem eigentlichen Ich wird. Trennen Sie sich von allem Negativen und bleiben Sie ganz in dem positiven Gefühl. Besinnen Sie sich im Laufe der nächsten Stunde wiederholt auf neutrales oder positives Material – wie das Gefühl des Enthusiasmus –, während Sie sich zugleich einen neutralen Trigger für alle negativen Gefühle ins Bewusstsein holen.

Die Fülle des Augenblicks

Unser Gehirn wird fortwährend von Stimuli geflutet, die aus dem Inneren unseres Körpers, von außen oder aus dem Gehirn selbst kommen. Ein Bruchteil dieser Flut erreicht unser Bewusstsein, doch ist selbst dies eine so große Menge, dass unserer Aufmerksamkeit das meiste entgeht. Dieser natürliche Prozess verschafft uns eine großartige Möglichkeit, unsere Aufmerksamkeit wann immer wir wollen zu erweitern, um weitere Details ins Auge zu fassen. Wenn Sie einmal versuchen, alle Geräusche, Anblicke, Gerüche, Geschmäcker, Wünsche, Gedanken und Gefühle des Augenblicks wahrzunehmen, sind Sie plötzlich mit einer schier überwältigenden Fülle konfrontiert. Wenn man so viel besitzt, warum sollte man dann noch mehr haben wollen?

Für mich ist diese Übung, als würde ich in ein Glas Mineralwasser schauen. Mein Bewusstsein ist die Oberfläche des Wassers, während all die Sauerstoffblasen danach streben, diese Oberfläche zu erreichen. Wenn man die Sauerstoffblasen genau betrachtet, dann sieht man, dass einige an die Oberfläche steigen, während andere platzen und sich auflösen – so wie auch Geräusche und Gefühle sich in unserem Bewusstsein überlappen und verdrängen. Ändern wir den Blickwinkel und betrachten das Glas von der Seite, dann scheinen sich mehrere Blasen zusammenzuschließen, um die Oberfläche zu erreichen – so wie eine Gruppe von Synapsen binnen mehrerer Zehntelsekunden die neuronale Basis eines Geräuschs oder Gefühls schaffen, das in unser Bewusstsein dringt. Wir nehmen unser Leben nur an der Oberfläche unseres augenblicklichen Bewusstseins wahr – die neuronale Aktivität, die ihm zugrunde liegt, können wir nur erahnen. Doch das Wissen um den unglaublichen Reichtum der Aktivitäten unterhalb dieser Oberfläche ist aufregend und zutiefst befriedigend.

Sie sollten die folgende Übung zunächst an einem ruhigen Ort durchführen, vielleicht mit geschlossenen Augen, um von der Vielzahl der Eindrücke nicht überwältigt zu werden. Später können Sie die Übung in Ihren Alltag integrieren.

Erfahrung machen – Entspannen Sie sich und horchen Sie in Ihren Körper hinein. Erkunden Sie die vielen Wahrnehmungen in Bezug auf Ihre Atmung. Registrieren Sie, wie sich die Atmung in Magen, Hüfte und Brust anfühlt, in Oberlippe, Nase, Kehle, Schultern und Nacken. Bemerken Sie, wie alte Wahrnehmungen weichen, um neuen Platz zu machen. Freunden Sie sich mit diesem Wechsel der Empfindungen an. Womöglich tut es Ihnen gut, diese bewusste Erfahrung zu beenden, weil der Erneuerungsprozess niemals aufhört. Als Nächstes achten Sie nicht mehr auf den beständigen Wechsel der Wahrnehmungen, sondern konzentrieren sich ganz darauf, alle Wahrnehmungen zugleich zu spüren, die mit Ihrer Atmung zusammenhängen. Sie vergrößern also die Spannweite Ihrer Aufmerksamkeit, um Ihr Bewusstsein zu erweitern. Dieser Erweiterungsvorgang wird durch Entspannung gefördert – Sie lassen die Wahrnehmungen einfach zu sich kommen, statt sie ergreifen und festhalten zu wollen. Am Anfang ist es normal, beim Atmen für ein, zwei Sekunden den ganzen Körper wahrzunehmen, ehe man seine Aufmerksamkeit auf die eine oder andere Wahrnehmung richtet, doch je mehr Sie üben, desto länger werden Sie dazu in der Lage sein.

Wenn Sie mögen, öffnen Sie Ihre Aufmerksamkeit immer größeren Teilen Ihres Bewusstseins: Geräuschen, Anblicken (dem Schattenspiel hinter Ihren geschlossenen Lidern), Geschmäckern, Gerüchen und Berührungen ebenso wie Gedanken und Gefühlen, Bildern und Sehnsüchten. Es ist nicht mehr nötig, als diesen flüchtigen Wahrnehmungen auf der Spur zu bleiben. Es besteht kein Grund, sie zu benennen, ihnen eine Bedeutung zuzuschreiben oder sie miteinander zu verbinden. Lassen Sie all diese kleinen Bläschen kommen und gehen. Wäre Ihr Bewusstsein ein Netz, durch das der Strom der Zeit fließt, dann wären die kleinen Bestandteile Ihrer gegenwärtigen Erfahrungen das, was in diesem Augenblick das Netz durchdringt.

Erfahrung anreichern – Werden Sie sich dem *Auftauchen* dieses Stroms zunehmend bewusster, den vielen kleinen Dingen, die Ihr Bewusstsein in jedem Moment erreichen und es anfüllen. Öffnen Sie sich dem Gefühl, von dieser Fülle nahezu überwältigt zu werden. Verinnerlichen Sie, dass mehr als genug Wahrnehmungen zu Ihnen kommen – so viel, dass Sie unmöglich noch mehr wollen können. Achten Sie auf alle Gefühle der Erfüllung und Zufriedenheit. Öffnen Sie sich der Erfahrung der Fülle, geben Sie sich ihr ganz hin.

Erfahrung aufnehmen – Lassen Sie das Gefühl der Fülle in sich einsinken. Stellen Sie sich vor, dass diese Erfahrung, die bereits ein Teil von Ihnen ist, zum Grundgefühl Ihres Lebens wird. In Anbetracht dieser Fülle besteht kein Grund, an etwas festzuhalten oder nach etwas zu streben.

Erfahrungen verbinden – Seien Sie sich *sowohl* der Fülle *als auch* des Mangels bewusst. Erneuern Sie das Gefühl der Fülle und halten Sie es im Vordergrund, während die Empfindung des Mangels im Hintergrund bleibt. Spüren Sie, wie sich die Fülle mit dem Mangel verbindet. Wie die Wogen der Fülle die Hohlräume in Ihrem Innern ausfüllen. Es gibt kein Wollen oder Wünschen oder Insistieren mehr. Trennen Sie sich von allen Gefühlen des Mangels und bleiben Sie ganz bei der Fülle. Besinnen Sie sich im Laufe der nächsten Stunde wiederholt auf neutrales oder positives Material – wie das Gefühl der Fülle –, während Sie sich zugleich einen neutralen Trigger für alle Gefühle des Mangels ins Bewusstsein holen.

Behagen

Behagen ist ein umfassendes Gefühl des Wohlergehens, das keinen Wunsch nach momentaner Veränderung kennt. Das Bewusstsein wird von angenehmen Erfahrungen durchströmt, ohne an ihnen festhalten zu wollen. Man fühlt sich rundum wohl, weder getrieben noch gierig oder besitzergreifend.

Wer so erfüllt ist, kann auch anderen gegenüber großzügig sein.

Erfahrung machen – Nehmen Sie jede Art des Behagens wahr, die bereits im Vorder- oder Hintergrund Ihres Bewusstseins gegenwärtig ist. Viele alltägliche Momente – wenn wir die Zähne putzen, in den Bus steigen, ein Kind umarmen, ein Buch lesen, aus dem Fenster gucken – enthalten bereits Elemente des Wohlbehagens, in denen kein Wunsch nach Veränderung existiert. Schaffen Sie sich Momente des Behagens, indem Sie an Dinge in der Gegenwart oder Vergangenheit denken, die Sie glücklich und zufrieden gemacht haben. Oder rufen Sie sich unmittelbar ins Gedächtnis, dass Ihr Körper jede Menge Nahrung und Sauerstoff erhält und Ihr Geist genug Zerstreuung – mehr brauchen Sie nicht. Sie können das Gefühl des Behagens auch hervorrufen, indem Sie sich die im Abschnitt »Befriedigung« behandelten Schlüsselerfahrungen ins Gedächtnis rufen: Freude, Dankbarkeit, Fülle des Augenblicks.

Erfahrung anreichern – Öffnen Sie sich dem Gefühl des Behagens und lassen Sie sich davon ganz ausfüllen. Helfen Sie dem Gefühl des Behagens, so stark und dauerhaft wie möglich zu werden. Fühlen Sie sich rundum wohl. Wenn Sie mögen, meditieren Sie über dieses Gefühl. Richten Sie all Ihre Aufmerksamkeit darauf. Wie fühlt sich das Atmen, Gehen, Sehen, Berühren, Reden und Handeln jetzt an?

Erfahrung aufnehmen – Spüren Sie, wie das Behagen ein Teil von Ihnen wird. Während Sie von ihm durchdrungen werden, stellen Sie sich vor, dass es zum Grundgefühl Ihres Lebens wird. Es gibt keinen Anlass mehr, sich getrieben zu fühlen oder irgendetwas in der inneren oder äußeren Welt nachzujagen.

Erfahrungen verbinden – Nehmen Sie *sowohl* das Behagen *als auch* das Unbehagen (inklusive ähnlicher Gefühle wie Enttäuschung, Frustration oder Verlust) wahr, die im Vorder- beziehungsweise im Hintergrund Ihres Bewusstseins gegenwärtig sind. Spüren Sie, wie das Behagen sich mit jüngeren Teilen ihres Selbst verbindet, um alten Hunger und alte Sehnsüchte zu stillen. Trennen Sie sich, wenn Sie mögen, von allem Negativen und bleiben Sie ganz bei dem Behagen. Besinnen Sie sich im Laufe der nächsten Stunde wiederholt auf neutrales oder positives Material – wie das Gefühl des Behagens –, während Sie sich zugleich einen neutralen Trigger für alle Gefühle des Unbehagens ins Bewusstsein holen.

Verbundenheit

Wenn Sie Verbundenheit spüren, schaltet Ihr Bindungssystem »auf Grün«, also in den anpassungsfähigen Modus. Sie können sowohl Ihre Fähigkeit, mit anderen verbunden zu sein, als auch Ihr *Gefühl* der Verbundenheit stärken, indem Sie regelmäßig das Gefühl in sich aufnehmen, *anderen am Herzen zu liegen*, *geschätzt* und *geachtet* zu werden, *sich selbst zu achten* und *ein guter Mensch zu sein*.

Diese Bindungserfahrungen werden sowohl Ihrem Vermeidungs- als auch Ihrem Belohnungssystem zugutekommen. Zum einen werden sie Ihnen helfen, sich sicher zu fühlen. Wenn sich unsere Vorfahren in gefährlichen Situationen befanden, wurden sie von der physischen und emotionalen Nähe zu den anderen ihrer Gruppe am Leben erhalten. In den Weiten der Serengeti kam die Verbannung einem Todesurteil gleich. Heute sendet das Gefühl, umsorgt zu sein, beruhigendes Oxytocin zur Amygdala, der Alarmzentrale unseres Gehirns. Außerdem fördert es die Aufnahme von Cortisol im Hippocampus, damit dieser Teil des Gehirns schneller begreift, dass genug Cortisol verfügbar ist und dem Hypothalamus signalisieren kann, dass keine weiteren Stresshormone mehr gebraucht werden. Zum anderen ist das Gefühl der Verbundenheit an sich sehr befriedigend. Sozialer Kontakt, Spiel und liebevolle Berührungen setzen allesamt belohnende Opioide im Gehirn frei. Liebe ist eine Universalmedizin.

Unsere Psyche lässt sich in mehrfacher Hinsicht in drei Teile gliedern: in ein eigentliches Selbst, einen inneren Förderer und einen inneren Kritiker. (Diese Idee ist aus der Transaktionsanalyse und der jüngeren Traumaforschung abgeleitet.) Der innere Förderer leitet uns an, unterstützt, schützt und ermutigt uns, während der innere Kritiker beurteilt, herabsetzt, zweifelt, nach Fehlern sucht und anprangert. Ein wenig innere Kritik ist durchaus hilfreich, doch im Laufe ihres Lebens haben sich viele von uns einen beißenden Kritiker sowie einen recht schüchternen, kleinlauten Förderer zugelegt. Das wahre Selbst kann vom inneren Kritiker geradezu belagert und unter Beschuss genommen werden, während der innere Förderer sich in eine Ecke verkrochen hat und uns allenfalls im Flüsterton Mut zuspricht. Dabei brauchen wir alle einen starken inneren Förderer – zum einen, um den inneren Kritiker in Schach zu halten, zum anderen, um uns die notwendige Unterstützung zukommen zu lassen, die das Leben erforderlich macht. Sie können Ihren inneren Förderer stärken, indem Sie die folgenden Schlüsselerfahrungen wiederholt in sich aufnehmen:

Jemandem am Herzen liegen

Das Gefühl, jemandem am Herzen zu liegen, bedeutet, sich im umfassenden Sinne gesehen, geschätzt und geliebt zu fühlen. Versuchen Sie stets, die positiven Gefühle im Herzen des anderen zu sehen, auch wenn dieser andere manchmal keinen rechten Ausdruck dafür findet. Meine Mutter liebte mich von Herzen, zeigte dies aber in erster Linie durch Kritik und Ermahnungen, was mich sehr irritiert hat. Schließlich erkannte ich die Liebe hinter dieser schroffen Oberfläche, als würde man hinter einem Dornengestrüpp ein wärmendes Feuer wahrnehmen. Ich tat dies, weil es gut für mich war, doch es förderte auch die Entspannung zwischen uns beiden.

Erfahrung machen – Registrieren Sie, dass Sie in mehrfacher Hinsicht gesehen, geschätzt und geliebt werden. Vielleicht empfinden Sie sich als Teil eines Teams, einer Partnerschaft oder Familie. Oder schaffen Sie sich das Gefühl, anderen am Herzen zu liegen. Rufen Sie sich eine Zeit ins Gedächtnis, in der Sie einer Gruppe angehörten, sich verstanden fühlten und geliebt wurden. Denken Sie an mindestens eine Person, der Sie am Herzen liegen, oder auch an eine Gruppe von Menschen, an ein Haustier oder eine spirituelle Kraft. Die Beziehung muss nicht perfekt sein, dennoch können Sie sich der Liebe des anderen gewiss sein. Sollten Sie Trauer oder verwandte Gefühle der Einsamkeit spüren, lassen Sie dies einfach zu und widmen Sie Ihre Aufmerksamkeit wieder dem Gefühl, jemandem wirklich am Herzen zu liegen.

Erfahrung anreichern – Öffnen Sie sich dem Gefühl, einem anderen Menschen am Herzen zu liegen, für ihn wichtig zu sein. Lassen Sie sich ganz davon ausfüllen und intensivieren Sie es. Halten Sie es fest und schaffen Sie dieser Erfahrung einen eigenen Platz in Ihrem Innern. Erforschen Sie verschiedene Aspekte dieser Erfahrung, beispielsweise den Unterschied zwischen Fürsorge und Liebe. Wie fühlt es sich an, geschätzt und verehrt zu werden? Sie können dies körperlich erfahrbar machen, indem Sie eine Hand auf Ihr Herz oder an Ihre Wange legen. Stellen Sie sich gern vor, von einem liebevollen Wesen berührt zu werden. Denken Sie für einen Moment darüber nach, inwieweit das Gefühl, von jemandem umsorgt und geschätzt zu werden, für Sie wichtig und relevant ist.

Erfahrung aufnehmen – Spüren Sie, wie das Gefühl, jemandem am Herzen zu liegen, in Sie einsinkt. Registrieren Sie etwaige Schwierigkeiten, bestimmte Aspekte dieses Gefühls –

beispielsweise sich gemocht oder geliebt zu fühlen – in sich aufzunehmen, und versuchen Sie, sich diesen noch mehr zu öffnen. Wenn Sie das Gefühl, jemandem wichtig zu sein, tief in sich aufgenommen haben, dann prüfen Sie, ob Sie sich davon trennen können, sich in Beziehungen »festzuklammern«.

Erfahrungen verbinden – Vergegenwärtigen Sie sich das Gefühl, jemandem am Herzen zu liegen, aber auch, jemandem gleichgültig zu sein. Halten Sie das positive Gefühl im Vordergrund Ihres Bewusstseins. Spüren Sie, wie dieses positive Gefühl Orte in Ihnen berührt, an denen Sie sich übersehen, ignoriert und ungeliebt vorkamen. Das Gefühl, jemandem am Herzen zu liegen, kann die Vergangenheit nicht ungeschehen machen, doch alten Schmerz, womöglich aus der Kindheit, lindern. Trennen Sie sich, wenn Sie mögen, von allem Negativen und bleiben Sie ganz bei dem Gefühl, jemandem am Herzen zu liegen. Besinnen Sie sich im Laufe der nächsten Stunde wiederholt auf neutrales oder positives Material – wie das Gefühl, jemandem am Herzen zu liegen –, während Sie sich zugleich einen neutralen Trigger für das Gefühl, jemandem gleichgültig zu sein, ins Bewusstsein holen.

Sich geschätzt fühlen

Als soziale Wesen haben wir alle ein ausgeprägtes Bedürfnis, uns geschätzt zu fühlen, statt missachtet, gemieden und gedemütigt zu werden. Als Kind muss man von seinen Eltern geliebt und geschätzt, von seinen Lehrern gelobt und von Gleichaltrigen gewollt werden. Als Erwachsener will man auf dem Beziehungsmarkt gefragt sein, von seinem Partner geschätzt und von Kollegen respektiert werden. Werden diese normalen Bedürfnisse nicht befriedigt, entwickelt man natürlicherweise Gefühle der Unzulänglichkeit, die mit Schmerz und Zorn einhergehen. In Beziehungen wird man zu Extremen neigen, entweder zum Klammern oder zu großer Distanz. Werden diese

Bedürfnisse und Wünsche aber erfüllt, so entwickeln wir ein gesundes Selbstwertgefühl, das paradoxerweise Bescheidenheit und Herzensbildung fördert.

Erfahrung machen – Registrieren Sie, wenn bereits ein gewisses Selbstwertgefühl oder das Gefühl, beachtet zu werden, in Ihnen lebendig ist. Achten Sie darauf, wenn andere dieses Gefühl durch Lob oder Respekt zum Klingen bringen. Rufen Sie dieses Gefühl in sich wach, indem Sie an eine Zeit zurückdenken, in der Sie geschätzt und gelobt wurden und allgemein gefragt waren. Denken Sie daran, dass Sie Ihre Wertschätzung anderen gegenüber nicht immer zum Ausdruck bringen. Genauso werden es sich andere nicht anmerken lassen, dass sie Sie schätzen und respektieren. Auch diesbezüglich ist unsere Wahrnehmung negativ verzerrt. Erweitern Sie also den Kreis der Menschen, von denen Sie sich geachtet fühlen. Ohne dass Sie es wissen, wird manch einer über Sie denken: Sie macht den Unterschied ... Sie hat mir geholfen ... Ich bin froh, dass es sie gibt ... Das beherrscht sie ausgezeichnet ... Sie ist interessant und talentiert ... Gut, dass sie ein Mitglied unseres Teams ist ... Eine wirklich tolle Frau! Stellen Sie sich vor, warum Sie von anderen gemocht, geschätzt und respektiert werden.

Erfahrung anreichern – Wenn Sie sich geschätzt fühlen, öffnen Sie sich diesem Gefühl. Erkunden Sie verschiedene Aspekte dieser Erfahrung. Lassen Sie sich ganz davon ausfüllen und intensivieren Sie sie. Vielleicht stellen Sie sich eine Gruppe von Freunden oder Familienmitgliedern vor, die Sie anfeuern, in die Hände klatschen und loben. Oder stellen Sie sich vor, freundlich und warmherzig mit sich selbst zu reden, als versuchten Sie, einen niedergeschlagenen Freund aufzurichten. Erzählen Sie sich selbst in Gedanken, welche Vorzüge und Qualitäten Sie haben. Machen Sie diese Empfindungen auch körperlich erfahrbar, indem Sie eine selbstbewusste Körperhaltung einnehmen oder voller Würde durch den Raum spazieren.

Erfahrung aufnehmen – Spüren Sie, wie das Selbstwertgefühl in Sie einsinkt und Sie wie ein goldener Schimmer durchdringt. Lassen Sie das Gefühl, *wertvoll* zu sein, in sich wachsen. Stellen Sie sich vor, mit diesem Grundgefühl zur Arbeit zu gehen, zu Hause zu sein, eine Beziehung zu führen. Lassen Sie dieses Gefühl ein Teil von sich werden. Wenn Sie dieses Gefühl tief verinnerlicht haben, werden Sie kein Bedürfnis mehr verspüren, andere zu beeindrucken oder sich selbst etwas beweisen zu müssen.

Erfahrungen verbinden – Vergegenwärtigen Sie sich das Gefühl, geschätzt zu werden, aber auch das Gefühl der Ungenügsamkeit (oder verwandte Empfindungen wie Wertlosigkeit oder Scham). Halten Sie das positive Gefühl im Vordergrund Ihres Bewusstseins. Spüren Sie, wie das Gefühl respektiert, geschätzt, ja, geliebt zu werden sich mit Gefühlen der Ungenügsamkeit verbindet, sie ausgleicht, besänftigt und alten Schmerz heilt. Verbinden Sie Ihr neues Selbstwertgefühl mit Teilen Ihres früheren Ichs, die einst abgelehnt, abgewertet und gedemütigt wurden. Trennen Sie sich von allem Negativen und bleiben Sie ganz bei dem Gefühl, wertvoll zu sein. Besinnen Sie sich im Laufe der nächsten Stunde wiederholt auf neutrales oder positives Material – wie das Gefühl, wertvoll zu sein –, während Sie sich zugleich einen neutralen Trigger für das Gefühl der Unzulänglichkeit ins Bewusstsein holen.

Mitgefühl und Freundlichkeit

Mitgefühl ist der Wunsch, dass ein anderes Lebewesen nicht leiden soll, in der Regel kombiniert mit einer gewissen empathischen Sorge. Freundlichkeit ist der Wunsch, ein anderes Lebewesen möge glücklich sein, in der Regel kombiniert mit persönlicher Wärme. Im Alltag vermischen sich diese Gefühle oft mit Hilfsbereitschaft, Liebenswürdigkeit und Unterstützung. Obwohl Mitleid Ausdruck einer sanften Trauer ist – was natürlich angemessen und vollkommen in Ordnung ist –, kann die Kultivierung dieses Gefühls durch folgende Übung das Belohnungszentrum unseres Gehirn aktivieren und Ihnen ein Gefühl der Zufriedenheit bescheren.

Erfahrung machen – Nehmen Sie zur Kenntnis, wenn bereits Empfindungen des Mitgefühls oder der Freundlichkeit in Ihnen präsent sind. Schaffen Sie sich diese Erfahrung, indem Sie sich eine Person, ein Haustier oder eine Gruppe von Leuten in Erinnerung rufen, die Ihnen wichtig sind. Vielleicht sprechen Sie Ihre guten Wünsche laut aus: »Es soll dir/euch immer gut gehen.«

Erfahrung anreichern – Öffnen Sie sich Mitgefühl und Freundlichkeit. Lassen Sie sich ganz davon ausfüllen und intensivieren Sie diese Gefühle. Liefern Sie sich ihnen ganz aus und helfen Sie ihnen zu bleiben. Spüren Sie Ihre Brust nahe Ihres Herzens und stellen Sie sich vor, wie sich dort eine große Wärme ausbreitet. Rufen Sie sich einen Freund ins Gedächtnis und denken Sie voller Mitgefühl und Wärme an ihn. Sprechen Sie dies gerne laut aus: »Mögest du immer gesund, glücklich und zufrieden sein.« Versuchen Sie dies auch bei anderen Leuten, die Sie schätzen. Versuchen Sie es auch mit Unbekannten, denen Sie neutral gegenüberstehen, und vielleicht sogar mit Menschen, die Ihnen ein Leid angetan haben. Sie können Ihre Warmherzigkeit und guten Wünsche außerdem auf Leute ausdehnen, denen Sie nie begegnen werden, oder sie auf die ganze Welt ausstrahlen lassen. Prüfen Sie, wie es sich anfühlt, allen Lebewesen, Tieren und Pflanzen nur das Beste zu wünschen. Machen Sie dies körperlich erfahrbar, indem Sie einem Freund einen imaginären Trost zusprechen oder die Arme ausbreiten, als wollten Sie jemanden umarmen.

Erfahrung aufnehmen – Lassen Sie Mitgefühl und Freundlichkeit in sich einsinken, so, wie die Sonne Ihre Haut wärmt. Schaffen Sie für diese Gefühle einen geschützten Raum in sich selbst. Werden Sie ein mitfühlenderes und freundlicheres Wesen, und wenn dies geschieht, trennen Sie sich von allem Zorn und bösem Willen.

Erfahrungen verbinden – Seien Sie sich *sowohl* Mitgefühl und Freundlichkeit *als auch* Gleichgültigkeit und bösem Willen (sowie verwandter Gefühle wie Neid, Eifersucht, Zorn, Missgunst und Rachgier) bewusst. Erneuern Sie das Gefühl der Warmherzigkeit, spüren Sie, wie es sich mit Gleichgültigkeit und bösem Willen verbindet und diese nach und nach verdrängt. Lassen Sie Mitgefühl und Freundlichkeit in Verbindung mit Ihrem inneren Zorn treten. Prüfen Sie, wie es sich anfühlt, eine andere Person ganz klar zu sehen und ihr Mitgefühl und Freundlichkeit entgegenzubringen. Prüfen Sie, wie es sich anfühlt, jemandem, der Ihnen ein Leid angetan hat, dasselbe Mitgefühl und dieselbe Freundlichkeit entgegenzubringen. Spüren Sie, wie Mitgefühl und Freundlichkeit jüngere Orte Ihres Selbst berühren, an denen Sie sich gequält, einsam und verlassen vorkamen. Trennen Sie sich von allem negativen Material und empfinden Sie nichts als Mitgefühl und Freundlichkeit. Besinnen Sie sich im Laufe der nächsten Stunde wiederholt auf neutrales oder positives Material – wie die Empfindung von Mitgefühl und Freundlichkeit –, während Sie sich zugleich einen neutralen Trigger für Gleichgültigkeit und bösen Willen ins Bewusstsein holen.

Selbstachtung

Selbstachtung ist eine Spielart des Mitgefühls, das man sich selbst entgegenbringt. Studien haben gezeigt, dass Selbstachtung zum einen Stress und Selbstkritik entgegenwirkt, zum anderen die Widerstandskraft und das Selbstwertgefühl erhöht. Selbstachtung macht uns stärker. Viele Menschen, die anderen viel Empathie entgegenbringen, sind sich selbst gegenüber weniger mitfühlend. Bevor Sie sich der Selbstachtung öffnen, sollten Sie sich vielleicht die Übung, anderen am Herzen zu liegen, ins Gedächtnis rufen.

Erfahrung haben – Nehmen Sie Gefühle von Wärme und Mitgefühl sich selbst gegenüber zur Kenntnis, die in Ihrem Bewusstsein bereits präsent sind. Kreieren Sie Empfindungen des Mitgefühls, indem Sie mit Wärme und guten Wünschen an sich selbst denken. Vergegenwärtigen Sie sich, wie es Ihnen geht, wenn Sie gekränkt, belastet und gestresst sind. Was würden Sie für einen Freund empfinden, dem es genauso schlecht geht? Sie wären wahrscheinlich von Mitleid und Fürsorge erfüllt, von dem Wunsch, dass Ihr Freund nicht länger leiden möge. Bringen Sie dieses Gefühl auch für sich selbst auf?

Erfahrung anreichern – Öffnen Sie sich der Selbstachtung, lassen Sie sich ganz davon ausfüllen und intensivieren Sie dieses Gefühl. Nehmen Sie einen etwaigen Widerwillen gegen die Selbstachtung zur Kenntnis und versuchen Sie, Ihr einen geschützten Raum in Ihrem Innern zu schaffen. Sagen Sie empathische Dinge zu sich selbst wie: »Ich wünschte, es ginge mir besser. Hoffentlich sind die Schmerzen bald vorbei.« Sie können auch etwas Konkreteres sagen, etwa: Hoffentlich finde ich bald eine Arbeit. Ich wünsche mir einen neuen Partner. Ich hoffe, die Chemotherapie wirkt.« Kehren Sie stets zum Gefühl der Selbstachtung zurück, und lassen Sie sich von Zorn und Leid nicht in Geiselhaft nehmen. Sie können dies körperlich erfahrbar machen, indem Sie eine Hand auf Ihr Herz oder an Ihre Wange legen oder sich selbst den Arm tätscheln, wie Sie das bei einem Freund in Not tun würden.

Erfahrung aufnehmen – Spüren Sie, wie die Selbstachtung in Sie einsinkt und ein Teil von Ihnen wird – eine innere Ressource, auf die Sie jederzeit zugreifen können. Nehmen Sie eine wachsende Wärme für sich zur Kenntnis, eine Fürsorge und Stärke, die Ihnen selbst gilt. Prüfen Sie, ob Ihre gestiegene Selbstachtung Ihren zwischenmenschlichen Beziehungen zu größerer Leichtigkeit verhilft.

Erfahrungen verbinden – Seien Sie sich *sowohl* der Selbstachtung *als auch* der Selbstkritik (beziehungsweise Stress, Leid und Verlust) bewusst. Stellen Sie sich vor oder spüren Sie, wie sich Selbstachtung und Selbstkritik miteinander verbinden, wie sie die anklagenden inneren Stimmen zum Verstummen bringen und alles in die richtige Perspektive rücken. Das Wissen, dass viele andere Leute dieselben Fehler haben, lindert die Scham. Stellen Sie sich vor, wie jüngeren Teilen Ihres Ichs Mitgefühl entgegenströmt und diese tröstet. Trennen Sie sich von allem negativen Material und empfinden Sie nichts als Selbstachtung. Besinnen Sie sich im Laufe der nächsten Stunde wiederholt auf neutrales oder positives Material – wie das Gefühl der Selbstachtung –, während Sie sich zugleich einen neutralen Trigger für Selbstkritik ins Bewusstsein holen.

Sich als guter Mensch fühlen

Jeder von uns hat Qualitäten wie Geduld, Entschlossenheit, Fairness, Versöhnlichkeit, Ehrlichkeit, Freundlichkeit oder Liebe (siehe Kapitel 6, S. 122) Diese Qualitäten bei sich selbst zu entdecken, heißt nichts anderes, als die Realität anzuerkennen – so wie man die Lebensmittel im Küchenschrank oder die Integrität eines Freundes zur Kenntnis nimmt. Wenn Sie – wie ich – einige Dinge getan haben, die Sie inzwischen bereuen, dann beeinträchtigt das nicht Ihre guten Eigenschaften. Dann sind Sie immer noch ein guter Mensch. Leider haben viele von uns Schwierigkeiten, sich so zu fühlen. Doch wenn Sie wiederholt das Gefühl in sich aufnehmen, ein guter Mensch zu sein, gewinnen Sie an Selbstgewissheit und können anderen souveräner gegenübertreten.

Erfahrung machen – Prüfen Sie, ob das Gefühl, ein guter Mensch zu sein, bereits im Vorder- oder Hintergrund Ihres Bewusstseins präsent ist. Oder verschaffen Sie sich diese Erfahrung. Suchen Sie sich eine Ihrer Qualitäten heraus – Beständigkeit, Gerechtigkeitssinn oder Warmherzigkeit –, und denken Sie an mehrere Beispiele für die Existenz dieser Qualität. Seien Sie sich der Blockladen bewusst, die Sie daran hindern, diese Qualität zu erkennen. Eine Blockade könnte darin bestehen, Ihnen sogleich Situationen vor Augen zu führen, in denen diese Qualität *nicht* vorhanden war. Gehen Sie Empfindungen und Gefühlen auf den Grund, die mit dieser Qualität verbunden sind. Überlegen Sie, wie dieser Teil von Ihnen anderen zugutekommt. Freuen Sie sich darüber, diese Qualität zu besitzen.

Wiederholen Sie diesen Vorgang in Bezug auf andere Qualitäten, die Sie haben. Nehmen Sie im Tagesverlauf Ihre guten Wünsche für andere zur Kenntnis und erleben Sie, wie sich Ihre Qualitäten entfalten. Leiten Sie aus dem Wissen um Ihre guten Absichten und Taten ein generelles Gefühl dafür ab, ein guter Mensch zu sein. Lassen Sie diese Überzeugung in sich wachsen.

Erfahrung anreichern – Öffnen Sie sich dem Gefühl, ein guter Mensch zu sein und über eine natürliche Freundlichkeit, Redlichkeit, Fairness, Verantwortung, Beharrlichkeit und andere ehrenwerte Qualitäten zu verfügen. Wie fühlen sich diese Qualitäten an? Halten Sie an Ihrer Erfahrung, ein guter Mensch zu sein, fest. Schaffen Sie einen Raum in Ihrem Innern. Verstehen Sie, dass Sie nichts »Besonderes« sein müssen, um ein guter Mensch zu sein. Fühlen Sie sich von dieser Erkenntnis beglückt und erleichtert. Geben Sie dieser Erleichterung einen passenden Gesichtsausdruck. Auch Ihrem Gang, Ihrer Körperhaltung und Sprechweise sollte man dies anmerken. Nehmen Sie wahr, wenn Sie anderen Gutes tun.

Erfahrung aufnehmen – Lassen Sie sich von Ihrer Gutherzigkeit, die ein Teil von Ihnen wird, durchdringen wie von einem warmen Licht. Spüren Sie die wachsende Überzeugung in sich, tatsächlich ein guter Mensch zu sein. Stellen Sie sich verschiedene Situationen vor, in denen Sie sich als guter Mensch bewähren, und lassen Sie diese Gewissheit in sich Wurzeln schlagen. Spüren und wissen Sie um das Gute in sich. Für Scham oder Schuldgefühle gibt es nicht den geringsten Anlass, ebenso wenig, bei anderen nach Bestätigung zu suchen.

Erfahrungen verbinden – Seien Sie sich *sowohl* der Tatsache bewusst, ein guter Mensch zu sein, *als auch* Gefühlen wie Scham, Unzulänglichkeit, Fehlerhaftigkeit und Verdorbenheit. Konzentrieren Sie sich ganz auf das Gute in sich und seiner verschiedenen Facetten wie Fürsorge, Warmherzigkeit und Anstand. Seien Sie gewiss, dass das Gute in Ihnen verdeckt, aber niemals zerstört werden kann. Spüren Sie, wie das Gute Kontakt zu Scham und verwandten Gefühlen aufnimmt und diese mit Licht und Wärme überflutet – so, wie die aufgehende Sonne Kälte und Dunkelheit vertreibt. Trennen Sie sich von allem negativen Material, wenn Sie mögen, und empfinden Sie nichts als das Gute in sich. Besinnen Sie sich im Laufe der nächsten Stunde wiederholt auf neutrales oder positives Material – wie das Gefühl, ein guter Mensch zu sein –, während Sie sich zugleich einen neutralen Trigger für Scham und verwandte Gefühle ins Bewusstsein holen.

Empathische Bestimmtheit

Wir alle haben Bedürfnisse und Wünsche, was unsere Beziehungen angeht. Doch wer sich nicht für Sie einsetzt, hat schlechte Karten, sie verwirklicht zu sehen. Wer sie allerdings auf Kosten des Partners durchsetzen will, hat ebenso schlechte Karten, vor allem langfristig betrachtet. Bei der empathischen Bestimmtheit vereinigen sich persönliche Wärme und Stärke, die beiden unverzichtbaren Säulen einer gesunden Partner-schaft. Erst die Existenz beider Eigenschaften ermöglicht es uns, integer zu handeln und zugleich Verantwortung für uns selbst zu übernehmen. Man wahrt seine Grenzen und sagt, was zu sagen ist, bei Bedarf auch mehrmals. Man kommuniziert mit Ernst und Anstand, ohne sinnlose Streitigkeiten vom Zaun zu brechen. Man geht mit Verständnis auf den Partner zu, ohne seine Interessen zu verleugnen oder sich ausnutzen zu lassen. Jedes Mal, wenn Sie die *Kombination* von Empathie und Bestimmtheit spüren, erhöht das Ihre Fähigkeit, sich anderen gegenüber frei und unverblümt zu äußern. Und je stärker und unabhängiger Sie sich fühlen, desto sicherer fühlen Sie sich auch in der Intimität einer Zweierbeziehung.

Erfahrung machen – Registrieren Sie jede Form der Bestimmtheit in sich. Nehmen Sie im Tagesverlauf vor allem die Momente wahr, in denen Sie sich klar, deutlich und überzeugend ausdrücken. Prüfen Sie, wie sich das anfühlt – vor allem wenn es sich gut anfühlt. Bemerken Sie, dass die anderen mit Ihrer Bestimmtheit gut klarkommen. Registrieren Sie insbesondere, wenn Wohlwollen *und* Stärke in Ihrem Herzen präsent sind, und beachten Sie, inwieweit sich das auf Ihre Beziehungen auswirkt. Erschaffen Sie sich die Kombination aus Empathie und Bestimmtheit. Rufen Sie sich eine Zeit ins Gedächtnis, in der Sie sich liebevoll und stark zugleich gefühlt haben. Oder stellen Sie sich eine Beziehung vor, die auf dieser Grundlage existiert. Sie können dabei an jemanden denken, den Sie mögen und respektieren, der ein freundliches Wesen hat und dennoch ganz er oder sie selbst ist. Stellen Sie sich vor, wie es wäre, ein wenig mehr wie diese Person zu sein.
Erfahrung anreichern – Bleiben Sie bei dem Gefühl der Warmherzigkeit und Bestimmtheit. Lassen Sie dieses Gefühl Arme, Brust und Gesicht ausfüllen. Atmen Sie tief durch. Hel-

fen Sie dem Gefühl, in Ihnen zu wachsen. Setzen Sie sich im Geiste für Ihr Recht ein, Ihre eigenen Interessen zu vertreten. Wissen Sie um Ihre unveräußerlichen Rechte, und begreifen Sie auch, dass es nicht in Ihrer Macht steht – zumindest nicht in erster Linie –, ob andere glücklich sind oder nicht. Stellen Sie sich vor, wie es ist, in einer liebevollen Partnerschaft zu leben, die von Ehrlichkeit und Offenheit geprägt ist. Erfahren Sie dieses Gefühl am eigenen Leib, indem Sie Ihrem Gesicht und Ihrer Stimme Autorität und Würde verleihen, während Sie gleichzeitig liebevoll und warmherzig sind.

Erfahrung aufnehmen – Lassen Sie das Gefühl der empathischen Bestimmtheit in sich einsinken. Geben Sie sich dieser neuen Wesensart hin. Je entspannter, unabhängiger, aber auch empathischer Sie sich in Ihren Beziehungen fühlen, desto besser und souveräner werden Sie mit anderen umgehen können. Verabschieden Sie sich von allen Gefühlen der Engstirnigkeit und Streitsucht.

Erfahrungen verbinden – Seien Sie sich *sowohl* Ihrer empathischen Bestimmtheit bewusst *als auch* dem Gefühl der partnerschaftlichen Schwäche (wozu auch verwandte Empfindungen gehören wie dominiert, unterdrückt und gedemütigt zu werden). Halten Sie die Kombination aus Stärke und Warmherzigkeit im Vordergrund Ihres Bewusstseins und lassen Sie diese allmählich Kontakt zum Gefühl der Schwäche aufnehmen, das sich im Hintergrund Ihres Bewusstseins befindet. Spüren Sie, wie Warmherzigkeit und Stärke die Orte Ihres früheren Ichs berühren, die sich schutzlos und preisgegeben fühlten. Trennen Sie sich von allem negativen Material, wenn Sie mögen, und empfinden Sie nichts als Warmherzigkeit und Stärke. Besinnen Sie sich im Laufe der nächsten Stunde wiederholt auf neutrales oder positives Material – wie das Gefühl der empathischen Bestimmtheit –, während Sie sich zugleich einen neutralen Trigger für das Gefühl der partnerschaftlichen

Schwäche ins Bewusstsein holen. Besinnen Sie sich im Laufe der nächsten Stunde auf ehemalige Trigger für Ihre Schwäche in Partnerschaften, während Sie zugleich nichts als empathische Bestimmtheit in sich spüren.

Liebe

Liebe ist das tiefe, machtvolle, intensive Gefühl von Zuneigung, Fürsorge, Süße und Bekenntnis. Es richtet sich in der Regel auf andere Menschen, doch ist es auch möglich, Gott und die Natur, die ganze Welt oder auch sich selbst zu lieben. Ob Sie nun lieben oder sich geliebt fühlen, Liebe bleibt doch immer Liebe. Wer in der Liebe ruht, ist wunschlos glücklich, braucht sich an nichts zu klammern oder Dingen nachzujagen.

Erfahrung machen – Registrieren Sie jedes Gefühl, mit anderen verbunden zu sein, die Ihnen Gutes wollen, das in Ihrem Bewusstsein bereits präsent ist. Das könnte das Gefühl sein, von jemandem geliebt zu werden. Finden Sie auch die Wärme, die bereits in Ihnen ist, die guten Wünsche für andere im Vorder- oder Hintergrund Ihres Bewusstseins. Nehmen Sie auch alle Gefühle wie Schutz, Fürsorge und Förderung zur Kenntnis. Vielleicht tragen Sie jemanden im Herzen, dem oder der Sie eine Vielzahl von Gedanken und Gefühlen widmen.
Rufen Sie das Gefühl, geliebt zu werden, in sich wach, indem Sie sich an jemanden erinnern, der Sie liebt oder geliebt hat. Stellen Sie sich vor, mit dieser Person zusammen zu sein. Ihr Gesicht zu betrachten. Denken Sie an die Liebe für Sie, die diese Person empfindet. Gehen Sie dem Gefühl nach, geliebt zu werden. Denken Sie an all die Menschen, die im Laufe der Jahre Liebe für Sie empfunden haben und dies immer noch tun. Nehmen Sie ein ums andere Mal das Gefühl, geliebt zu werden, in sich auf. (Auch von Göttern, spirituellen Wesen oder Haustieren, wenn Sie mögen.) Erweitern Sie das Bewusstsein

für die Menge der zwischenmenschlichen Beziehungen, die Sie pflegen. Stellen Sie sich all die Personen vor, die Ihnen zugetan, freundschaftlich verbunden und dankbar sind. Erweitern Sie Ihr Bewusstsein abermals und erforschen Sie das Gefühl, mit der Natur selbst und allen Dingen des Universums verbunden zu sein. Erspüren Sie Ihren Platz im Universum und Ihre Zugehörigkeit zum großen Ganzen.

Versuchen Sie das Gefühl in sich wachzurufen, schon jetzt genug Liebe zu empfangen. Es ist in Ordnung, sich mehr Liebe zu wünschen, wenn man sich zugleich *genug* geliebt fühlt. Dann brauchen Sie der Liebe nicht nachzujagen oder sich in das Gefühlsleben anderer einzumischen. Die Liebe genügt sich selbst und lässt keinen Platz für Sehnsüchte oder Verlustängste. Erschaffen Sie das Gefühl in sich, jemanden zu lieben. Denken Sie an Personen, die Ihnen wichtig sind und am Herzen liegen. Denken Sie an Menschen, denen Sie Mitgefühl entgegenbringen. Denken Sie an Menschen, deren Gegenwart Sie glücklich macht. Nähren Sie das Gefühl der Liebe in sich. Lassen Sie Ihre Umwelt diese Liebe spüren.

Erfahrung anreichern – Öffnen Sie sich dem Gefühl, geliebt zu werden. Helfen Sie ihm zu bleiben, zu wachsen und Sie immer mehr auszufüllen. Öffnen Sie sich dem Gefühl, ein liebendes Wesen zu sein, dessen Gutherzigkeit, Wärme und Liebe auf die Umwelt ausstrahlt. Verbinden Sie diese beiden Erfahrungen zu einem umfassenden Gefühl von Liebe, die ein beständiges Geben und Empfangen ist. Wenn Sie mögen, meditieren Sie über die Liebe und machen Sie sie zum Mittelpunkt Ihrer Aufmerksamkeit. Sehen Sie, wie es ist, mit Liebe zu atmen, zu gehen, zu sehen, zu berühren und zu sprechen.

Erfahrung aufnehmen – Spüren und wissen Sie, dass die Liebe in Ihnen wohnt. Ruhen Sie in der Liebe und gehen Sie in ihr auf. Stellen Sie sich vor, von Liebe zu leben, und lassen Sie dieses Gefühl in sich einsinken. So, wie Sie eins mit der Liebe werden, wird die Liebe eins mit Ihnen. Es gibt nicht den geringsten Grund zur Unruhe in Ihren Beziehungen.

Erfahrungen verbinden – Spüren Sie *sowohl* die Liebe im Vordergrund *als auch* schmerzliche Empfindungen im Hintergrund Ihres Bewusstseins. Spüren Sie, wie die Liebe Kontakt zum Schmerz aufnimmt und ihn lindert. Atmen Sie Liebe ein und aus. Erkennen Sie, dass die Liebe jüngere Teile Ihres Selbst berührt, die sich einst nicht richtig geliebt fühlten. Horchen Sie in sich hinein und spüren Sie, wie dieses frühere Selbst beruhigt und versöhnt wird. Trennen Sie sich von allem negativen Material, wenn Sie mögen, und bleiben Sie ganz in der Liebe. Besinnen Sie sich im Laufe der nächsten Stunde wiederholt auf neutrales oder positives Material – wie das Gefühl der Liebe –, während Sie sich zugleich einen neutralen Trigger für das Gefühl, verletzt zu sein, ins Bewusstsein holen.

Vertrauen Sie in Zukunft ganz auf die Liebe. Es ist bemerkenswert, dass die Liebe mehr als alle anderen Erfahrungen in der Lage ist, uns mit uns selbst zu versöhnen. Uns das Gefühl zu geben, im Hier und Jetzt »angekommen« und zu Hause zu sein. Unser Gehirn befindet sich in seinem natürlichen Ruhezustand, wir sind von Frieden und Stärke erfüllt. Wer sich im Großen und Kleinen der Liebe hingibt, erweist sich und anderen einen unschätzbaren Dienst – die beglückende Erfahrung, sich in der Liebe zu Hause zu fühlen.

Nachwort

Ich hoffe, Sie haben für sich selbst herausgefunden, dass die Aufnahme des Guten sehr viel bewirken kann. Darüber hinaus hat diese Methode Auswirkungen, die weit über das Wohl des Einzelnen hinausgehen.

Der reaktive Modus unseres Gehirns hat uns im Laufe der Evolution das Überleben gesichert, doch heutzutage trägt er dazu bei, dass sich sozusagen der gesamte Planet gestresst fühlt. In 99 Prozent der letzten 60 Millionen Jahre lebten unsere menschlichen Vorfahren in kleinen Gruppen von Jägern und Sammlern, in denen nur derjenige überleben konnte, der sich mit »uns« identifizierte und den »anderen« misstraute. In der Gegenwart werden politische, religiöse und ethnische Konflikte sowie Spannungen zwischen Nationen durch diese reaktiven Tendenzen geschürt. Obwohl es weniger langlebige Konflikte und Kriege als früher gibt, fallen Ihnen mehr Menschen zum Opfer. Und obwohl es ein Klischee ist, sollte uns doch die Tatsache alarmieren, dass unser Steinzeitgehirn inzwischen über Atomwaffen verfügt. Unterdessen führt der ängstliche, gierige und egozentrische Modus unseres Gehirns dazu, dass wir die begrenzten Ressourcen der Erde ausbeuten – mit allen Begleiterscheinungen wie dem Abholzen der Wälder, dem Massensterben und der globalen Erwärmung.

Die objektiven Lebensumstände unserer Vorfahren machten es erforderlich, regelmäßig in den »roten«, reaktiven Modus zu schalten. Sie besaßen keine Möglichkeit, Ihre Grundbedürfnisse nach Sicherheit, Zufriedenheit und Zugehörigkeit zuverlässig und nachhaltig zu befriedigen. Heutzutage verfügen wir hingegen über Mittel und Möglichkeiten, jedem Individuum persönlichen Schutz und ausreichend Nahrung zur Verfügung zu stellen. Das heißt, wir *hätten* diese Möglichkeit, würden wir uns dazu entscheiden, sie auch zu nutzen. Dies ist zum ersten Mal in der Weltgeschichte der Fall, und es dauert offenbar einige Zeit, bis wir dies begreifen. Wie wir diese beispiellose Gelegenheit nutzen, wird den Lauf der Geschichte in den nächsten 100, wenn nicht 1000 Jahren maßgeblich beeinflussen.

Wollen wir diese Gelegenheit beim Schopf packen, dann reicht es nicht aus, die äußeren Bedingungen wie den Zugang zu Trinkwasser oder zu einer umfassenden Erziehung zu verbessern, so wichtig diese Dinge sein mögen. Für die Spanne von mindestens einer Generation haben wir die Möglichkeit, die Grundbedürfnisse jedes einzelnen Menschen zu befriedigen. Dennoch gibt es in der Welt immer noch jede Menge Armut, Hunger und Ungerechtigkeit. Auch in hoch entwickelten Ländern wie meiner eigenen Heimat ist der Alltag von vielen Problemen, Frustrationen und Ängsten bestimmt. Angesichts der negativen Verzerrung unseres Gehirns müssen wir uns auch um unsere mentalen Bedingungen kümmern, um unsere inneren Qualitäten zu entwickeln und das Gefühl zu verinnerlichen, dass unsere Schlüsselbedürfnisse bereits befriedigt sind. Erst wenn uns dies gelingt, werden wir weniger anfällig für kommerzielle und politische Manipulationen sein, die nur funktionieren, solange wir ein unterschwelliges Gefühl des Defizits und Mangels in uns tragen.

Stellen Sie sich eine Welt vor, in der eine kritische Masse menschlicher Gehirne – 100 Millionen? 1 Milliarde? – sich die meiste, wenn nicht die ganze Zeit über im anpassungsfähigen Modus befindet. Vielleicht wäre dann irgendwann ein Wendepunkt erreicht, ein qualitativer Kurswechsel der Menschheitsgeschichte. Die Menschen würden immer noch des Nachts Ihre Türen abschließen, würden immer noch nach Profit streben und miteinander Konflikte austragen. Sie würden immer noch ein ethisches Wertefundament benötigen. Doch uralte Ängste und Frustrationen würden sich zunehmend verflüchtigen, weil sie keine neue Nahrung mehr erhielten. Denken Sie daran, wie es Ihnen geht, wenn Sie in sich ruhen und voller Liebe sind. Denken Sie daran, wie die Gemeinschaft mit Menschen ist, denen es ebenso ergeht. Stellen Sie sich die Atmosphäre in Ihrer Familie oder an Ihrem Arbeitsplatz vor, wenn sich jeder Einzelne im »grünen«, anpassungsfähigen Modus seines Gehirns befinden würde. Denken Sie einen Schritt weiter: Wie würden Betriebe ihre Angestellten behandeln, wie Regierungen handeln und Nationen sich zueinander verhalten?

Dies ist keine Utopie. Der anpassungsfähige Modus des Gehirns ist unser natürlicher Ruhezustand, unser »Zuhause«. Zum Wohle unserer Kinder und Kindeskinder kann ich nur hoffen, dass wir möglichst bald nach Hause finden.

Literatur

Adler, Michael G. and Fagley, Nancy: »Appreciation: Individual Differences in Finding Value and Meaning as a Unique Predictor of Subjective Well-Being.« *Journal of Personality* 73 (2005): 79–114.

Agren, Thomas; Engman, Jonas; Frick, Andreas; Björkstrand, Johannes; Larsson, Elna-Marie; Furmark, Tomas and Fredrikson, Mats: »Disruption of Reconsolidation Erases a Fear Memory Trace in the Human Amydala.« *Science* 337 (2012): 1550–1552.

Alvord, Mary Karapetian and Grados, Judy Johnson: »Enhancing Resilence in Children: A Proactive Approach.« *Professional Psychology: Research and Practice* 36 Nr. 3 (2005): 238–245.

Balter, Michael: »New Light on Revolutions That Weren't.« *Science* 336 (2012): 530–561.

Baumeister, Roy; Bratlavsky, Ellen; Finkenauer, Catrin and Vohs, Kathleen: »Bad is Stronger than Good.« *Review of General Psychology* 5 (2001): 323–370.

Becker, Craig M.; Glascoff, Mary Alice and Felts, W. Michael: »Salutogenesis 30 Years Later: Where do We Go From Here?« *International Electronic Journal Health Education* 13 (2010): 25–32.

Benson, Herbert: *The Relaxation Response.* New York: HarperTorch, 2000.

Berridge, Kent C.: »Wanting and Liking: Observations from the Neuroscience and Psychology Laboratory.« *Inquiry* 52 no. 4 (2009): 378–398.

Berridge, Kent C.: »Food Reward: Brain Substrates of Wanting and Liking.« *Neuroscience Biobehavioral Review* 20 Nr. 1 (1996): 1–25.

Berridge, Kent C.; Ho, Chao-Yi; Richard, Jocelyn M. and Di-Feliceantonio, Alexandra G.: »The Tempted Brain Eats: Pleasure and Desire Circuits in Obesity and Eating Disorders.« *ScienceDirect* 1350 (2010): 43–64.

Black, Paul H.: »The Inflammatory Response Is an Integral Part of the Stress Response: Implications for Atherosclerosis, Insulin Resistance, Type II Diabetes, and Metabolic Syndrome X.« *Brain, Behavior, & Immunity* 17 (2003): 350–364.

Black, Paul H.: »Stress and the Inflammatory Response: A Review of Neurogenic Inflammation.« *Brain, Behavior, & Immunity* 16 (2002): 622–653.

Boehm, Christopher: »Ancestral Hierarchy and Conflict.« *Science* 336 (2012): 844–847.

Bouton, Mark E.: »Context and Behavioral Processes in Extinction.« *Learning & Memory* 11 (2004): 485–494.

Bowles, Samuel: »Did Warfare among Ancestral Hunter-Gatherers Affect the Evolution of Human Social Behaviors?« *Science* 324 (2009): 1293–1298.

Bowles, Samuel: »Warriors, Levelers, and the Role of Conflict in Human Social Evolution.« *Science* 336 (2012): 876–878.

Broadbent, Elizabeth; Kahokehr, Arman; Booth, Roger J.; Thomas, Janine; Windsor, John A.; Buchanan, Christina M.; Wheeler, Benjamin R. L.; Sammour, Tarik and Hill, Andrew G.: »A Brief Relaxation Intervention Reduces Stress and Improves Surgical Wound Healing Response: A Randomished Trial.« *Brain, Behavior, & Immunity* 26 Nr. 2 (2012): 212–217.

Bryant, Fred B.; Chadwick, Erica D. and Kluwe, Katharina: »Understanding the Processes that Regulate Positive Emotional Experience: Unsolved Problems and Future Directions for Theory and Research on Savoring.« *International Journal of Wellbeing* 1 Nr. 1 (2011): 107–126.

Bryant, Fred B. and Veroff, Joseph: *Savoring: A New Model of Positive Experience*. Mahwah, New Jersey: Lawrence Erlbaum Associates, Inc., 2007.

Bryant, Fred B.: »A Four-Factor Model of Perceived Control: Avoiding, Coping, Obtaining, and Savoring.« *Journal of Personality* 57 Nr. 4 (1989): 773–797.

Bryant, Fred. B.; Smart, Colette M. and King, Scott P.: »Using the Past to Enhance the Present: Boosting Happiness Through Positive Reminiscence.« *Journal of Happiness Studies* 6 (2005): 227–260.

Burgdorf, Jeffery and Jaak Panksepp. »The Neurobiology of Positive Emotions.« *Neuroscience and Biobehavioral Reviews* 30 (2006): 173–187.

Campbell, Stephanie; Marriott, Michael; Nahmias, Claude and MacQueen, Glenda M.: »Lower Hippocampal Volume in Patients Suffering from Depression: A Meta-Analysis.« *American Journal of Psychiatry* 161 Nr. 4 (2001): 598–607.

Calder, Andrew J.; Lawrence, Andrew D. and Young, Andrew W.: »Neuropsychology of Fear and Loathing,« *Nature* 2 (2001): 353–363.

Chida, Yoichi and Steptoe, Andrew: »Positive Psychological Well-Being and Mortality: A Quantitative Review of Prospective Observational Studies.« *Psychosomatic Medicine* 70 Nr. 7 (2008): 741–756.

Choi, Jung-Kyoo and Bowles, Samuel: »The Coevolution of Parochial Altruism and War.« *Science* 318 (2007): 636–640.

Christoffel, Daniel J.; Golden, Sam A. and Russo, Scott J.: »Structural and Synaptic Plasticity in Stress-Related Disorders.« *Reviews in Neurosciences* 22 Nr. 5 (2011): 535–549.

Cohn, Michael A.; Fredrickson, Barabara L.; Brown, Stephanie L.; Mikels, Joseph A. and Conway, Anne M.: »Happiness Unpacked: Positive Emotions Increase Life Satisfaction by Building Resilience.« *Emotion* 9 (2009): 361–368.

Critchley, Hugo D.: »Neural Mechanisms of Autonomic, Affective, and Cognitive Integration.« *The Journal of Comparative Neurology* 493 (2005): 154–166.

Critchley, Hugo D. and Nagai, Yoko: »How Emotions Are Shaped by Bodily States.« *Emotion Review* 4 Nr. 2 (2012): 163–168.

Cunningham, William A. and Kirkland, Tabitha: »The Joyful, Yet Balanced Amygdala: Moderated Responses to Positive But Not Negative Stimuli in Trait Happiness.« *Social Cognitive and Affective Neuroscience* (5. April 2013; E-Publishing vor Printausgabe).

Cunningham, William A. and Brosch, Tobias: »Motivational Salience: Amygdala Tuning From Traits, Needs, Values, and Goals.« *Current Directions in Psychological Science* 21 Nr. 1 (2012): 54–59.

Cunningham, William A.; Raye, Carol L. and Johnson, Macia K.: »Neural Correlates of Evaluation Associated with Promotion and Prevention Regulatory Focus.« *Cognitive, Affective, and Behavioral Neuroscience* 5 Nr. 2 (2005): 202–211.

Decety, Jean and Jackson, Philip L.: »The Functional Architecture of Human Empathy.« *Behavorial and Cognitive Neuroscience Reviews* 3 (2004): 71–100.

Decety, Jean and Svetlova, Margarita: »Putting Together Phylogenetic and Ontogenetic Perspectives on Empathy.« *Developmental Cognitive Neuroscience* 2 Nr. 1 (2011): 1–24.

Diener, Ed and Chan, Micaela Y.: »Happy People Live Longer: Subjective Well-Being Contributes to Healthy and Longevity.« *Applied Psychophysiology* 3 Nr. 1 (2011): 1–43.

Duman, Ronald S. and Aghajanian, George K.: »Synaptic Dysfunction in Depression: Potential Therapeutic Targets.« *Science* 338 (2012): 68–72.

Dusek, Jeffery A.; Out, Hasan H.; Wohlhueter, Ann L.;

Bhasin, Manoj; Zerbini, Luiz F.; Joseph, Marie G., Benson, Herbert and Libermann, Towia A.: »Genomic Counter-Stress Changes Induced by the Relaxation Response.« *PLoS One* 3 (2008): e2576.

Ecker, Bruce and Hulley, L.: *Depth Oriented Brief Therapy: How to Be Brief When You Were Trained to Be Deep, and Vice Versa.* San Francisco: Jossey-Bass, 1996.

Ecker, Bruce and Toomey, Brian: »Depotentiation of Symptom-Producing Implicit Memory in Coherence Therapy.« *Journal of Constructivist Psychology* 21 Nr. 2 (2008): 87–150.

Efferson, Charles; Lalive, Rafael and Fehr, Ernst: »The Coevolution of Cultural Groups and Ingroup Favoritism.« *Science* 321 (2008): 1844–1849.

Emmons, Scott W.: »The Mood of a Worm.« *Science* 338 (2012): 475–476.

Emmons, Robert: *Thanks! How the Science of Gratitude Can Make You Happier.* New York: Houghton Mifflin Harcourt, 2007.

Emmons, Robert A. and McCullough, Michael: »Counting Blessings Versus Burdens: An Experimental Investigation of Gratitude and Subjective Well-Being in Daily Life.« *Journal of Personality and Social Psychology* 84 Nr. 2 (2003): 377–389.

Esch, Tobias and Stefano, George B.: »The Neurobiology of Stress Management.« *Neuroendocrinology Letters* 31 Nr. 1 (2010): 19–39.

Fagley, Nancy: »Appreciation Uniquely Predicts Life Satisfaction Above Demographics, the Big 5 Personality Factors, and Gratitude.« *Personality and Individual Differences* 53 (2012): 59–63.

Fehr, Ernst: »Human Behaviour: Don't Lose Your Reputation.« *Nature* 432 (2004): 449–450.

Fehr, Ernst and Rockenbach, Bettina: »Human Altruism: Economic, Neural, and Evolutionary Perspectives.« *Current Opinion in Neurobiology* 14 Nr.6 (2004): 784–790.

Feldman, Daniel: »Synaptic Mechanisms for Plasticity in Neocortex.« *Annual Review of Neuroscience* 32 (2009): 33–55.

Feldman, Greg C.; Joormann, Jutta and Johnson, Sheri L.: »Responses to Positive Affect: A Self-Report Measure of Rumination and Dampening.« *Cognitive Therapy and Research* 32 Nr. 4 (2008): 507–525.

Folkman, Susan and Moskowitz, Judith: »Positive Affect and the Other Side of Coping.« *American Psychologist* 55 (2000): 647–654.

Frederickson, Barbara: *Positivity: Top-Notch Research Reveals the 3 to 1 Ratio That Will Change Your Life*. New York: Three Rivers Press, 2009.

Fredrickson, Barbara L.; Cohn, Michael A.; Coffey, Kimberly A., Pek, Jolynn and Finkel, Sandra M.: »Open Hearts Build Lives: Positive Emotions, Induced Through Loving-Kindness Meditation, Build Consequential Personal Resources.« *Journal of Personality and Social Psychology* 95 Nr. 5 (2008): 1045–1062.

Fredrickson, Barbara L.; Tugade, Michele M.; Waugh, Christian E. and Larkin, Gregory R.: »What Good are Positive Emotions in Crisis? A Prospective Study of Resilience and Emotions Following the Terrorist Attachs on the U.S. on 9/11/01.« *Journal of Personality and Social Psychology* 84 Nr. 2 (2003): 365–376.

Frederickson, Barbara and Levenson, Robert: »Positive Emotions Speed Recovery from the Cardiovascular Sequelae of Negative Emotions.« *Psychology Press* 12 (1998): 191–220.

Fry, D. P.: »Life Without War.« *Science* 336 (2012): 879–884.

Gabbard, Glen O.: »A Neurobiologically Informed Perspective on Psycholtherapy.« *British Journal of Psychiatry* 177 (2000): 117–122.

Gable, Shelly L.; Reis, Harry T.; Impett, Emily A. and Asher, Evan R.: »What Do You Do When Things Go Right? The Intrapersonal and Interpersonal Benefits of Sharing Positive Events.« *Journal of Personality and Social Psychology* 87 Nr. 2 (2004): 228–245.

Garavan, Hugh; Pendergrass, Cara J.; Ross, Thomas; Stein, Elliot A. and Risinger, Robert: »Amygdala Response to Both Positively and Negatively Valenced Stimuli.« *Neuroreport* 12 Nr. 12 (2001): 2779–2783.

Gendlin, Eugene T.: *Focusing*. New York: Random House, 1982.

Gerstner, Wulfram; Sprekeler, Henning and Deco, Gustavo: »Theory and Simulation in Neuroscience.« *Science* 338 (2012): 60–65.

Gilbert, Paul: »Introducing Compassion-Focused Therapy.« *Advances in Psychiatric Treatment* 14 (2009): 199–208.

Gilbert, Paul: *The Compassionate Mind: A New Approach to Life's Challenges*. Oakland, CA: New Harbinger Publications, Inc., 2010.

Gogolla, Nadine, P. Caroni, A. Lüthi, and C. Herry. »Perineuronal Nets Protect Fear Memories from Erasure.« *Science* 325 (2009): 1258–1261.

Gottman, John: *Why Marriages Succeed or Fail: And How You Can Make Yours Last*. New York: Simon & Schuster, 1995.

Gould, Rebecca L.; Couson, Mark C. and Howard, Robert J.: »Cognitive Behavioral Therapy for Depression in Older People: A Meta-Analysis and Meta-Regression of Randomized Controlled Trails.« *Journal of the American Geriatrics Society* 60 Nr. 10 (2012): 1817–1830.

Gruber, June: »Can Feeling Too Good Be Bad? Positive Emotion Persistence (PEP) in Bipolar Disorder.« *Current Directions in Psychological Science* 20 Nr. 4 (2011): 217–221.

Gutsell, Jennifer N. and Inzlicht, Michael: »Empathy Constrained: Prejudice Predicts Reduced Mental Simulation of Actions During Observation of Outgroups.« *Journal of Experimental Social Psychology* 46 (2010): 841–845.

Hamann, Stephan B.; Ely, Timothy D.; Hoffman, John M. and Kilts, Clinton D.: »Ecstasy and Agony: Activation of the Human Amygdala in Positive and Negative Emotion.« *Psychological Science* 13 Nr. 2 (2002): 135–141.

Hanh, Thich Nhat: *Being Peace.* Berkeley, CA: Parallax Press, 2005.

Hanrahan, Fidelma; Field, Andy P.; Jones, Fergal W. and Davey, Graham C. L.: »A Meta-Analysis of Cognitive Therapy for Worry in Generalized Anxiety Disorder.« *Clinical Psychology Review* 33 Nr. 1 (2013): 120–132.

Harris, Lasana T. and Fiske, Susan T.: »Social Groups That Elicit Disgust Are Differentially Processed in mPFC.« *Social Cognitive and Affective Neuroscience* 2 (2007): 45–51.

Heinrichs, Markus; Baumgartner, Thomas; Kirschbaum, Clemens and Ehlert, Ulrike: »Social Support and Oxytocin Interact to Suppress Cortisol and Subjective Responses to Psychosocial Stress.« *Biological Psychiatry* 54 (2003): 1389–1398.

Herman, Judith: *Trauma and Recovery: The Aftermath of Violence – from Domestic Abuse to Political Terror.* New York: BasicBooks, 1997.

Higgins, E. Tory: »Beyond Pleasure and Pain.« *American Psychologist* 52 Nr. 12 (1997): 1280–1300.

Ho, Victoria M.; Lee, Ji-Anne and Martin, Kelsey C.: »The Cell Biology of Synaptic Plasticity.« *Science* 334 (2011): 623–628.

Hofmann, Stefan G.; Asnaani, Anu; Vonk, Imke J. J.; Sawyer, Alice T. and Fang, Angela: »The Efficacy of Cognitive Behavioral Therapy: A Review of Meta-Analyses.« *Cognitive Therapy and Research* 36 Nr.5 (2012): 427–440.

Holzel, Britta K.; Ott, Ulrich; Gard, Tim; Hempel, Hannes; Weygandt, Martin; Morgen, Katrin and Vaitl, Dieter: »Investigation of Mindfulness Meditation Practitioners with Voxel-Based Morphometry.« *Social Cognitive and Affective Neuroscience* 3 (2008): 55–61.

IsHak, Waguih William; Kahloond, Maria and Fakhrye, Hala: »Oxytocin's Role in Enhancing Well-Being: A Literature Review.« *Journal of Affective Disorders* 130 Nr. 1 (2011): 1–9.

Kahneman, Daniel and Tversky, Amos: »Prospect Theory: An Analysis of Decision under Risk.« *Econometrica* 47 Nr. 2 (1979): 163–292.

Kandel, Eric R.: *In Search of Memory: The Emergence of a New Science of Mind.* New York: W. W. Norton & Company, 2007.

Kashdan, Todd. *Curious? Discover the Missing Ingredient to a Fulfilling Life.* New York: William Morrow, 2009.

Karatsoreos, Inga N. and McEwen, Bruce S.: »Psychobiological Allostasis: Resistance, Resilience, and Vulnerability.« *Trends in Cognitive Sciences*, 15 Nr. 12 (2011): 576–584.

Kandel, Eric R.: »A New Intellectual Framework for Psychiatry.« *American Journal of Psychiatry* 155 (1998): 457–469.

Kegel, Cornelia A. T.; Bus, Adriana G. and van Ijzendoorn, Marinus H.: »Differential Susceptibility in Early Literacy Instruction Through Computer Games: The Role of the Dopamine D4 Receptor Gene (DRD4).« *Mind, Brain, and Education* 5: 71–78.

Keltner, Dacher: *Born to Be Good: The Science of a Meaningful Life.* New York: W. W. Norton & Company, Inc., 2009.

Kermer, Deborah A.; Driver-Linn, Erin; Wilson, Timothy D. and Gilbert, Daniel T.: »Loss Aversion Is an Affective Forecasting Error.« *Psychological Science* 17 Nr. 8 (2006): 649–653.

Keverne, Eric B.; Martensz., Nicholas D. and Tuite, Bernadette: »Beta-Endorphin Concentrations in Cerebrospinal Fuid of Monkeys Are Influenced by Grooming Relationships.« *Psychoneuroendocrinology* 14 (1989): 155–161.

Klimecki, Olga M.; Leiberg, Susanne; Lamm Claus and Singer, Tania: »Functional Neural Plasticity and Associated Changes in Positive Affect after Compassion Training.« *Cerebral Cortex* 6 (2012), doi: 10.1093/cercor/bhs142 PII: bhs142.

Kirby, E. D.; Friedman, A. R.; Covarrubias, D.; Ying, C.; Sun, W. G.; Goosens, K. A.; Sapolsky, R. M. and Kaufer, D.: »Basolateral Amygdala Regulation of Adult Hippocampal Neurogenesis and Fear-Related Activation of Newborn Neurons.« *Molecular Psychiatry* 17 (2012): 527–536.

Korn, Deborah L. and Leeds, Andrew M.: »Preliminary Evidence of Efficacy for EMDR Resource Development and Installation in the Stabilization Phase of Treatment of Complex Posttraumatic Stress Disorder.« *Journal of Clinical Psychology* 58 Nr. 12 (2002): 1465–1487.

Langston, Christopher A.: »Capitalizing On and Coping with Daily-Life Events: Expressive Responses to Positive Events.« *Journal of Personality and Social Psychology* 67 (1994): 1112–1125.

Lazar, Sara W.; Kerr, Catherine E.; Wasserman, Rachel H.; Gray, Jeremey R.; Greve, Douglas N.; Treadway, Micheal T.; McGarvey, Metta; Quinn, Brian T.; Dusek, Jeffery A.; Benson, Herbert; Rauch, Scott L.; Moore, Christopher I. and Fisch, Bruce: »Meditation Experience Is Associated with Increased Cortical Thickness.« *Neuroreport* 16 (2005): 1893–1897.

Leary, Mark R.; Tate, Eleanor B.; Adams, Claire E.; Batts, Ashley and Hancock, Allen Jessica: »Self-Compassion and Reactions to Unpleasant Self-Relevant Events: The Implications of Treating Oneself Kindly.« *Journal of Personality* 92 (2007): 887–904.

LeDoux, Joseph E: *Synaptic Self: How Our Brains Become Who We Are.* New York: Penguin Books, 2003.

Leyro, Teresa M.: »Distress Tolerance and Psychopathological Symptoms and Disorders: A Review of the Empirical Literature among Adults.« *Psychological Bulletin* 136 Nr. 4 (2010): 576–600.

Leussis, M.P. and Andersen, S. L.: »Is Adolescence a Sensitive Period for Depression? Behavioral and Neuroanatomical Findings from a Social Stress Model.« *Synapse* 62 Nr. 1 (2007): 22–30.

Levine, Peter A.: *In an Unspoken Voice: How the Body Releases Trauma and Restores Goodness.* Berkeley: North Atlantic Books, 2010.

Liberzon, Israel; Luan Phan, K.; Decker, Laura R. and Taylor, Stephan F.: »Extended Amygdala and Emotional Salience: A PET Activation Study of Positive and Negative Affect.« *Neuropsychopharmacology* 28 Nr. 4 (2003): 726–733.

Lim, Byung Kook; Huang, Kee Wui; Grueter, Brad A.; Rothwell, Patrick E. and Malenka, Robert C.: »Anhedonia Requires MC4R-Mediated Synaptic Adaptations in Nucleus Accumbens.« *Nature* 487 (2012): 183–189.

Luders, Eileen; Toga, Arthur W.; Lepore, Natasha and Gaser, Christian: »The Underlying Anatomical Correlates of Long-Term Meditation: Larger Hippocampal and Frontal Volumes of Gray Matter.« *NeuroImage* 45 (2009): 672–678.

Luskin, Frederic; Reitz, Megan; Newell, Kathryn; Quinn, Thomas Gregory and Haskell, William: »A Controlled Pilot Study of Stress Management Training of Elderly Patients with Congestive Heart Failure.« *Preventive Cardiology* 5 (2002): 168–174.

Lyubomirsky, Sonja; Sheldon, Kennon and Schkade, David: »Pursuing Happiness: The Architecture of Sustainable Change.« *Review of General Psychology* 9 Nr.2 (2005): 111–131.

Lyubomirsky, Sonja: *The How of Happiness: A New Approach to Getting the Life You Want.* New York: Penguin Press, 2008.

MacLean, Paul D: *The Triune Brain in Evolution: Role in Paleocerebral Functions.* New York: Springer, 1990.

Maguire, Eleanor; Gadian, David; Johnsrude, Ingrid; Good, Catriona; Ashburner, John; Frackowiak, Richard and Frith, Christopher: »Navigation-Related Structural Change in the Hippocampi of Taxi Drivers.« *National Academy of Sciences* 87 (2000): 4398–4403.

Maslow, Abraham: *The Farther Reaches of Human Nature.* New York: Penguin, 1993.

McCullough, Michael; Kirkpatrick, Shelley D.; Emmons, Robert A. and Larson, David B.: »Is Gratitude a Moral Affect?« *Psychological Bulletin* 127 Nr. 2 (2001): 249–266.

McEwen, Bruce S.: »Protective and Damaging Effects of Stress Mediators: Central Role of the Brain.« *Dialogues in Clinical Neuroscience* 8 Nr. 4 (2006): 367–381.

McEwen, Bruce: »Stress, Adaptation, and Disease: Allostasis and Allostatic Load.« *Annals of the New York Academy of Sciences* 840 (1998): 33–44.

McEwen, Bruce and Gianaros, Peter: »Central Role of the Brain in Stress and Adaptation: Links to Socioeconomic Status, Health, and Disease.« *Annals of the New York Academy of Sciences* 1186 (2010): 190–222.

McEwen, Bruce and Gianaros, Peter: »Stress- and Allostasis-Induced Brain Plasticity.« *Annual Review of Medicine* 62 (2011): 431–435.

McGonigal, Kelly: *The Willpower Instinct: How Self-Control Works, Why It Matters, and What You Can Do To Get More.* New York: Avery, 2011.

McPherron, Shannon P.; Alemseged, Zeresenay; Marean, Curtis W.; Wynn, Jonathan G.; Reed, Denné; Geraads, Denis;

Bobe, René and Béarat, Hamdallah A.: »Evidence for Stone-Tool Assisted Consumption of Animal Tissues before 3.39 Million Years Ago at Dikika, Ethiopia.« *Nature* 446 (2010): 857–860.

Meyer-Lindenberg, Andreas: »Impact of Prosocial Neuropeptides on Human Brain Function.« *Progress in Brain Research* 170 (2008): 463–470.

Mika, Agnieszka; Mazur, G. J.; Hoffman, A. N.; Talboom, J. S.; Bimonte-Nelson, H. A.; Sanabria, F. and Conrad, C. D.: »Chronic Stress Impairs Prefrontal Cortex-Dependent Response Inhibition and Spatial Working Memory.« *Behavioral Neuroscience* 126 Nr. 5 (2012): 605–619.

Milton, Amy L. and Everitt, Barry J.: »Wiping Drug Memories« *Science* 336 (2012): 167–168.

Moll, Jorge; Krueger, Frank; Zahn, Roland; Pardini, Matteo; Oliveira-Souza, Ricardo de and Grafman, Jordan: »Human Fronto-Mesolimbic Networks Guide Decisions About Charitable Donation.« *Proceedings of the National Academy of Sciences* 103 (2006): 15623–15628.

Monfils, Marie-H.; Cowansage, Kiriana K.; Klann, Eric and LeDoux, Joseph E: »Extinction-Reconsolidation Boundaries: Key to Persistent Attenuation of Fear Memories.« *Science* 324 (2009): 951–955.

Mongillo, Gianluigi; Barak, Omri and Tsodyks, Misha: »Synaptic Theory of Working Memory.« *Science* 319 (2008): 1543–1546.

Morris, J. S.; Friston, K. J.; Buchel, C.; Frith, C. D.; Young, A. W.; Calder, A. J. and Dolan, R. J.: »A Differential Neural Response in the Human Amygdala to Fearful and Happy Facial Expressions.« *Nature* 383 (1996): 812–815.

Morris, J. S.; Ohman, A. and Dolan, R. J.: »Conscious and Unconscious Emotional Learning in the Human Amygdala.« *Nature* 393 (1998): 467–470.

Nader, Karim: »Memory Traces Unbound.« *Trends in Neurosciences* 26 Nr. 2 (2003): 65–70.

Nader, Karim; Schafe, Glenn E. and LeDoux, Joseph. E.: »The Labile Nature of Consolidation Theory.« *Nature* 1 Nr. 3 (2000): 216–219.

Neff, Kristin D.: »Self-Compassion: An Alternative Conceptualization of a Healthy Attitude Toward Onself.« *Self and Identity* 2 Nr. 2 (2003): 85–101.

Neff, Kristin D.: »Self-Compassion, Self-Esteem, and Well-Being.« *Social and Personality Psychology Compass* 5 Nr. 1 (2011): 1–12.

Neumann, Inga D.: »Brain Oxytocin: A Key Regulator of Emotional and Social Behaviours in Both Females and Males.« *Journal of Neuroendocrinology* 20 (2008): 858–865.

Niedenthal, Paula: »Embodying Emotion.« *Science Magazine* 316 (2007): 1002–1005.

Nowak, Martin A. and Sigmund, Karl: »Evolution of Indirect Reciprocity.« *Nature* 437 (2005): 1291–1298.

Ogden, Pat: *Trauma and the Body: A Sensorimotor Approach to Psychotherapy.* New York: W. W. Norton & Company, 2006.

Olatunji, Bunmi O.; Davis, M. L.; Powers, M. B. and Smits, J. A.: »Cognitive-Behavioral Therapy for Obsessive-Complusive Disorder: A Meta-Analysis of Treatment Outcome and Moderators.« *Journal of Psychiatric Research* 47 Nr. 1 (2013): 33–41.

Olszewski, Pawel K.; Klockars, Anica; Schiöth, Helgi B. and Levine, Allen S.: »Oxytocin as Feeding Inhibitor: Maintaining Homestasis in Consummatory Behavior.« *Pharmacology Biochemistry and Behavior* 97 (2010): 47–54.

Ostby, Ylva; Walhovda, Kristine B.; Tamnes, Christian K.; Grydeland, Håkon; Westlye, Lars Tjelta and Fjell, Anders M.: »Mental Time Travel and Default-Mode Network

Functional Connectivity in the Developing Brain.« *Procee-dings of the National Academy of Sciences* 109 Nr. 42 (2012): 16800–16804.

Palmer, Linda and Lynch, Gary: »A Kantian View of Space.« *Science* 328 (2010): 1487–1488.

Panksepp, Jaak: »Affective Consciousness: Core Emotional Feelings in Animals and Humans.« *Consciousness & Cognition* 14 Nr. 1 (2005): 30–80.

Panksepp, Jaak: *Affective Neuroscience: The Foundations of Human and Animal Emotions.* New York: Oxford University Press, 1998.

Paradiso, Sergio: »Cerebral Blood Flow Changes Associated with Attribution of Emotional Valence to Pleasant, Unpleasant, and Neutral Visual Stimuli in a PET Study of Normal Subjects.« *American Journal of Psychiatry* 156 Nr. 10 (1999): 1618–1629.

Parfitt, Guestavo Morrone; Kraemer Barbosa, Ândrea; Costa Campos, Renan; Peres Koth, André and Martí Barros, Daniela: »Moderate Stress Enhances Memory Persistence: Are Adrenergic Mechanisms Involved?« *Behavioral Neuroscience* 126 Nr. 5 (2012): 729–730.

Park, Nansook: »Character Strengths: Research and Practice.« *Journal of College & Character* 10 Nr. 4 (2009): 1–10.

Pecina, S. and Berridge, Kent C.: »Hedonic Hot Spot in Nucleus Accumbens Shell: Where do Mu-Opiods Cause Increased Impact of Sweetness?« *Journal of Neuroscience* 25 Nr. 50 (2005): 11777–11786.

Pennisi, Elizabeth: »Nervous System May Have Evolved Twice.« *Science* 339 (2013): 391.

Peterson, Christopher; Ruch, Willibald; Beermann, Ursula; Park, Nansook and Seligman, Martin: »Strengths of Character, Orientations to Happiness, and Life Satisfaction.« *The Journal of Positive Psychology* 2 Nr. 3 (2007): 149–156.

Placais, Pierre-Yves and Preat, Thomas: »To Favor Survival Under Food Shortage, the Brain Disables Costly Memory.« *Science* 339 (2013): 440-442.

Porges, Stephen W.: *The Polyvagal Theory: Neurophysiological Foundations of Emotions, Attachment, Communication, and Self-Regulation.* New York: W. W. Norton & Company, 2011.

Pressman, S. and Cohen, S.: »Does Positive Affect Influence Health?« *Psychological Bulletin* 131 (2005): 925–971.

Price, Tom F.; Dieckman, L. W. and Harmon-Jones, Eddie: »Embodying Approach Motivation: Body Posture Influences Startle Eyeblink and Event-Related Potential Responses to Appetitive Stimuli.« *Biological Psychology* 90 (2012): 211–217.

Price, Tom F.; Peterson, Carly K. and Harmon-Jones, Eddie: »The Emotive Neuroscience of Embodiment.« *Motivation and Emotion* 36 Nr. 1 (2012): 27–37.

Quoidbach, Jordi; Berry, Elizabeth V.; Hansenne, Michel and Mikolajczak, Moïra: »Positive Emotion Regulation and Well-Being: Comparing the Impact of Eight Savoring and Dampening Strategies.« *Personality and Individual Differences* 49 Nr. 5 (2010): 368–373.

Rees, Brian: »Overview of Outcome Data of Potential Mediation Training for Soldier Resilience.« *Military Medicine* 176 Nr. 11 (2011): 1232–1242.

Roberts-Wolfe, Douglas; Sacchet, Matthew D.; Hastings, Elizabeth; Roth, Harold and Britton, Willoughby: »Mindfulness Training Alters Emotional Memory Recall Compared to Active Controls: Support for an Emotional Information Processing Model of Mindfulness.« *Frontiers in Human Neuroscience* 6 (2012): 1–13.

Rozin, Paul and Royzman Edward: »Negativity Bias, Negativity Dominance, and Contagion.« *Personality & Social Psychology Review* 5 (2001): 296–320.

Sapolsky, Robert: *Why Zebras Don't Get Ulcers*. New York: Holt Paperbacks, 2004.

Schachter, D. L.: »Adaptive Constructive Processes and the Future of Memory.« *American Psychologist* 67 Nr. 8 (2012): 603–613.

Schachter, Daniel L.: *The Seven Sins of Memory: How the Mind Forgets and Remembers*. New York: Houghton Mifflin Harcourt Books, 2002.

Schiller, Daniela; Monfils, Marie-H.; Raio, Candace M.; Johnson, David C.; LeDoux, Joseph E. and Phelps, Elizabeth A.: »Preventing the Return of Fear in Humans Using Reconcolidation Update Mechanisms.« *Nature* 463 (2010): 49–53.

Seeley, William W.; Menon, Vinod; Schatzberg, Alan F.; Keller, Jennifer; Glover, Gary H.; Kenna, Heather; Reiss, Allan L. and Greicius, Michael D.: »Dissociable Intrinsic Connectivity Networks for Salience Processing and Executive Control.« *The Journal of Neuroscience* 27 (2007): 2356–2349.

Seligman, Martin: *Flourish: A Visionary New Understanding of Happiness and Well-Being*. New York: Free Press, 2011.

Seligman, Martin: *Learned Optimism: How to Change Your Mind and Your Life*. New York: Vintage, 2006.

Seligman, Martin and Steen, Tracy A.: »Positive Psychotherapy Progress: Empirical Validation of Interventions.« *American Psychologist* 60 Nr. 5 (2005): 410- 421.

Semaw, Sileshi; Renne, P.; Harris, J. W. K.; Feibel, C. S.; Bernor, R. L.; Fesseha, N. and Mowbray, K.: »2.5- Year-Old Stone Tools from Gona, Ethiopia.« *Nature* 385 (1997): 333–336.

Shapiro, Shauna: »Mindfulness and Psychotherapy.« *Journal of Clinical Psychology* 65 (2009): 1–6.

Sharot, Tali: *The Optimism Bias: A Tour of the Irrationally Positive Brain*. New York: Vintage, 2011.

Siegel, Daniel J.: *The Mindful Brain*. New York: W.W. Norton & Company, 2007.

Skoglund, Pontus Helena Malmström; Raghavan, Maanasa; Stora, Jan, Hall, Per; Willerslev, Eske; Gilbert, M.; Thomas, P.; Götherström, Anders and Jakobsson, Mattias: »Origins and Genetic Legacy of Neolithic Farmers and Hunter-Gatherers in Europe.« *Science* 336 (2012): 466–469.

Smith, Eric Alden: »Communication and Collective Action: The Role of Language in Human Cooperation.« *Evolution and Human Behavior* 31 Nr. 4 (2010): 231–245.

Southwick, Steven M. and Charney, Dennis S.: »The Science of Resilience: Implications for the Prevention and Treatment of Depression.« *Science* 338 (2012): 79–82.

Terrier, Nicholas: »Broad Minded Affective Coping (BMAC): A »Positive« CBT Approach to Facilitating Positive Emotions.« *International Journal of Cognitive Therapy* 31 Nr. 1 (2010): 65–78.

Thompson, Evan: *Mind in Life: Biology, Phenomenology, and the Sciences of Mind.* Boston: Harvard University Press, 2007.

Tommaso, Pizzorusso: »Erasing Fear Memories.« *Science* 325 (2009): 1214–1215.

Toomey, Brian and Ecker, Bruce: »Competing Visions of the Implications of Neuroscience for Psychotherapy.« *Journal of Constructivist Psychology* 22 (2009): 95–140.

Tugade, Michele: *Positive Emotions and Coping: Examining Dual-Process Models of Resilience.* In: S. Folkman (Hrsg.) *Oxford Handbook of Stress, Health, and Coping* (186–199). New York: Oxford University Press, 2011.

Tugade, M. M. and Fredrickson, B. L.: »Regulation of Positive Emotions: Emotion Regulation Strategies That Promote Resilience.« *Journal of Happiness Studies* 8 (2007): 311–333.

Valente, Thomas W.: »Network Interventions.« *Science* 337 (2012): 49–53.

van der Kolk, Bessel A.: *Traumatic Stress: The Effects of Over-*

whelming Experience on Mind, Body, and Society. New York: The Guilford Press, 2006.

Videbech, Poul, and Barbaba Ravnkilde. »Hippocampal Volume and Depression: A Meta-Analysis of MRI Studies.« *American Journal of Psychiatry* 161 no. 11 (2004): 1957–1966.

Viviani, Daniele and Stoop, Ron: »Opposite Effects of Oxytocin and Vasopressin on the Emotional Expression of the Fear Response.« *Progress in Brain Research* 170 (2008): 207–218.

Vogel, Gretchen: »Can We Make Our Brains More Plastic?« *Science* 338 (2012): 36–39.

Vukasovic, Tena; Bratko, Denis and Butkovic, Ana: »Genetic Contribution to the Individual Differences in Subjective Well-Being: A Meta-Analysis.« *Journal for General Social Issues* 21 (2012): 1–17.

Walsh, Roger: »Lifestyle and Mental Health.« *American Psychologist* 66 (2011): 579–592.

Walsh, Roger: »The Meetng of Meditative Disciplines and Western Psychology. *American Psychologist* 61 (2006): 227–239.

Wang, Qingsong; Wang, Zhenggou; Zhu, Peifang and Jiang, Jianxin: »Alterations of Myelin Basic Protein and Ultrastructure in the Limbic System at the Early Stage of Trauma-Related Stress Disorder in Dogs.« *The Journal of Trauma* 56 Nr. 3 (2004): 604–610.

Wimmer, G. Elliott and Shohamy, Dapha: »Preference by Association: How Memory Mechanisms in the Hippocampus Bias Decisions.« *Science* 338 (2012): 270–273.

Wood, Joanne V.; Heimpel, Sara A. and Michela, John L.: »Savoring Versus Dampening: Self-Esteem Differences in Regulating Positive Affect.« *Journal of Personality and Social Psychology* 85 (2003): 566–580.

Xu, Xiaojin; Zuo, Xiangyu; Wang, Xiaoying and Han, Shihui: »Do You Feel My Pain? Racial Group Membership Modulates Empathic Neural Responses.« *The Journal of Neuroscience* 9 Nr. 26 (2009): 8525–8529.

Yan-Xue Xue; Luo, Yi-Xiao; Wu, Ping; Shi, Hai-Shui; Xue, Li-Fen; Chen, Chen; Zhu, Wei-Li; Ding, Zeng-Bo; Bao, Yan-Ping; Shi, Jie; Epstein, David H.; Shaham, Yavin and Lu, Lin: »A Memory Retrieval-Extinction Procedure to Prevent Drug Craving and Relapse.« *Science* 336 (2012): 241–245.

Yechiam, Eldad and Hochman, Guy: »Losses as Modulators of Attention: Review and Analysis of the Unique Effects of Losses Over Gains.« *Psychological Bulletin* 139 Nr. 2 (2013): 497–518.

Danksagung

Gutes in sich aufzunehmen ist ein ganz natürlicher Vorgang. Wer hat nicht schon zehn Sekunden damit verbracht, ein positives Erlebnis in die Länge zu ziehen und auszukosten? Nichtsdestotrotz hat diese Praxis bis vor Kurzem weitaus weniger Beachtung gefunden als Übungen zu Dankbarkeit und innerer Achtsamkeit. Es war mir ein Vergnügen, mich u. a. auf die Arbeiten von Fred Bryant, Nancy Fagley, Joseph Veroff, Jordi Quoidbach und Erica Chadwick beziehen zu können sowie auf die Forschungsergebnisse zur Kohärenz-Therapie von Bruce Ecker, Laurel Hulley, Brian Toomey, Robin Ticic und seinen Kollegen. Des Weiteren konnte ich die herausragenden Ergebnisse der humanistischen und positiven Psychologie zurate ziehen und danke insbesondere: Abraham Maslow, Roger Walsh, Martin Seligman, Chris Peterson, Nansook Park, Shauna Shapiro, Barbara Fredrickson, Sonja Lyubomirsky, Michele Tugade, Todd Kashdan, Dacher Keltner, Robert Emmons, Michael McCullough und Will Cunningham. Ich habe die Aufnahme des Guten nicht erfunden. Ich habe versucht, ihre Wichtigkeit im Licht unserer evolutionär bedingten negativen Verzerrung zu verstehen sowie systematische Methoden zu entwickeln, um flüchtige positive Erfahrungen in dauerhafte neuronale Strukturen umzuwandeln.

Die Liste meiner Förderer und Unterstützer ist zu lang, als dass ich sie alle namentlich nennen könnte; zumindest einigen von ihnen möchte ich an dieser Stelle meinen ausdrücklichen Dank abstatten, als da wären: James Baraz, Tara Brach, Jack Kornfield, Joseph Goldstein, Dacher Keltner sowie allen Mitarbeitern des Greater Good Science Center der University of California, Berkely, Gil Fronsdal, Phillip Moffit, Wes Nisker,

Mark Williams, Dan Siegel, Tom Bowlin, Richard Davidson, Andy Olendzki und Mu Soeng am Barre Center for Buddhist Studies, Saybrook University, Spirit Rock Meditation Center, the Mind and Life Institute, Peter Bauman, den Mitgliedern des San Rafael Meditation Gathering, Terry Patten, Daniel Ellenberg, Rick Mendius, Tami Simon und jedermann bei Sounds True, Marci Shimoff, Suzanna Gratz, Julie Benett sowie allen Mitarbeitern von New Harbinger Publications, Andy Dreitcer, Michael Hagerty und Linda Graham.

Michael Keane war ein außerordentlicher Geschäftsleiter und Freund, obwohl er von einem wunderbaren weiblichen Säugling in Atem gehalten wurde. Marion Reynolds hat sich ebenso kundig wie fürsorglich um meine dienstlichen Bedürfnisse gekümmert. Janelle Caponigro hat meine Übungen zur Aufnahme des Guten mit ihren enormen Fähigkeiten bereichert. Kerri McGowan hat sich unter enormem Zeitdruck den Hinweisen und bibliografischen Angaben angenommen und Ordnung ins Chaos gebracht. Vesela Simic hat die Geschichten in diesem Buch wunderbar eingearbeitet, und Michael Tafts ebenso gründlicher wie kompetenter Redaktion und Beratung habe ich es zu verdanken, dass so mancher Fehler in diesem Buch vermieden werden konnte. Unter großem Zeitdruck mussten ebenfalls Laurel Hanson, Stacia Trask, Daniel Ellenberg, Linda Graham und Risa Kaparo arbeiten, die das Manuskript einer sorgfältigen Lektüre unterzogen und mir viele wertvolle Hinweise gaben. Mein besonderer Dank gilt Laurel für das Wort »verbinden« im vierten Schritt bei der Aufnahme des Guten. Meine Agentin, Amy Rennert, verfügt über ein großes Herz sowie die komplette Beherrschung ihres Metiers. Michael Jordan ist die Amy Rennert der Basketballer. Meine Lektorin bei Crown, Heather Jackson, hat mich stets ermutigt und mir jederzeit ein ebenso präzises wie warmherziges Feedback gegeben.

Mein Vater William, meine Schwester Lynne mit ihrem Ehemann Jim sowie mein Bruder Keith mit seiner Ehefrau Jenny sind sowohl Freunde als auch Familienmitglieder. Und natürlich sind da meine Frau, mein Sohn und meine Tochter, die mich glücklich machen, wann immer ich sie sehe. Danke für eure Liebe.

Es bedeutet mir so viel, zumindest ein wenig von der Fülle des Guten in mich aufzunehmen, mit der ihr mich so großherzig beschenkt habt, und ich danke euch dafür von ganzem Herzen.

Register